실학과 진경문화

실학과 진경문화

유 봉 학 지음

신구문화사

머리말

역사학은 역사의 전개과정을 규명함으로써 진실을 찾고, 그를 통해 현실을 조명하며 미래를 전망하고자 한다. 지난 20세기 한국사학계는 격동의 시대를 거치며 역사에서 희망의 빛을 찾고자 했고, 바로 앞시기인 조선시대사 연구에 많은 노력을 기울였다.

조선시대사 연구, 특히 사상사 문화사 분야에서 시대의 요구에 부응하여 큰 성과를 거둔 것은 실학(實學)과 진경문화(眞景文化)에 관한 연구였다.

망국의 암울한 현실 속에서 시작된 조선후기 실학 연구는 지배이념인 주자학의 대극에 재야지식인의 실학을 위치지워 여기서 새시대의 희망을 엿보고자 했다. 해방 이후 한국사학은 동족상잔의 비극과 정치적 혼란, 그리고 외래문화의 범람에 의한 정체성의 위기를 맞아 실학 외에 진경문화에 주목하게 된다. 그것은 오늘에까지 살아 숨쉬는 우리 전통문화와 사상의 특질을 밝혀내어 새로운 시대로 나아가기 위한 기준과 방향성을 찾고자 한 것이었다.

조선시대사 연구의 흐름에서 볼 때, 실학 연구와 진경문화 연구는 연속과 단절의 양면성을 지닌다.

일제 강점기 이래 실학 연구는 망국을 초래한 퇴영적 사상으로 전통주자학을 지목하고 그와 반대되는 사상으로 실학을 설명했다. 근래에 진행된 진경문화 연구는 그와 달리 주자학망국론(朱子學亡國論)의 한계를 뛰어넘어 퇴계(退溪) 율곡(栗谷) 이후 주자학의 발전적 면모와 역할에 주목하고 그 위에서 실학과 진경문화를 설명하고 있다. 진경문화 연구는 기존의 실학 연구를 계승하되 정치 경제 사회 문화 전 부면의 이념으로 주자학을 새롭게 조명했으며 사상과 문화예술을 연관지워 설명함으로써 조선시대 사상사 문화사의 새로운 지평을 열어가고자 했다.

그러나 학계의 이러한 새로운 연구 성과가 대중에게 전달되는 데는 어려움이 많다. 현실의 변화에 부응한 역사 인식의 변화를 파악하려면 역사와 현실의 상호관계에 대한 총체적 이해가 선행되어야 하기 때문이다.

학계의 조선시대사 연구가 큰 진전을 보이고 있는 것과 비교할 때, 국민 대중의 역사인식은 아직 혼란을 거듭하고 있는 듯하다. 더욱이 학자와 전문가들이 새로운 역사 연구 성과를 공유하고 대중화하는데 한계를 보이는 가운데, 조선시대 정치사와 문화사 분야에서 대중에게 익숙한 낡은 '통설(通說)'과 '속설(俗說)'이 국사 교과서와 대중역사서를 통해서 역사인식을 오도(誤導)하는 현실을 우려하지 않을 수 없다.

이 책은 지난 10여 년간 이러한 문제의식에서 쓴 글들을 모았다.

제1부 '실학'과 '실학자'에서는 유교(주자학)망국론에 입각한 기존의 실학론과 그를 반성하며 대안으로 제시된 근래의 실학론을 개관하고, 대표적 '실학자' 풍석 서유구(楓石 徐有榘)의 학문과 사상을 통해 '실학'에 대한 새로운 이해 방식을 제시하였다.

제2부 '진경문화'와 예술에서는 서울의 도시적 발달과 경-향의 분기 현상에 따라 경화사족(京華士族)이 대두하여 진경문화를 이끌어간 과정을 개관하고, 진경시대의 새로운 문화예술 상황을 풍속화와 서예의 흐름을 통해 검토하였다.

제3부 '통설'·'속설'의 오류와 반성에서는 국민과 대중에게 큰 영향을 미치고 있는 고등학교 국사 교과서와 대중역사서의 조선시대사 서술을 검토함으로써 문화사와 정치사에서의 이른바 '통설'과 '속설'의 오류를 구체적으로 드러내어 반성하였다. 또한 식민사관(植民史觀) 이래 오해로 점철된 '중화주의(中華主義)'를 새로운 관점에서 설명하여 이를 통해 조선시대 사상사 서술의 새로운 방향을 모색해 보고자 했다.

이 책이 조선시대 사상사와 문화사, 정치사 분야의 연구를 진전시키는

데 작은 디딤돌이나마 되기를 바란다. 아울러 대중들의 역사인식에 지대한 영향을 끼치는 국사 교과서와 대중역사서의 올바른 서술에도 기여하기를 바라는 마음 간절하다.

2012년 12월 15일

유봉학 씀.

차례

서설

1. 조선시대 문화사 연구의 주요 성과
2. 실학론
3. 진경문화론
4. 조선시대 문화사 연구의 새 지평

〈의령원 석인〉

1. 조선시대 문화사 연구의 주요 성과

21세기로 들어선 지 10여 년이 지난 오늘, 소용돌이쳤던 20세기 100년간의 한국역사 전개와 그 속에서 진행된 한국사, 특히 조선시대 역사 연구를 돌이켜 본다. 역사인식은 현실을 조명하기 위한 것이기에 지난 세기 우리 사회현실의 격동에 따라 역사인식의 변화는 불가피하였고, 20세기의 전사(前史)로서 바로 앞시기 조선시대사에 대한 인식도 크게 변화하여 왔다.

20세기 초, 일제 침략으로 인한 국권 상실과 식민지 경험, 그 연장선상에서 야기된 남북 분단과 동족상잔의 비극은 큰 상처로 남아 역사인식의 왜곡과 굴절을 초래했다. 일제는 그들의 침략을 정당화하기 위해 조선 전통사회와 문화를 부정적으로 인식하는 식민사관(植民史觀)을 정립하여 한국역사를 왜곡하였고, 해방 이후 극단적 대립 속에 각기 다른 길로 나아간 남북한은 서로 다른 한국사 인식체계를 구축하여 현실을 제 나름대로 조명하기에 이른다.

하지만, 이런 상황 가운데서도 20세기 한국사 연구는 많은 학문적 성과를 산출하였다. 특히 조선시대 사상사 문화사 분야 연구의 최대 성과로는 20세기 전반 일제강점기와 분단 이후 남북한에서 각기 진행된 '실학(實學)'에 대한 연구와, 20세기 후반, 특히 1970년대 이후 우리 학계에서 이루어진 '진경문화(眞景文化)'에 대한 연구를 들 수 있다.

20세기 한국 역사학계의 연구 성과는 격동의 시대를 맞아 현실 문제를 직시하며 그에 대한 대응을 모색하던 역사학자들의 심각한 고민과 논의의 결과였다. 우선은 일제강점기에 성립한 식민사관의 그늘에서 벗어나 주체적 역사인식의 관점과 틀을 확보하는 것이 중요하였다. 남북분단 이후로는 각기 사회 발전의 방안을 모색하는 가운데 전통사상과 문화의 발전 방향을 확인하고자 하였고, 아울러 현실 문제를 해결하고자 전통적 대외관계 및 전통문화와 외래문화의 상호관계를 설명하는 것이 역사학의 과제로 대두하였다.

국권 상실이라는 비극적 현실을 설명하고자 일제강점기 역사학자들은 조선시대 역사에서 망국(亡國)의 원인을 찾고자 했다. 일제 식민사학의 타율성론, 정체성론이 횡행하는 가운데 이들은 식민사학의 유교망국론(儒教亡國論) 또는 주자학망국론에 동조하면서 조선의 전통적 지배이념이던 유교, 특히 주자학에 망국의 책임을 돌리게 된다. 반면에 집권층의 주자학과 대립되는 것으로 인식한 '재야(在野)지식인의 실학'은 국권 상실의 암울한 현실을 극복해 갈 수 있는 대안 사상이자 학문으로서 새롭게 부각되었다. 해방 이후 남북한 모두 전통사상과 문화를 청산하고 신속한 사회 발전을 이루기 위한 사상적 동력으로서 실학을 더욱 중시하게 된다. 이 과정에서 조선 전통사상의 핵심인 유교와 주자학은 청산되어야 할 퇴영적 사상과 학문으로 치부되었고, 그 위에 성립한 조선시대의 전통문화도 함께 부정적으로 인식되었다.

그러나 유교망국론에 입각한 이러한 실학론은 1970년대 이후 식민사학의 청산을 심각히 고민하던 남한 학계에서부터 극복되기 시작한다. 북한의 역사학과 주체사상이 여전히 주자학망국론의 틀 위에서 주자학을

'봉건지배배의 반동적 사상'으로 설명하는 가운데, 남한 학계에서는 주자학망국론을 반성하고 그 대안을 모색하기에 이르렀다. 주자학망국론은 일제의 침략을 정당화하기 위해 조선의 망국을 기정사실화하여 그 책임을 유교와 주자학에 전가한 이론임을 직시하게 되었고, 기존의 실학론이 그 연장선상에서 성립하였음을 명확히 인식하게 된 것이다.

기존 실학론에 대한 반성은 조선의 지도이념이었던 유교와 주자학에 대한 부정적 연구경향에 대한 반성으로도 연결되었다. 조선의 유교, 특히 주자학은 500년의 장구한 기간에 걸쳐 조선사회를 이끌었고 사회와 문화 발전의 동력으로서 기능하였으며, 정몽주(鄭夢周)와 정도전(鄭道傳), 권근(權近) 이래 퇴계 이황(退溪 李滉)과 율곡 이이(栗谷 李珥)를 거쳐 이익(李瀷)과 정약용(丁若鏞), 홍대용(洪大容)과 박지원(朴趾源) 등에 이르기까지 수많은 학자들에 의해 역동적으로 전개되었음을 인식하게 된 것이다. 특히 조선전기 세종대의 문화적 발전과 조선후기 영조 · 정조대의 융성을 유교문화의 발전이란 틀 안에서 인식하게 되었고, 우리 전통문화의 핵심이자 개성으로 유교와 주자학이 자리매김하게 되면서 '실학'도 새롭게 설명되기에 이른다.

1970년대 이후 우리 사회의 급속한 발전은 민족적 자신감의 회복을 통한 전통사상과 문화의 재인식으로 이어졌다. 역사학계는 조선시대 전통문화의 성립과정에서 오늘 우리사회가 나아가야 할 방향성을 찾고자 했으며, 외래문화와의 갈등을 조정하면서 개성을 확립하여 선진화의 길로 나아가고자 하는 문제의식에서 조선의 유교문화와 주자학사상을 재조명하게 된다. 심도 있는 사상사 연구를 통해 고려말 이래 외래사상으로서 '주자성리학(朱子性理學)'을 받아들여 퇴계 율곡의 단계에서 자기화함으로써 '조선성리학(朝鮮性理學)' 이라는 개성적 형태로 발전시켜 가는 과정이 새롭게 밝혀졌고, 그 위에서 숙종 · 영조 · 정조시대의 문화가 성립하였음이 드러났다. 진경산수화(眞景山水畵)로 대표되는 이 새롭고도 개성적인 문화적 흐름을 '진경문화'라 부르고, 문화사적 관점에서 이 시대를 '진경시대'로 부르게 된 것은 관련 연구업적이 집성된 『우리문화의 황금기, 진경시대』(최완수 외 공저, 돌베개, 1998년)라는 책이 나온 것이 계기가 되었다.

이 과정에서 영·정조시대에 융성했던 실학도 이제는 유교와 주자학의 대척점이 아니라 그 연장선상에서 새롭게 인식되기 시작했으며, 진경문화와의 관련 속에서 설명되기 시작한다. 숙종대 이래의 급속한 변화 양상으로 서울의 도시적 발전과 번영의 실상이 밝혀졌고, 이로 인한 서울과 지방의 사회적 분기 현상과 호락논쟁(湖洛論爭)과 같은 학문적 사상적 분기 현상이 드러났다. 조선사회의 지도계층인 사림도 분화하여 서울의 경화사족(京華士族)과 지방의 향유(鄕儒)로 분기하였으며, 이 가운데 경화사족이 조선의 새로운 지도층으로 대두했음도 밝혀졌다. 급변하던 조선의 현실을 직시하고 외래문화에 민감히 반응하면서 변화를 모색하던 서울 경화사족층의 주도적 역할로 18세기 실학과 진경문화의 전개가 가능했음이 드러나기에 이른 것이다.

실학과 진경문화에 대한 새로운 이해는 우리 시대의 사회적 문제를 해결하고 사상적·문화적 과제를 실현해 나가는데 있어 많은 시사점을 제공한다. 숙종대 이래 영·정조시대까지의 사회 문화 발전, 그리고 문화적 개성 확립과정은 외래문화의 적극적 수용과 전통문화와의 융합에 의한 것이었으며 오늘 우리 문화는 그 연장선상에 서 있다. 정조시대에 연암 박지원에 의해 제시된 '법고창신(法古創新)'의 지향성은 새로운 문화건설의 방안으로도 해석되면서 우리 사회가 추구하는 세계화와 선진화 과정에도 유효한 기준으로서 새롭게 인식되고 있다.

아울러 '실학자'로 불리는 당시 지식인들의 지도적 역할과 실천은 오늘 우리에게 의미심장하게 다가온다. 급변하던 사회 현실을 직시하고 사회의 지도적 지식인으로서 '사(士)'의 책임을 통감하며 당면한 사회적 · 사상적 문제를 극복하고자 노력했던 과정이 오늘의 지식인들에게 귀감이 되기 때문이다.

이제 20세기 한국사학이 성취한 실학과 진경문화에 대한 연구 성과를 요약하고 그것이 21세기 오늘의 한국사회에 제시하는 역사적 의미를 따라가 보기로 한다.

2. 실학론

일제의 강권 통치가 기승을 부리던 1930년대, 암담한 민족의 시련기에 그를 넘어설 대안을 찾아 전개된 '조선학(朝鮮學)' 운동은 민족문화의 희망으로서 조선후기 '실학'에 주목하는 계기가 되었다.

일제는 조선 침략을 정당화하기 위해 조선의 멸망을 필연적인 것으로 설명하였고, 망국의 책임을 조선의 지배층과 그들의 유교(주자학)사상 및 정치문화 탓으로 돌렸다. 일제 식민사학은 이른바 '유교(주자학)망국론' 으로부터 시작하여 '당파싸움(黨爭)론' 과 '사대주의(事大主義)론' 을 전개하였고, 이는 조선의 정치와 사상을 설명하는 핵심적 개념이자 가장 유력한 조선시대 역사의 이해 방식이었다.

같은 시기 일제 침략과 식민사학에 맞섰던 일군의 민족주의 역사학자들에게 있어서도 역사 연구는 일차적으로 망국의 현실을 설명하기 위한 것이었다. 이들에게도 조선 망국의 원인으로서 유교, 주자학과 당쟁, 사대주의는 가장 그럴듯한 것으로 받아들여졌고, 조선의 정치와 사상, 문화에 대한 이들의 부정적 설명 또한 기본적으로는 식민사학에서와 마찬가지였다. 다만 그들은 여기에 안주하지 않고 암담한 현실을 넘어서기 위한 방안을 모색하고 그 대안을 한국의 역사와 전통문화 내에서 찾아내려 노력했던 것이 다른 점이었다. 조선후기의 문화적 상황 속에서 일군의 학자와 학문에 주목하여 그 계승을 표방하면서 '조선학(朝鮮學)' 운동을 일으킨 것은 그를 위한 몸부림이기도 했다.

이는 19세기 후반 사상계의 흐름을 계승한 것이었다. 서세동점(西勢東漸)의 거대한 세계사적 흐름에 직면하여 개항과 개화를 추진하던 19세기 후반, 학계와 사상계 일각으로부터 전통사상으로서 주자학에 대한 반성이 일어났고, 영조 · 정조대의 새로운 학풍과 학자들에 대한 재조명이 이루어진 바 있었다. 연암 박지원(燕巖 朴趾源, 1737~1805)의 손자인 박규수(朴珪壽)는 자기집 사랑방에 신진 학자들을 모아놓고 북학사상을 위시한 새로운 학문과 사상을 소개하였다. 고종(高宗)과 측근 신료, 그리고 지식인들 또한 다산 정약용(茶山 丁若鏞, 1762~1836) 등 앞시기 학자들의 학문적 성과에 주목하였고 그들의 저작을 간행하는 사업을 벌이기도 했다.

그 연장선상에서 1936년 다산 정약용 서거 100주년을 맞아 전개된 '조선학(朝鮮學) 운동'은 망국의 원인으로 치부되었던 유교와 주자학에 대한 대안으로서 다산학(茶山學)을 위시한 조선후기의 새로운 학풍에 주목하고 그를 '조선학'이라 명명하였다. 이는 현실 극복을 위해 계승할 만한 가치가 있는 실용적 학문으로 인식되었으므로 주자학과 구별하여 이른바 '실학'이라는 표현으로 다시 정리되었다. 유교, 특히 주자학은 현실문제를 해결하지 못한 무능한 지배층들의 관념론으로서 성리철학과 예학에 치우친 '공리공담(空理空談)'이므로 '허학(虛學)'이라 평가되었고, 그와 달리 '실학(實學)'은 현실을 직시하면서 백성들의 현실 문제를 해결하고자 연구한 자연과학과 경제학, 정치학 등 실제적 실용적 학문으로서 상정되었다.

이후 '실학'은 성리논쟁과 예론에 골몰하다가 망국을 이끌었던 보수적 지배층의 학문과 차별화되어 정권에서 소외된 재야(在野)학자들의 학문, 또는 진보적 개혁론으로 성격지워졌다. 하지만 그것은 식민사학의 유교(주자학)망국론을 무비판적으로 받아들인 가운데 나온 결론으로서 기본적으로 흑백논리였다. '실학자'들은 당파싸움에서 밀려나는 등의 이유로 재야학자로 전락하자 재야에서 백성들의 현실을 체험함으로써 새로운 생각을 갖게 되어 그들을 대변하기에 이르렀다는 것이었고, 이들의 현실적이며 진보적인 주장이 보수반동적인 집권 주자학자들에 의해 받아들여지지 않음으로써 조선은 망할 수밖에 없었다는 것이기 때문이다. 실학과 주자학, 실학자와 주자학자는 이처럼 민족주의 사학자들에 의해서도 흑백논리에 따라 반대 또는 대립적인 것으로 설정됨으로써 이런 설명이 오랫동안 '정설' 또는 '통설'로 군림하며 대중의 뇌리에 깊이 각인되었다.

그러나 1970년대 이래 진행된 조선시대사, 특히 유학사상사와 실학에 대한 한 단계 진전된 연구는 이러한 이해에 대하여 반성을 촉구하였고 새로운 시각을 성립시키기에 이르렀다. 우선 조선사회 전체를 이끌어간 지도이념, 사상 또는 이데올로기로서 유학과 주자학을 바라볼 때, 조선후기 실학은 유학의 한 분과인 '경제지학(經濟之學)'의 전개로 새롭게 설명되었다. 유학은 성리철학과 예론, 곧 '의리지학(義理之學)' 분야에만 국한된 것이 아니라, 문학이 중심인 '사장지학(詞章之學)'은 물론 자연과학과 정치학, 경제학 등의 '경제지학' 분야까지 포괄하는 학문이었다. 따라서 '경제지학' 중심으로 인식된 실학은 전통유학 또는 주자학과 대립하는 것이 아니라 그 일부로서 그 연장선상에서 성립한 것으로 설명되었던 것이다.

18세기 조선학계가 장기간에 걸쳐 벌인 대(大) 심성논쟁, 이른바 '호락(湖洛)논쟁'은 '공리공담(空理空談)'의 전형으로 치부되어 왔지만, 이 역시 당시 조선사회가 당면한 경-향의 사회적 분기 현상과 결부된 학계의 경-향 분기 양상으로 새롭게 조명되었다. 서울의 도시적 발달에 따라 서울과 지방사회의 격차가 벌어졌고 사림(士林)이 분화하여 영·정조대에는 서울 경기지역의 경화사족(京華士族)이 조선사회의 새로운 주도계층으로 대두하였다. '호론(湖論)'과 '낙론(洛論)', '경남(京南: 서울지역 남인)'과 '영남(嶺南: 영남지역 남인)'으로의 분기 등 노론 소론 남인 북인을 막론하고 학계와 학풍 모두 서울과 지방으로 분기하였고, 시간이 흐름에 따라 점차 서울 경화사족의 '경학(京學)'이 학계를 주도해 가게 된다.

노론의 경우, 박지원과 홍대용 등이 낙론의 핵심적 학자들이며, 인물성동론(人物性同論)의 철학적 토대에서 이른바 경제지학 연구로 나아가게 되고, 북학론(北學論)을 제기하는 등 북학사상으로 나아갔다는 연구가 전통주자학의 연장선상에서 북학사상이 형성되었음을 논증하였다. 퇴계를 계승한 '경남'(서울지역 남인)의 성호(星湖)학파에서 이익(李瀷), 이가환(李家煥), 정약용 등의 새로운 학풍이 성립한다는 연구업적 또한 실학이 전통주자학 위에서 성립하였음을 실증하고 있다.

아울러 실학자를 '재야학자'로 설명하는 방식도 학문적 차원에서는 허구임이 드러났다. 그간 소개된 대부분의 실학자들 중 몇 사람을 제외한다면 대다수는 벼슬을 하여 정계에 진출하였고 상당수는 고위관료로서 중요한 역할을 하였던 점이 새롭게 인식되었다. 특히 정조시대에 이르면 정조 측근에 이른바 '실학자'들이 집결하여 정조를 보좌하여 개혁을 주도했으며, '개혁의 시범도시'인 화성(華城)신도시 건설과정에서는 정약용과 박지원, 박제가, 서유구 등 실학자들의 여러 개혁구상이 정책으로

〈노론 학자의 학통 계승〉

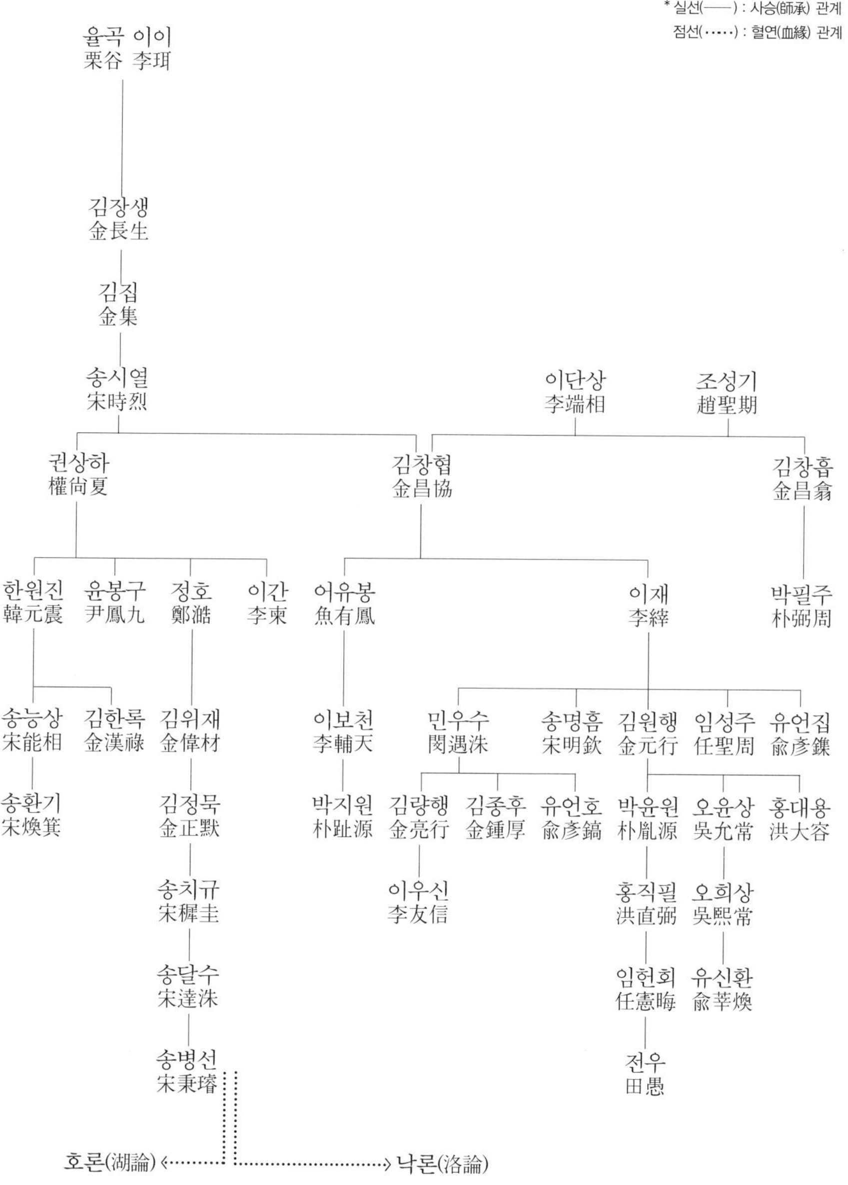
* 실선(——) : 사승(師承) 관계
점선(·····) : 혈연(血緣) 관계
율곡 이이
栗谷 李珥
김장생
金長生
김집
金集
송시열
宋時烈
이단상
李端相
조성기
趙聖期
권상하
權尙夏
김창협
金昌協
김창흡
金昌翕
한원진
韓元震
윤봉구
尹鳳九
정호
鄭澔
이간
李柬
어유봉
魚有鳳
이재
李縡
박필주
朴弼周
송능상
宋能相
김한록
金漢祿
김위재
金偉材
이보천
李輔天
민우수
閔遇洙
송명흠
宋明欽
김원행
金元行
임성주
任聖周
유언집
兪彦鏶
송환기
宋煥箕
김정묵
金正默
박지원
朴趾源
김량행
金亮行
김종후
金鍾厚
유언호
兪彦鎬
박윤원
朴胤源
오윤상
吳允常
홍대용
洪大容
송치규
宋穉圭
이우신
李友信
홍직필
洪直弼
오희상
吳熙常
송달수
宋達洙
임헌회
任憲晦
유신환
兪莘煥
송병선
宋秉璿
전우
田愚
호론(湖論)
낙론(洛論)

〈남인 학자의 학통 계승〉

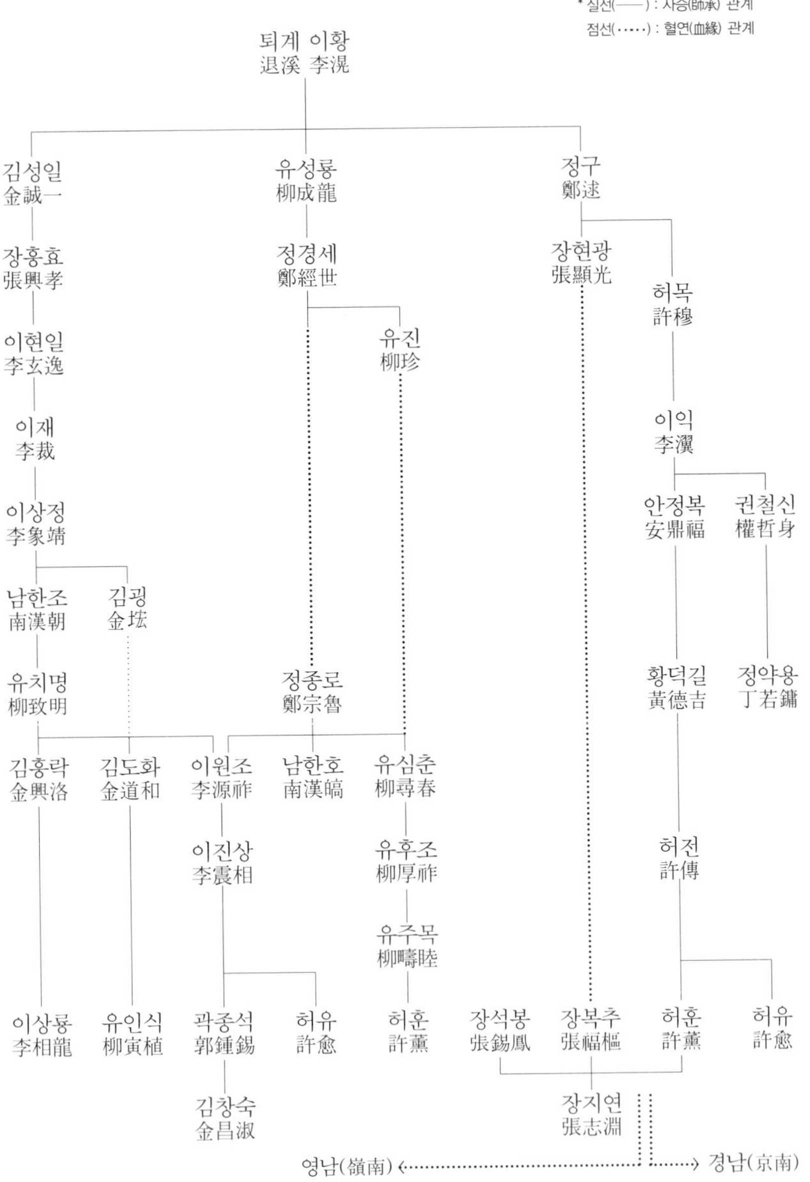
* 실선(——) : 사승(師承) 관계
점선(·····) : 혈연(血緣) 관계
퇴계 이황
退溪 李滉
김성일
金誠一
유성룡
柳成龍
정구
鄭逑
장홍효
張興孝
정경세
鄭經世
장현광
張顯光
허목
許穆
이현일
李玄逸
유진
柳珍
이재
李栽
이익
李瀷
이상정
李象靖
안정복
安鼎福
권철신
權哲身
남한조
南漢朝
김굉
金㙆
유치명
柳致明
정종로
鄭宗魯
황덕길
黃德吉
정약용
丁若鏞
김흥락
金興洛
김도화
金道和
이원조
李源祚
남한호
南漢皜
유심춘
柳尋春
이진상
李震相
유후조
柳厚祚
허전
許傳
유주목
柳疇睦
이상룡
李相龍
유인식
柳寅植
곽종석
郭鍾錫
허유
許愈
허훈
許薰
장석봉
張錫鳳
장복추
張福樞
허훈
許薰
허유
許愈
김창숙
金昌淑
장지연
張志淵
영남(嶺南)
경남(京南)

입안되어 실현되기도 했다. 그들 중 일부와 동료들이 정조 사후에 19세기 세도정치를 이끈 핵심세력이 되었던 점을 감안할 때, 기존 실학론의 '재야 지식인 주도론' 은 이제 더 이상 설 곳이 없게 되었다.

오히려 영 · 정조시대 실학자로 지칭된 진보적 지식인들의 정통주자학계 내에서의 위상과 그들 생각이 정책에 어떻게 반영되었는지, 이후 19세기 역사의 격동 속에서 정통주자학과 그 일각의 실학사상이 어떤 변화를 보이는지, 그리고 개항기에 가서 어떤 방식으로 개화사상에 계승되는지가 앞으로 연구의 관심사라 하겠다.

18세기 조선의 주자학자 가운데 일부는 현실의 변화를 직시하면서 경제지학 연구와 북학(北學) 및 서학(西學)의 수용을 추구하고 이를 통해 시대의 문제에 적극적으로 대응해 나갔으며, 그 후예들인 풍석 서유구(楓石 徐有榘)와 박규수(朴珪壽), 추사 김정희(秋史 金正喜)와 흥선대원군(興宣大院君) 등의 활동에서 보듯이 개항기에 이르기까지 중요한 역할을 수행하였다. 이들의 고민과 대응 방식을 올바로 설명하는 역사 연구는, 역시 큰 변화에 직면한 오늘 우리 시대 지식인들의 사회적 역할과 책임을 환기시키고 있으며, 현실이 요구하는 선진적 사회 질서와 문화적 개성 확립 문제에 있어서도 많은 시사점을 제공하고 있다.

3. 진경문화론

식민사학에 대한 반성과 그 대안의 마련은 1970년대에 와서 본격화하였다. 세계를 휩쓴 민족주의 열풍과 함께 역사학에서도 민족의 주체적 역량과 전통문화를 새롭게 평가하기 시작했고, 식민사학의 주자학망국론에 대하여도 비판을 가하면서 그 대안을 마련하기 시작했다. 이에 따라 조선시대 유교와 주자학에 대해 그 공소성(空疎性)을 일방적으로 부각시키는데서 벗어나 사회이념으로서의 역할과 기능에 주목하게 되었고, 그 단계적 발전과정을 설명할 수 있게 되었다. 외래사상이던 '주자성리학'을 고려말에 수용하여 200여 년에 걸친 이해와 자기화 과정을 거쳤고, 그 결과로서 퇴계와 율곡의 주자학은 이른바 '조선성리학'이라 부를 수 있는 개성적 단계로 진입하였음도 새롭게 밝혀졌다. 퇴계와 율곡 이후, 이 새로운 기준 위에서 사림들이 정권을 장악하여 국가적인 차원에서 주자학적 질서를 구축해 가게 되며, 그 결과 양란의 충격 속에서도 조선사회는 안정을 이루어내고 영·정조대 문화 중흥의 계기를 마련하게 된다는 점이 새롭게 설명되기도 했다.

이러한 시각에서 조선시대 정치사 연구도 새롭게 진행되었다. 양란 이후 전개된 사림정치(士林政治)에 대한 새로운 이해는 그간 조선의 정치를 부정적으로만 바라본 '당쟁론'을 비판하면서 '붕당정치(朋黨政治)론'을 제기하게 되었고, 이를 붕당 간의 상호 비판과 견제에 입각한 주자학적 정치질서로서 이해하기에 이르렀다. 아울러 당파싸움의 전형으로서 공리공담(空理空談)으로 파악되던 '예송(禮訟)'을 왕권(王權)과 신권(臣權)의 상호관계 설정을 위한 고도의 학문정치적 논쟁으로 파악하고, 환국(換局)과 탕평(蕩平)정치에 대하여도 실증적 연구를 통해 새로운 해석을 제시하는 등 조선후기 정치사와 사상사, 문화사 이해는 새로운 단계로 진입하였다.

식민사관이 타율성론의 근거로 거론하던 '사대주의론'에 대해서도 새로운 해석이 제기되었다. 병자호란으로 조선은 오랑캐 후금(청)의 무력에 무릎을 꿇고 사대를 약속했지만 조신지식인들은 오히려 반청적(反淸的) 북벌대의론(北伐大義論)을 고창하였고, 이미 망해버린 명나라와 중화문화의 유일한 계승자로 조선을 위치지움으로써 대명의리론(大明義理

論)과 조선중화의식(朝鮮中華意識)이 고조되었다. 창덕궁에 대보단(大報壇)을 설치하고 조선국왕이 명나라 황제에게 제사를 지냈던 것은 조선중화의식이 국가적 의례로 수렴되어 실천되었음을 보여준다. 아울러 조선중화의식은 조선 지식인들이 견지했던 조선문화에 대한 자존(自尊)의식으로 기능하여 오랑캐(청)가 지배하는 중국문화로부터 조선문화를 분리하여 조선문화의 개성을 강조하면서 독자적 문화를 발전시켜 나가는 사상적 기조가 되었다. 중국 중심의 중화주의는 이 시대에 이르러 조선 중심의 중화주의로 변용되었던 것이다.

퇴계 율곡 이래의 주자학, 이른바 '조선성리학' 과 조선중화의식의 사상적 기조는 숙종대 이후 진경문화가 성립하는 배경이 된다. 조선사회는 사림정치의 전개와 주자학적 질서의 확립 속에 양란의 충격에서 벗어나 안정을 찾았으며 농업생산력이 증대되고 국제중개무역 등 유통경제의 발달로 번영을 구가하였다. 서울은 정치 경제 사회 문화의 중심지로 발돋움하여 활기가 넘쳤으며 경-향의 사회적 분기와 함께 '귀경천향지풍(貴京賤鄕之風: 서울을 높이고 시골을 멸시하는 풍조)'이 심화되었다. 조선사회의 지배계층이자 지도층으로서 사림 사이에서도 서울지역 경화사족과 지방 향유로의 분기 현상이 야기되어 점차 서울의 경화사족층이 모든 영역에서 주도권을 확보하여 갔다.

이들 중 일부 경화사족들은 서울에서 나타난 새로운 변화를 직시하면서 지도층으로서의 사회적 책임을 각성하고 조선사회가 직면한 여러 문제에 대한 해법을 강구하였다. 흔히 '실학' 이라고 불리우는 18세기의 이 새로운 학풍과 함께 문화예술에 있어서도 새로운 흐름이 나타났다. 중국 중심의 시각에서 벗어난 지식인들은 문화자존의식을 배경으로 조선의 자연과 그 속에서 살아가는 조선 사람들의 현실을 직시하면서 그를 시서화(詩書畫)의 예술작품 속에 사실적으로 표현해 내기에 이른다.

'동국진경(東國眞景)' 이라 불리운 겸재 정선(謙齋 鄭敾)과 관아재 조영석(觀我齋 趙榮祏), 공재 윤두서(恭齋 尹斗緖) 등의 진경산수화와 풍속화는 물론, 삼연 김창흡(三淵 金昌翕)과 사천 이병연(槎川 李秉淵)의 '진경시(眞景詩)' , 옥동 이서(玉洞 李漵)와 백하 윤순(白下 尹淳) 등의 '동국진체(東國眞體)' 서예는 조선적 개성을 드러내며 조선의 문화예술을 새로운 방향으로 이끌었다. 조선의 자연과 문물을 사실적으로 파악하여 진경산수화와 풍속화, 곧 '동국진경' 을 그려낸 점에 주목하여 우리는 이 시기의 문화를 문화예술사의 관점에서 '진경문화' 라 명명하고 이 시대를 '진경시대' 라 부르기도 한다.

진경문화의 전개는 외래문화의 수용을 바탕으로 개성적인 전통문화를 만들어가는 과정이었다. 문화자존의식이 고조되었던 숙종·영조대에도 청을 통한 중국 고전 문화 수용은 계속되었거니와, 정조대에는 청나라를 통한 중국과 서양 외래문물의 수용이 더욱 가속되었다. 정조 측근에 포진했던 지식인들은 북학과 서학을 통해 외래문화를 적극 수용함으로써 진경문화의 폭이 확대되고 수준도 고양되었다. 단원 김홍도(檀園 金弘道)를 위시한 많은 화가들에 의해 진경산수화와 풍속화는 다양하게 발전했으며, 서예와 문학, 음악 등 제 예술분야도 개성적 발전을 보였다. 연암 박지원이 원래 문학의 원칙으로 제시한 '법고창신(法古創新)론' 은 이 시대 문화가 추구하던 지향성이기도 했다.

그러나 이런 기조 위에 전개된 정조시대 외래문화의 급속한 수용과 지식인들의 자유분방한 태도는 곧이어 그들 사이에 사상적 갈등을 야기하기도 한다. 서울에서 새로운 학풍과 문풍(이른바 '新學' 과 '新文')이 유행하는 가운데 정학(正學), 곧 전통주자학과 북학, 서학 등 외래의 학풍이 충돌하였다. 더욱이 순정함을 추구하던 전통적 문풍과 자유분방한 외래의 문풍이 대립하게 되자, 급기야 정조는 문체반정(文體反正)과 서체반정(書體反正), 악풍반정(樂風反正) 등의 반정책을 통해 문학과 서예, 음악 등 문예 전반의 급진적 변화에 제동을 걸게 된다.

정조는 정통적 학문, 곧 '정학(주자학)'을 부양하면 '사학(邪學)'은 저절로 사라진다는 '부정학(扶正學)론'을 통해 온건한 입장을 견지했지만, 일각에서 북학과 천주학 등 '사학'을 적극적으로 배척함으로써 '정학'을 지켜야 한다는 '척사학(斥邪學)론'이 제기되면서 조선학계와 문화계는 전체적인 갈등 국면으로 접어들었다. 정조 사후 정치 상황이 일변하면서 '척사학론'이 대두하여 신유사옥(辛酉邪獄)과 같은 대대적 사상억압책과 정치적 숙청이 휘몰아침으로써 정치와 사상 문화 전반이 경색 국면을 맞이하게 된다. 일부 지식인들로서는 '하고픈 말을 하지 못하는 것이 평생의 한이 될' 정도의 정치적 · 사상적 억압이 일상화되었으며, 이는 외척세도의 과두(寡頭)독재 체제 하에서 구조적 모순으로 자리잡았다.

순조 초년의 혼란기를 거쳐 1806년 병인경화(丙寅更化) 이후 정조가 키운 노론 소론의 시파(時派)계열 일부가 안동김문의 김조순(金祖淳)을 중심으로 연대하여 벽파(僻派)를 일망타진하고 정권을 장악하게 된다. 정조시대 북학론의 핵심이었던 일부 경화거족이 장기간에 걸쳐 세도정치를 해나가는 가운데 급기야 북학론은 대세가 되었고 조선사회의 지도이념인 정통주자학의 사회적 영향력은 급속히 약화되었다. 청나라가 북학의 대상으로 인식되고 청나라 문물이 선진문물로서 대거 수용되는 상황에서 조선지식인들의 조선중화의식과 문화자존의식은 더 이상 유지되기 어려웠다.

정조 사후 19세기에 이르러 북학과 서학 등 외래문화의 수용이 본격화되자 조선 고유의 진경문화는 여운을 남기며 조락의 길로 들어섰다. 이와 함께 조선사회의 전통적 지도이념과 사회질서는 급속히 무너져 많은 혼란이 야기되었지만 그것이 역사의 퇴보는 아니었다. 그 이면에서 조선의 사회와 문화는 새로운 질서를 향해 힘차게 나아갔기 때문이다.

4. 조선시대 문화사 연구의 새 지평

20세기 한국사 연구에서 두드러진 사상사와 문화사 분야의 두 주제, 곧 실학과 진경문화 연구는 조선후기 역사상을 새롭게 설명해 냈다. 이 두 주제의 연구를 통해 조선후기 역사의 발전적 면모가 드러났고 외래문화의 수용을 통한 전통문화의 성립과정과 이후의 개성적 전개 양상이 확연히 파악되었다.

실학과 진경문화의 등장은 지배이념인 주자학의 발전과 조선후기 사회 발전의 결과였고, 이는 시대의 문제를 직시하며 그 해결을 위해 고심했던 당대 지도적 지식인들의 세계관이나 현실인식 변화, 특히 그들이 견지하게 된 특유의 문화자존의식과 밀접히 연관되었다. 영조대 후반에 가면 대내외의 현실을 직시하던 일부 지식인 사이에서 맹목적 문화자존의식에 대한 반성이 시작되었고, 외부세계로 눈을 돌려 북학과 서학 등 외래문화의 수용을 통해 전통문화를 혁신하려는 움직임이 정조대에 본격화한다. 이런 추세 위에 진경문화의 쇠퇴는 불가피한 것이었다.

정조 사후 외래문화와 새로운 사상의 급속한 유입으로 갈등이 야기되고 전통문화와 전통적 질서가 쇠퇴하던 상황은 그간 조선왕조의 붕괴과정으로서 흔히 혼란기 내지는 침체기로 평가되곤 했다. 그러나 갈등과 침체, 혼란은 새로운 질서와 문화가 성립하는 과정에서 으레 부수되는 현상이었기에 이것조차도 새로운 시대를 향한 발전의 과정으로 이해할 필요가 있다. 조선왕조의 전통적 질서와 진경문화는 외래사상과 문화의 유입 속에 쇠퇴하여 조선은 새로운 질서와 문화로 나아가고 있었고, 오늘 우리시대는 이 시대의 결과물이자 귀착점으로서 그 연장선상에 위치한다. 그런 면에서 이 시대 변화의 양상은 오늘 우리시대를 조명하는 자료로서 새로운 관점에서 주목되어야 할 것이다.

앞으로 19세기사 이해의 새로운 지평은 전환기의 사상사, 문화사 분야 연구에서 더욱 넓게 열릴 것이라 전망한다. 실학과 진경문화의 연구를 통해 주자학망국론의 미망에서 벗어난 오늘, 그간 정조시대 이후의 역사를 세도정치(勢道政治), 삼정문란(三政紊亂) 및 민란(民亂) 등을 부각시켜 암흑시대로 서술해 왔다면, 19세기 이후 실학과 진경문화의 전개과정 연구는 조선사회 발전의 제 양상을 새로운 관점에서 밝혀낼 수 있을 것이다. 조선의 전통적 질서가 급속히 무너지고 신분제를 위시한 사회적 차별이 청산되었으며 정치적 · 사회경제적 영역에서 자유와 평등의 원리를 추구하기에 이른 사상적 전환과정은 물론, 새로운 사회관계와 생활방식, 문화가 성립하게 된 과정도 이러한 연구를 통해 드러날 것이다.

조선시대는 외래사상과 문화의 적극적 수용과 소화과정을 통해 주자학적 질서를 성립시키고 그 위에서 진경문화를 창출하여 개성적 전통문화를 완성했던 시기였다. 새로운 학문과 사상으로 자주적 변화를 모색했던 조선시대의 역사적 경험은 선진화의 과제를 이루고자 하는 오늘의 현실에 좋은 귀감이 아닐 수 없다.

제1부 '실학'과 '실학자'

제1장 | '실학' – 그 새로운 이해

제2장 | '실학자' – 풍석 서유구의 학문과 사상

〈서유구 초상〉

제1장 | '실학' – 그 새로운 이해[1)]

1. 통설적 실학론의 반성

나라를 빼긴 채 일제의 지배를 받던 암울한 시기, 역사학자들은 조선의 역사 속에서 망국의 원인을 찾고, 그 이면에서 일말의 희망을 찾아내고자 했다. 그 결과 이들은 조선이 망한 책임을 조선의 지도이념이었던 유교, 특히 주자학에 돌리는 주자학망국론(朱子學亡國論)에 동의하였다. 아울러 조선후기에 등장한 학풍 가운데 그들이 긍정적으로 생각한 특정한 학풍을 부각시켜 '실학(實學)'이라 지칭하고 '실학사상'의 계승을 통해 현실의 난국에 대처할 것을 주장하기에 이르렀다.

실학 연구자들이 조선후기 학계와 사상계에서 새로운 흐름이라 생각하고 이끌어냈던 이른바 '실학'은 '그들이 생각하는 주자학'과 대립되거나 때로는 반대되는 것으로 설명되었다. 주자학은 이기심성론(理氣心性論)과 예론(禮論)에 경도되어 지배층들 사이에 벌어진 당쟁(黨爭)의 원인이 되었고, 이러한 주자학은 현실과 유리된 관념론이자 '공리공담(空理空談)'으로서 '현실 문제를 해결할 수 없었다'고 비판받았다. 반면에 '실학'은 지배층인 주자학자들에 의해 밀려난 '재야 지식인'들이 현실을 직접 체험하며 가지게 된 현실 문제에 대한 대책을 제시한 실용적 학문으로서, '실증적, 민족적, 근대지향적 특성을 지닌 학문'으로 규정되

었다.[2]

이후 오늘에 이르기까지 실학 연구자들은 조선후기 학계 내에서 주자학에서 벗어나 있거나 다르다고 생각한 학풍을 찾아 실학의 범위를 확장시켜 왔다. 잘 알려져 있듯이 반계 유형원(磻溪 柳馨遠), 성호 이익(星湖 李瀷), 다산 정약용(茶山 丁若鏞)으로 이어지는 이른바 '남인 중농(重農)학파' 실학자들과 박지원(朴趾源), 홍대용(洪大容), 박제가(朴齊家) 등 '노론 중상(重商)학파(북학파)' 실학자, 그리고 김정희(金正喜) 이후의 '고증학파' 실학자로 대별하는 실학의 계보에서 출발하여, 16세기 중반부터 19세기 말까지 많은 학자들의 다양한 사회 경제 이론과 정책론, 지리학·역사학·음운학 연구와 수학·천문학·농학·의학 등 자연과학 연구, 나아가 양명학과 고증학까지도 '실학'의 범주 속에 포함시키게 되었고 이에 따라 '실학자'도 대폭 늘어나게 된다.[3]

이런 와중에 저명한 성리학자인 화담 서경덕(花潭 徐敬德, 1489~1546)의 학통을 계승한 한백겸(韓百謙, 1552~1615)과 허균(許筠, 1569~1618)으로부터, 퇴계 이황(退溪 李滉, 1501~1570)의 제자인 권문해(權文海, 1534~1591)와 조호익(曺好益, 1545~1609), 그리고 조호익에게 수학한 김육(金堉, 1580~1658)은 물론, 심지어 율곡 이이(栗谷 李珥, 1536~1584)와 그의 문인 조헌(趙憲, 1544~1592)까지도 때로는 '실학자'가 되고, 이들을 계승한 17~18세기의 많은 학자들, 특히 퇴계 율곡 이래 노소남북 각 계열 정통주자학 계보상의 학자들 학문이 '실학'으로 규정되기도 했다. 아울러 정통주자학이 쇠퇴하고 학통 계승이 약화된 19세기에는 청조 고증학을 수용한 추사 김정희와 그 문인들, 그리고 최한기(崔漢綺, 1803~1877), 김정호(金正浩), 이제마(李濟馬, 1838~1900)에 이르기까지 '실학자'의 범위는 16세기 이후 19세기까지 조선후기 300여 년간의 여러 학자들에게로 크게 확대되었다. 그러므로 이제 '실학자'는 실학 연구자들이 '그들 나름으로 규정한 주자학에서 벗어났거나 그들 나름으로 진보적인 면이 있다고 판단한' 조선시대 학자들에게 임의대로 붙여주는 훈장과도 같은 칭호가 된 느낌이다.

이러한 '실학자'의 범위 확대는 실상 '통설'적 실학론이나 실학 계보 설명과도 배치되는 결과로 귀결되었다. 실학 연구가 일천했던 1960년대까지의 초창기 연구 상황에서는 주자학망국론에 따라 주자학과 실학을 대립적으로 설명하면서 소수의 학자만을 거론하였지만, 늘어난 실학자를 대상으로 각 실학자의 학문적 연원과 실학자들 간의 학문적 연관관계를 심층적으로 파악해 내는 과정에서 실학은 주자학과 다른 것이 아니라 오히려 밀접히 연관되었던 것으로 드러나고 있다. 16세기 후반의 서경덕, 조식(曺植), 이황, 이이, 성혼(成渾) 이래 학파가 형성되고 주자학이 학통을 따라 전개되던 17~18세기 조선학계 상황에서 실학은 정통주자학 제 학파의 학통을 계승한 핵심적 인물들에게서 나타났고, 이제 실학을 주자학 여러 학파의 범위 내에서, 때로는 그 연장선상에서 설명해야 한다는 점을 부인하기는 어렵게 되었다.

그러므로 주자학을 집권층의 보수적 사상으로서 망국(亡國)을 초래했다고 폄하하면서, 그와 다르다고 생각한 학풍을 찾아 '실학'이라 규정하고 이를 정권에서 배제된 '재야(在野) 지식인'의 학풍으로 설명했던 것도 이제는 수정이 필요하게 되었다. 일제강점기 이래 1970년대까지 연구에서, 기호남인으로서 평생 벼슬을 하지 않았던 반계 유형원과 성호 이익, 그리고 정조 사후 정계에서 축출된 다산 정약용을 대표적 사례로 하여 남인 실학을 농촌사회를 무대로 한 재야지식인의 개혁론이라고 하고, 이 재야지식인론을 실학 전반의 성격으로 확대했던 상황은 충분히 이해할 수 있다. 양심적이며 진보적인 지식인들이 재야에서 항일과 반독재운동에 헌신하던 당시 시대상황 속에서 '실학=재야지식인론'은 쉽게 수긍할 수 있는 설명이었다. 하지만, 일부 사례를 전체로 확대 해석한 이런 설명을 시대상황이 바뀐 가운데 훨씬 심화된 오늘의 연구 수준에서 받아들이기는 어렵다.

현재 실학자로 지목되고 있는 인물들은 남인은 물론 노론, 소론, 북인 등 모든 정파에 포진해 있다. 더욱이 그들 중 대다수는 벼슬을 하여 정치에 참여하였고, 상당수는 대신(大臣), 상신(相臣) 등 고관(高官)의 지위에까지 오른 것이 엄연한 사실이다. 17세기에는 김육(金堉, 1580~1658 서인), 허목(許穆, 1595~1682 남인), 윤휴(尹鑴, 1617~1680 남인), 박세당(朴世堂, 1629~1703 소론), 김석주(金錫冑, 1634~1684 노론), 최석정(崔錫鼎, 1646~1715 소론), 정제두(鄭齊斗, 1649~1736 소론), 이이명(李頤命, 1658~1722 노론) 등 고관으로서 한 시대를 이끌었던 여러 계열 학문과 정치의 지도자들이 실학자로 알려져 있고, 18세기에는 서명응(소론), 홍양호(소론), 서호수(소론), 박지원(노론), 홍대용(노론), 서유구(소론) 등 노론, 소론의 학자들과 채제공(남인), 이가환(남인), 정약용(남인), 강세황(북인) 등 남인, 북인의 학자들이 정조 측근에 포진하여 벼슬하면서 중요한 역할을 수행한 사실이 잘 알려져 있다.

실학자들이 정통주자학 여러 학파의 계보 속에서 등장하며 정치적 역할이 만만치 않았음에도 실학을 주자학과 대립시켜 설명하고 '정권에서 소외된 재야지식인'으로 실학자를 규정했던 것은 조선의 지배이념이던 주자학에 대한 일제강점기 이래 뿌리 깊은 편견에 기인한 것이었다. 이러한 편견은 아직도 '통설'로 군림하고 있다. 고등학교 국정 『국사』 교과서에서 '지배이념이었던 성리학은 현실 문제를 해결할 수 있는 기능을 수행하지 못하였다'고 하면서 주자학을 성리철학 또는 이기심성론 중심의 비현실적 관념론으로 부정적으로 설명하고, 반면에 실학은 '성리학의 한계성을 자각하고 이를 비판하면서 현실 생활과 직결되는 문제를 탐구하려는 움직임'이자 '17, 18세기 사회 경제적 변동에 따른 사회 모순의 해결책을 구상하는 과정에서 대두한 학문과 사회개혁론'이라고 하는 흑백논리적 설명 방식이 아직도 건재하기 때문이다.

이는 일제강점기 이래 주자학과 유학을 이기심성론 중심의 관념철학으로만 이해했던 결과였다. 유학의 전통적 학문 분류법인 '사장지학(詞章之學), 의리지학(義理之學, 혹은 義理性命之學), 경제지학(經濟之學, 혹은 經世濟民之學), 명물지학(名物之學, 혹은 名物度數之學)'의 네 분류 가운데 주자학을 의리지학으로 국한하여 보고, 경제지학과 명물도수지학풍을 분리하여 그와 유사한 면이 엿보이면 바로 '실학'이라 규정한 것이다. 조선시대 주자학이 정치·경제·사회·문화, 전 부면의 지도이념으로서 '율력산수전곡갑병지학(律曆算數錢穀甲兵之學)' (홍대용) 또는 '이용후생경제명물지학(利用厚生經濟名物之學)' (박종채)이라고 흔히 설명되는 경제지학과 명물도수지학을 포괄한다는 점을 간과한 채, 현실 또는 생산활동을 외면한 관념론 내지 철학으로 규정한 데서 주자학은 물론 실학의 범주 설정에도 오해가 생긴 것이다.

주자학과 실학에 대한 이러한 오해는 조선의 지배층이 관념적인 주자학에 얽매여 실학의 개혁론을 받아들이지 않았고, 결국 조선은 현실의 모순을 해결하지 못한 채 망할 수밖에 없었다는 설명으로 귀결되었다. 이는 일제(日帝)의 침략을 정당화하기 위해 조선 망국을 필연적인 것으로 설명한 식민사학의 논리와 그대로 일치하게 된다. 근래 학계의 연구는 이런 설명과 고정관념을 반성하고 새로운 이해방식을 제기함으로써 상당한 진전을 이루었으므로 이제 새로운 연구 성과에 의거하여 실학도 새롭게 설명해야 할 시점에 와 있다.

2. 최근의 연구 성과와 실학론

근래 우리 학계의 연구는 일제강점기 이래 '실학' 연구의 문제의식을 계승하되 전통주자학과 '실학'에 대한 편견을 불식하며 그 실상에 대한 이해를 심화하는 방향으로 나아가고 있다. '주자학망국론'에 입각한 조선시대사 인식을 반성하고, 서경덕과 이황, 이이 이래 주자학의 전개 양상과 함께, 양란 이후 조선사회 전반에 새로운 질서를 정착시켜 간 사회 이념으로서 주자학의 실제적 기능에도 주목하게 되었다. 정치사에서 부정적으로만 보았던 '당쟁(黨爭)'론을 불식하고, 주자학 이념에 입각하여 사림들이 운영한 새로운 정치 형태로서 '붕당정치(朋黨政治)'론을 제기하였으며, 그 위에서 수립된 주자학적 사회질서와 18세기의 '탕평정치(蕩平政治)'에 대해 보다 깊이 있는 이해를 가지게 되었다.[4)]

아울러 그간 '공리공담(空理空談)'의 전형으로 치부하여 왔던 17세기의 '예송(禮訟)논쟁'과 18세기의 '호락(湖洛)논쟁'을 재조명하여 퇴계, 율곡 이후 주자학의 발달 과정도 단계적으로 이해하게 되었다. 주자학 각 학파와 정파의 중요 인물들이 현실 문제를 의식하며 그 해결을 위해 의리지학과 사장지학은 물론 경제지학과 명물도수지학을 연구하고 있었음도 확인하였다. 예송은 사림 집권 이후 예치(禮治)의 질서를 구현해가는 가운데 국왕의 왕위계승과정에서의 종법(宗法) 적용 문제를 두고 남인과 서인이 벌인 대규모 논쟁이었다. '천하동례(天下同禮: 천하 사람들의 예법은 모두 같다)론'에 입각한 서인의 예론과 '왕자례부동사서(王者禮不同士庶: 임금의 예법은 양반이나 서민의 예법과 다르다)론'에 입각한 남인 예론의 대립은 유교정치의 근간을 이루는 왕권과 신권의 상호관계를 재정립하고자 한 시도였음도 확인되었다.

그러므로 사림학자들이 정권을 장악하여 벌인 예송논쟁을 거치며 주자학적 질서는 중앙으로부터 향촌사회에 이르기까지 정착해 갔다. 양란 이후 사회경제적 혼란을 수습하며 전국적으로 확대 시행된 대동법(大同法)과 향약(鄕約)의 실시 과정, 그리고 주자학적 종법(宗法) 질서의 정착 과정에서 보이듯이, 제도와 질서의 정비가 전국적으로 진행되는 과정에서 각 정파의 학자들은 선배 사림학자의 학문적 축적을 바탕으로 제각기 심성론과 예학은 물론 경제지학과 명물도수지학의 연구를 심화시키고 각종 정책론도 제출했던 것이다.

이 시기 '실학자'로 지목된 인물들, 예컨대 김육, 허목, 윤휴, 유형원, 박세당, 김석주, 최석정, 정제두, 이이명 등은 서경덕과 조식, 이황, 이이 등 사림파 주자학자의 학통과 학문을 계승한 인물들이었다. 이들은 의리지학과 예학 이외에 경제지학 및 명물지학에서도 중요한 성과를 도출함으로써 현실 문제에 효과적으로 대처하려 하였고, 이들의 업적을 매개로 하여 사림학자들의 경제지학과 명물지학 연구는 다음 단계에 이르러 더 크게 확산되게 된다.

숙종대(1674~1720) 이후 분명해진 명-청 교체에 따른 국제질서의 변동과 조선사회 내부의 급격한 현실 변화는 학자들의 학풍에도 변화를 야기하였다. 농업생산 증대와 유통경제의 활성화로 서울의 도시적 발전이 두드러지고 정치 · 경제 · 사회 · 문화의 모든 기능이 서울로 집중되자 '경-향(京-鄕)의 사회적 분기 현상'과 '경-향 학계의 분기 현상'이 나타났다. 이제 사림은 분화하여 서울 경기지역의 '경화사족(京華士族)'과 지방의 향유(鄕儒)로 나뉘게 되었고, 이는 노론, 소론, 남인, 북인 모두에게 공통된 현상이었다.[5)]

새로운 사회 주도세력으로 대두한 경화사족 지식인들은 변화된 현실을 직시하며 점차 사상적 공감대를 형성하게 되었으며 경-향의 분기를 위시한 사회적 문제를 해결하고자 학문적 노력을 경주하게 된다. 이런 가운데 서울 경기지역의 경화사족 지식인들에게서 그들이 경험한 새로운 문제들을 해결하기 위해 경제지학과 명물도수지학으로 학문적 관심을 확대해 연구를 심화시키는 양상이 나타났다.

영조대(1724~1776) 이후 전개된 탕평(蕩平)정국과 호락(湖洛)논쟁은 경화사족이 크게 대두하는 계기가 되었다. 노론의 경우 서울 경기지역 경화사족의 낙론이 호서지역의 호론에 대해 우위를 점하게 되며, 이른바 '경학(京學)'이 '호학(湖學)'을 점차 압도하면서 탕평정국 하의 정치적 주도권도 쥐게 됨을 최근의 정치사 · 사상사 연구를 통해 알게 되었다. 남인도 성호 이익 학파 등 서울 경기지역의 이른바 '경남(京南)' 세력이 영남지역의 남인인 '영남(嶺南)' 세력에 대해 우위를 확보해 갔으며, 이런 경향은 소론에서도 마찬가지였다.

그리하여 영조대 후반에는 노론의 산림학자 김원행(金元行)과 이보천(李輔天)의 제자로서 각기 낙론(洛論) 주자학을 계승한 홍대용(洪大容, 1731~1783), 박지원(朴趾源, 1737~1805) 등 경화사족 지식인들이 낙론의 '인물성동론(人物性同論)'을 근거로 새로운 세계관과 인간관, 자연관, 그리고 학문관을 제기하여 조선학계에 새로운 바람을 불러일으켰다. 이들은 사림이 내세우던 기존의 북벌대의론(北伐大義論)을 반성하고 북학론(北學論)을 제기했으며 '이용후생경제명물지학'의 탐구를 강조하였다. 심층적 연구에 의하면 이들의 북학사상은 '주자학의 발전적 자기극복과정'에서 형성된 것으로 정통주자학과 북학(北學)사상의 연관성이 분명히 드러났으므로[6] 이제 주자학과 '실학'을 대립적으로 보았던 견해는 수정이 불가피해졌다.

더욱이 정조시대에는 서명응, 강세황, 홍양호, 홍대용, 서호수, 박지원, 이가환, 이덕무, 박제가, 이서구, 서유구, 정약용 등 경화사족 출신의 유명한 '실학자' 들이 정조의 탕평정치에 힘입어 당색과 신분의 차이를 넘어 함께 조정에 포진하여 개혁을 주도한 실상도 밝혀졌다. 이들은 정조를 보좌하여 학문과 문화예술의 발전을 도모하였으며, 정조대 후반에는 '개혁의 시범도시' 이자 '실학의 도시' 인 '화성(華城)신도시' 건설에 참여하게 된다. 화성에서는 그들이 구상하던 개혁론을 실제 정책으로 입안하여 집행하였으며, 그 결과 '양반상인론' 과 '국영 시범농장론' 같은 상업과 농업 진흥책이 이곳에서 실천되었다는 연구 성과가 제출되기도 했다.[7)]

정조 사후 19세기에 가면 사림정치 질서가 무너지고 외척 세도정치가 진행된다. 서울과 지방에는 전통적 질서의 와해와 함께 각기 다양한 학풍과 종교운동이 나타났다. 서울 경화학계에는 북학과 서학이 크게 유행하고 천주교도 세력을 확대해 갔다. 반면에 전통주자학은 쇠퇴의 길을 걷게 된다. 학계의 우월적 지위를 상실한 주자학은 사회적 영향력이 급속히 약화되었으며 권위가 추락한 산림학자들은 정계로부터 소외된 채 그 학통마저 한미한 인물들에게 전하면서 명맥을 이어가게 된다.[8)]

다양하게 분화하였던 서울 경화학계에서는 앞시기 선배들의 경제지학과 명물지학풍을 계승 발전시키거나(정약용, 서유구, 이규경, 성해응 등), 청조고증학의 수용을 통해 명물도수지학풍을 더욱 심화시켜 나갔고(추사 김정희와 그 일문), 최한기(崔漢綺) 등 신흥 경화사족층은 북학(北學)과 서학(西學) 지식을 토대로 한 새로운 학문으로 현실 문제를 탐구하고 새로운 질서를 요구하는 등 혁신적 사상을 개진하였다. 이런 가운데 향촌사회의 지식인들 역시 변화된 상황에 대응하여 동학(東學)을 제기하는 등 전통주자학의 쇠퇴를 배경으로 그 영향력에서 벗어나며 19세기 조선 학계와 사상계가 다양한 경향을 추구하였음이 밝혀지고 있다.

그렇다면 이제 '실학' 은 이러한 일련의 연구 성과에 입각하여 새롭게 규정되어야 할 상황에 와 있다고 하겠다. 기존의 통설적 이해에서 '주자학망국론'과 같은 편견과 '실학의 재야지식인 주도론' 등 자의적 설명을 배제한다면, 실학은 정통주자학과의 연관성 속에서 새로운 모습으로 드러날 것이다. 그간의 실학 설명은 주자학을 의리지학으로 국한시켜 보면서 그와 다르다고 생각한 학풍을 찾아가는 가운데, 조선후기 300년간 진행된 지식인들의 경제지학과 명물도수지학 연구, 그리고 양명학과 고증학 연구를 포괄적으로 지적한 것이었다. 근래에 밝혀진 조선후기 사회의 변화 과정과 조선학계의 상황 변화, 그리고 학자 지식인들의 다양하고 역동적인 사상적 모색에 주목한다면 실학의 단계적 변화 양상도 새롭게 설명될 수 있을 것이다.

3. 주자학의 전개와 실학의 계보

16세기 중후반 서경덕, 조식, 이황, 이이의 단계 이래 17세기까지 나타난 경제지학과 명물지학의 연구는 사림의 주도 아래 주자학적 질서가 정착하는 과정에서 문물제도의 정비를 위한 다양한 노력의 일환으로 진행되었다고 할 수 있다. 사림학자들은 주자학적 세계관과 인간관을 확고히 하고 사회질서의 확립을 위해 이기심성론 등 성리철학과 예학을 학문 연구의 중심으로 삼았지만, 의리지학 이외의 학문 분야에도 많은 관심을 기울였다.

더욱이 임진왜란의 상처와 병자호란에서 패배한 정신적 충격, 명청 교체라는 국세질서의 번동에 따라 초래된 위기상황을 극복하고자 각 학파의 학자들은 일관된 노력을 경주하였다. 흔히 이기심성론과 예학 연구에만 몰두했던 것으로 설명되는 이 시기에도 일부 학자들은 대동법을 위시한 제반 제도 연구와 실천을 통하여 사회를 안정시키고자 했고, 생산력 증대와 사회경제적 부흥을 위하여 『농가집성(農家集成)』과 『색경(穡經)』, 『산림경제(山林經濟)』 등의 농서(農書)와 『유원총보(類苑叢寶)』, 『역학도해(易學圖解)』, 『구수략(九數略)』을 비롯한 '율력산수전곡갑병지학(律曆算數錢穀甲兵之學)', 곧 경제지학과 명물도수지학 연구를 꾸준히 진행하였다.

물론 이들 사이에서도 의리지학과 사장지학, 경제지학과 명물지학 가운데 어떤 쪽에 주력하는지, 주자학 이외에 양명학과 노장사상, 불교 등에 어느 정도의 관심을 보이는지는 학파와 학자에 따라 차이가 있었다. 특히 이기심성론과 예학에서 주자의 입장을 따르는 정도는 다양해서 주자(朱子)일변도의 주자주의적 학풍을 노론이 주도하였다면, 소론과 남인 북인들 사이에서는 탈(脫)주자주의적 입장을 취하는 학자들이 나왔으며, 일부는 양명학과 노장사상, 불교 등 다양한 사상을 추구하기도 하였다.

17세기 학문 연구에서 나타난 이런 다양한 경향성은 사림의 각 학파별로 학통이 전수되면서 대를 이어 진행되었다. 근래의 연구 성과에 의해 이 시기 실학자로 거명된 주요 인물들이 정통주자학 각 학파와 어떻게 연결되는지 그 학문적 계보가 점차 밝혀지고 있다.

우선, 실학의 출발점으로 흔히 일컬어지는 한백겸과 허균은 그들의 아버지 한효윤(韓孝胤)과 허엽(許曄)이 화담 서경덕과 그 문인에게 각기 수학하여 그 영향을 받은 인물이었다. 『대동운부군옥(大東韻府群玉)』을 지은 권문해는 퇴계 이황의 제자였으며, 조헌(趙憲)과 이수광(李睟光, 1563~1628)은 율곡 이이의 문인으로서 그를 충실히 따랐다. 『유원총보』를 저술한 김육은 기묘명현(己卯名賢)인 김식(金湜)의 후손으로서 그 아버지는 율곡의 문인이었고, 자신은 퇴계의 문인 조호익(曺好益)에게 수학하였다. 허목은 숙종대 남인의 영수로서 퇴계의 제자 정구(鄭逑)에게 수학하여 기호남인의 학문적 정통성을 성호 이익(1681～1763) 쪽으로 전한 인물이었다. 반계 유형원(1622～1673)은 성호 이익의 당숙인 이원진(李元鎭)과 김세렴(金世濂)에게 수학하였는데, 김세렴은 남명과 퇴계의 문인인 김효원(金孝元, 1542～1590)의 손자이자 화담의 학통을 계승한 허봉(許篈, 1551～1588)의 외손자로서 가학(家學)의 다양한 학풍을 수렴하여 유형원에게 전수하였다.

김육의 손자대에 가면 김석주(金錫胄, 1634～1684), 김석문(金錫文, 1658～1735)과 손자사위인 조현기(趙顯期, 1634～1685)와 조성기(趙聖期, 1638～1689) 등이 선대로부터의 학문을 계승하여 경제지학과 명물도수지학을 연구하였다. 이는 우암 송시열의 문인인 김창협(金昌協, 1651～1708)과 김창흡(金昌翕, 1653～1722)에게 전수되었고 그들의 수많은 문인을 통해 노론과 소론 두 계열 모두에 큰 영향을 주었다. 소론에서는 박세당(1629～1703)이 탈주자주의적 태도 위에 노장사상과 경제지학 연구를 수행하였고, 최명길(崔鳴吉, 1586～1647)의 손자인 최석정(崔錫鼎, 1646～1715)은 경제지학과 명물도수지학에 정통하여 『전록통고(典錄通考)』, 『구수략』 등 여러 저술을 남겼다. 명재 윤증(明齋 尹拯, 1629～1724)과 박세채(朴世采, 1631～1695)의 제자였던 정제두(1649～1736) 역시 경제지학과 함께 양명학을 수용하여 문하에서 여러 학자를 배출하였다. 이들은 훗날 '강화(江華)학파' 라 불리우게 된다.

한편 숙종대(1674～1720) 이후 서울 경기지역 사림과 호서 영남지역 사림이 분기하는 가운데, 노론학계는 '사람과 사물의 본성(人物性)' 및 '성인과 범인의 본심(聖凡心)' 의 동이(同異) 문제를 놓고 서울 경기지역의 낙론(洛論)과 호서지역의 호론(湖論)으로 분기하게 된다. 낙론은 김창협과 김창흡에게서 이재(李縡), 김원행(金元行)으로 이어지는 이른바 '경학(京學)' 이 되었고, 송시열(宋時烈)에서 권상하(權尙夏), 한원진(韓元

〈소론 학자의 학통 계승〉

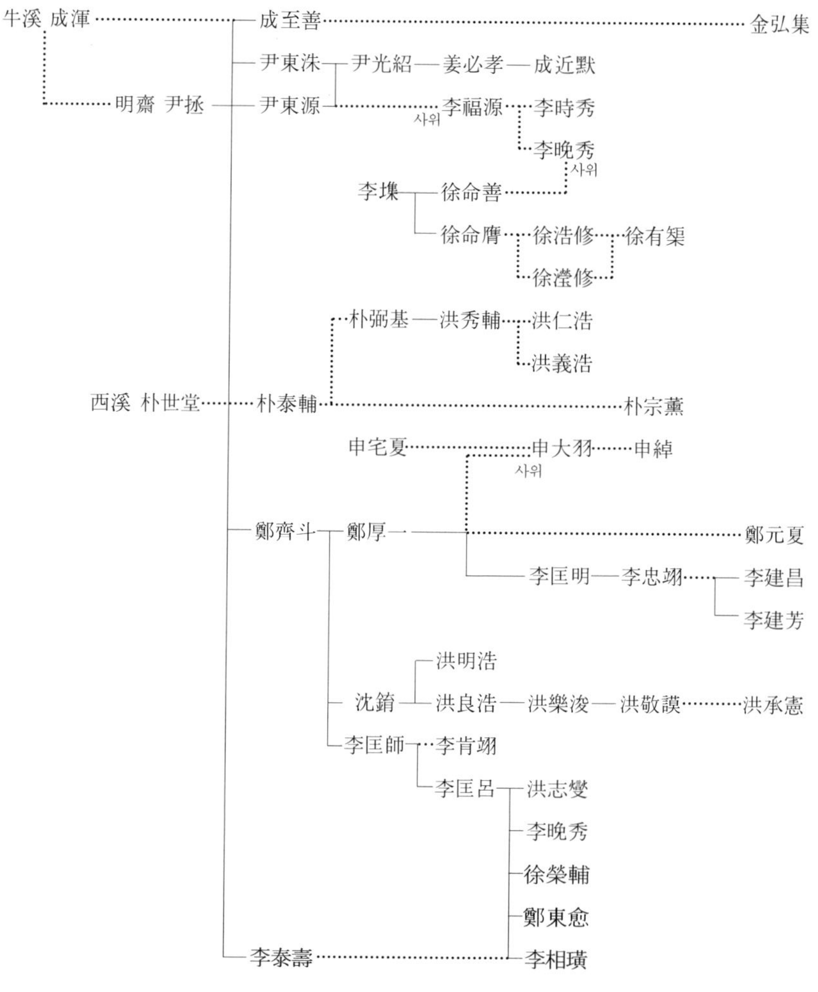
* 실선(――) : 사승(師承) 관계
점선(……) : 혈연(血緣) 관계
牛溪 成渾
明齋 尹拯
西溪 朴世堂
成至善
金弘集
尹東洙
尹光紹
姜必孝
成近默
尹東源
사위
李福源
李時秀
李晚秀
사위
李㙫
徐命善
徐命膺
徐浩修
徐有榘
徐瀅修
朴弼基
洪秀輔
洪仁浩
洪義浩
朴泰輔
朴宗薰
申宅夏
申大羽
申綽
사위
鄭齊斗
鄭厚一
鄭元夏
李匡明
李忠翊
李建昌
李建芳
洪明浩
沈錥
洪良浩
洪樂浚
洪敬謨
洪承憲
李匡師
李肯翊
李匡呂
洪志燮
李晚秀
徐榮輔
鄭東愈
李泰壽
李相璜

震)으로 이어지는 호론은 '호학(湖學)' 이라 불리웠다. 남인학계 역시 서울 경기지역의 남인, 이른바 '경남(京南)' 과 영남지역의 '영남(嶺南)' 으로 분기하였다. 이때 허목을 사숙(私淑)하여 퇴계 학통을 계승한 성호 이익이 주자학은 물론 경제지학과 명물지학 연구에 큰 업적을 남기며 많은 제자와 문인을 배출함으로써 기호남인('경남')의 주류를 형성하였다. 소론학계에서는 윤증과 정제두를 계승한 정후일(鄭厚一), 심육(沈堉), 이광사(李匡師), 이광려(李匡呂) 등의 문하에서 다양한 학풍을 가진 경화사족 학자들이 배출되어 영·정조대 정계와 학계에서 중심적 역할을 담당하였다.

영조대(1724~1776) 이후 전개된 탕평정국 아래 경화사족은 우월한 정치적 진출과 함께 세력을 확대하고 낙론과 '경남' 등 경화사족들이 향유로 전락해간 호론과 '영남' 등을 누르고 학문적 우위를 점하게 된다. 이들 중 진보적 지식인들은 당색을 뛰어넘어 교류하면서 사상적 공감대를 형성하였다. 이들은 서울로부터 야기된 사회경제적 변동과 그 속에서 사(士)의 위상 변화를 절감하며, 누대의 서울생활로 소비적으로만 흘러가던 경화사족의 생활을 반성하고 있었다. 경화사족층이 분화하여 '경화거족(京華巨族)' 으로부터 서울 시정의 위항인(委巷人)까지 포함하는 보다 확대된 외연을 가지게 되고, 그 중 상당수가 생산활동과 유리되어 '놀고먹는(遊食) 계층' 이 되었던 문제에 대해서도 이들은 대책을 강구하였다. 이들은 사(士)의 반성과 적극적 역할에 의해 현실의 민생 문제 해결에 기여하고자 했다. 사회경제 체제의 개선과 생산력 증대를 도모하고자 농업·공업·상업을 두루 연구하여 그 원리를 밝히고자 하였고, 사(士)가 생산활동에 직접 참여하는 방안을 마련하고자 했다. 경-향의 사회적 분기 현상으로 모든 면에서 서울과 지방의 격차가 커진 문제를 해결하는 것도 이들의 관심사였다.

탕평정국 아래 대표적 실무관료로서 균역법 등 여러 정책을 주관하였던 홍계희(洪啓禧, 1703~1771)는 이재(李縡, 1680~1746)의 문인으로서 유형원의 『반계수록』을 공간하는 등 경제지학에 많은 관심을 갖고 시대의 문제에 대처하고자 했다. 역시 이재의 문인으로서 낙론을 주도하였던 산림학자 김원행(金元行)은 문인제자들에게 경제지학과 명물도수지학을 적극 장려함으로써 문하에서 홍대용과 황윤석(黃胤錫) 같은 학자들을 배출하여 경화사족 지식인들의 새로운 학풍에 큰 영향을 주었다. 또한 낙론의 산림학자 이보천(李輔天)을 계승했던 박지원은 변화된 현실을 직시하며 경제지학 연구의 선구자였던 앞시대의 반계 유형원(磻溪 柳馨遠, 1622~1673)과 졸수재 조성기(拙修齋 趙聖期, 1638~1689)에게 주목하면서 시대상의 변화에 부응하는 새로운 학문의 연구를 수행하고 조선중화의식과 같은 기존의 명분론과 북벌대의론을 반성함으로써 북학론을 제기하기에 이르렀다. 그는 『허생전(許生傳)』 등 일련의 소설에서 '허생(許生)'으로 상징되는 상업에 종사하는 새로운 지식인상, 곧 '양반상인론'을 제기하고, 『과농소초(課農小抄)』에서는 농업 개혁을 주도하는 지식인상을 제시하는 등 조선사회의 변화에 지식인들이 적극 대처할 것을 촉구하였다.

정조대(1776~1800)로 가게 되면 경화사족 일각의 지식인들은 이런 분위기 속에서 사상적 공감대를 형성하고 신분과 당색을 넘어선 개방적 자세로 교류하면서 시대의 변화에 적극적으로 대응해 가게 된다. 성호 이익을 계승한 강세황(姜世晃, 1713~1791)과 이가환(李家煥, 1742~1801), 정약용(1762~1836) 등 기호남인과 소북 계열 학자들은 물론, 서명응(徐命膺, 1716~1787), 이광려(1720~1783), 홍양호(洪良浩, 1724~1802), 서호수(徐浩修, 1736~1799)와 서유구(徐有榘, 1764~1845) 등 소론의 학자들, 그리고 박지원, 홍대용, 이덕무(李德懋, 1741~1793), 유득공(柳得

恭, 1749~1807), 박제가(朴齊家, 1750~1805), 이서구(李書九, 1754~1825) 남공철(南公轍, 1760~1840) 등 주로 노론이었던 연암일파(燕巖一派) 학자들은 상호 교류하는 가운데 기존 사상의 재정립과 학문의 발전을 모색하였다.

정조의 후원 아래 이들은 조선의 전통문화를 존중하면서도 외래의 새로운 문화를 적극 수용함으로써 국제문화 조류로부터 유리됨을 경계하고 조선 문화의 역동적 변화를 추구하였다. 박지원은 이러한 시대 분위기에 부응하여 문풍을 위시한 새로운 문화 건설의 기준으로 '법고창신(法古創新)' 의 지향성을 제시했으며, 정조는 조선의 현실적 필요에 부응하는 외래문물 수용의 기준으로 '적용이수세(適用而需世)' 를 제시하기도 했다.

정조시대 경화사족 지식인들은 조선이 처한 상황을 사실적으로 바라보며 주체적 입장에서 혁신을 도모하였다. 전통적인 문화자존의식(文化自尊意識)을 반성하면서 외래의 학술과 문물을 적극 수용하고자 이들은 북벌론(北伐論) 대신 북학론(北學論)을 제기하고, 청나라의 학문과 문물은 물론, 때로는 그를 넘어 서양의 서학(西學)과 서교(西敎: 천주교)의 수용까지도 불사함으로써 조선학계와 사상계는 큰 변동과 갈등에 휩싸이게 된다.

경화사족 학자들 사이에서 '신학(新學)' 이라 지칭된 새로운 학문은 시대상의 변화에 부응하여 외래 학풍과 문물의 수용을 지향했다. 아울러 소비적으로만 흘러갔던 경화사족의 생활에 대한 반성에서 생산활동에 대한 관심과 민(民)에 대한 지도능력의 회복을 촉구하고 그들의 주도로 전반적 사회개혁을 추진하고자 했다. 흔히 이들을 '경세치용(經世致用)학파=중농(重農)학파' 와 '이용후생(利用厚生)학파=중상(重商)학파' 와 같이 억지로 갈라놓곤 하지만, 실상 이들의 관심은 '중상' 과 '중농' 을 넘어서

〈노론 경화사족의 학풍 계승〉

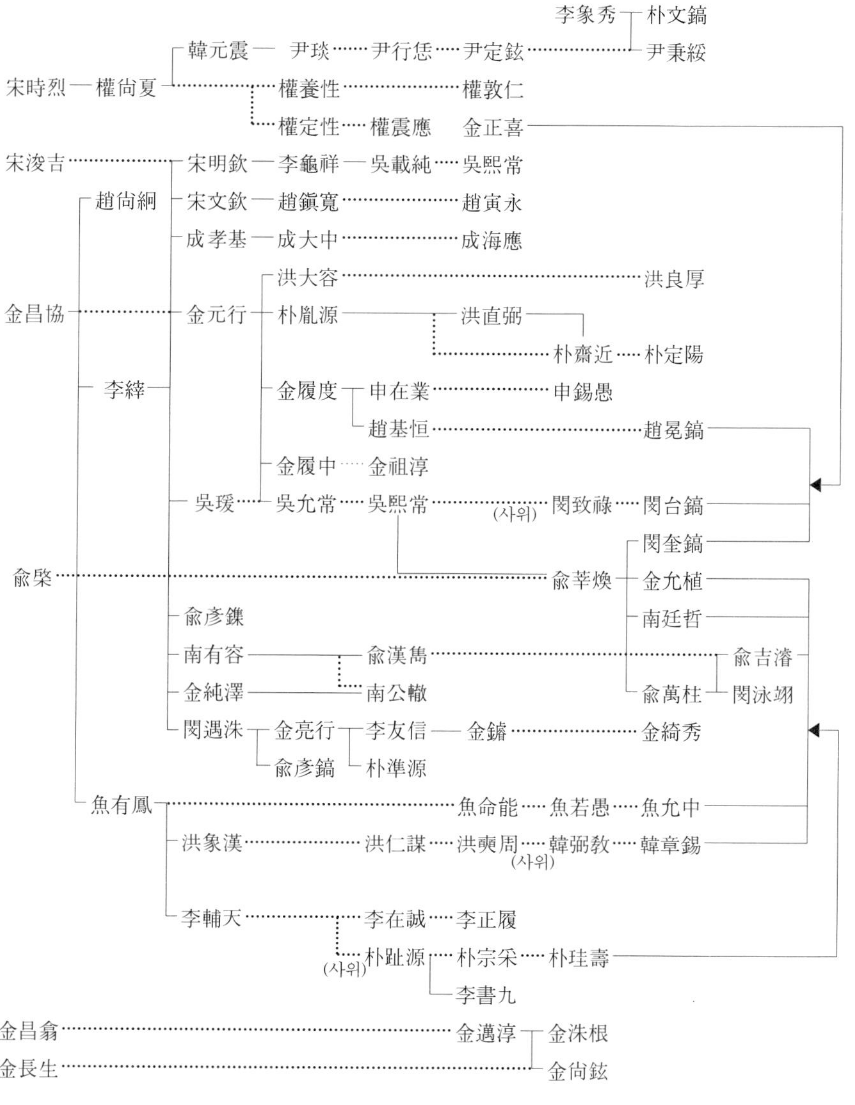

농업 · 공업 · 상업 전반에 걸치는 것이었고, 제반 산업의 유기적 연관관계 위에 생산력을 극대화하고자 하는 것이었다.

경화사족으로서 이들은 상호 교류를 통해 현실에 대한 공감대를 형성하며 조선사회의 제반 문제를 극복하고자 학문적 노력을 기울이게 된다. 정조의 농서 제출 요구에 부응하여 박지원은 농서(農書)로 『과농소초(課農小抄)』를 저술하였고 박제가의 『북학의(北學議)』가 정리되어 나왔으며, 그 영향 아래 서유구는 훗날 『임원경제지(林園經濟志)』를 편찬해 내기에 이른다. 경-향의 분기 현상에 따라 서로 유리된 서울의 도시적 생활과 향촌의 임원(林園)생활, 농업과 상공업, 소비생활과 생산활동을 통합적으로 이해하여 현실 문제에 실용적 대안을 마련하려는 학문적 노력이 시대적 요구에 부응하여 결실을 맺은 것이다.[9] 정약용이 북학을 통해 중국과 서양의 과학 기술을 연구하고 화성신도시 건설의 계획안을 제출한 것이나, 훗날 정치 · 경제 전반의 개혁을 요구하며 『경세유표(經世遺表)』 등 저술을 남긴 것도 이들 지식인의 공통적 관심사였던 실용적 학풍, 곧 경제지학 연구의 결실이었다.

경화사족 학자들의 이러한 학문적 성과는 국가의 정책으로도 수렴되기에 이른다. 화성신도시 건설 과정(1794년 1월~1796년 10월)에서는 전통적 지식만이 아니라 북학, 서학 등 외래 신지식까지도 적극 채용하여 이들을 응용하려는 노력이 기울여졌다. 박지원, 박제가, 홍원섭(洪元燮), 서유구, 정약용 등 조정 내외에 포진했던 많은 학자들이 연구해 낸 결과에 따라, 외래의 신기술을 적용하여 거중기(擧重機)와 수차(水車), 벽돌가마 등을 제작하여 시험하였으며, 그들이 구상했던 농업개혁론과 상업진흥책, 특히 국영시범농장과 국제무역시장 설치론 및 양반상인론 등을 받아들여 적극적으로 시책에 반영하였다. 양반층에게 자금을 지원하여 상업활동에 종사하도록 하였으며, 국제무역시장과 국영농장에 상인과 지주층의 자본을 끌어들여 활용하고 이들 유산(有產)계층을 관료로 받아들이려는 계획에 이르기까지, 화성신도시 건설과정에는 정조시대 지식인들이 나아가고자 한 새로운 시대로의 지향성은 물론, 그 한계까지도 여실히 드러나고 있다.[10)]

그러나 정조 사후 19세기 세도정치기로 가면 상황이 일변한다. 척족(戚族)과 소수 경화거족(京華巨族)이 정권을 독점하는 상황 변화 아래 국왕이 주도하는 개혁은 중단되었다. 여전히 경화사족 지식인들을 중심으로 학문활동이 이루어지고 그 일각에서 경제지학과 명물도수지학의 연구 성과가 나왔지만 이것이 국가의 시책으로 수용되기 어려운 상황이 전개된다. 김조순(金祖淳)을 중심으로 남공철 · 심상규 · 이상황 · 서영보 · 이만수 등 정권을 장악한 노론, 소론 출신의 세도가들의 관심은 현실 개혁이 아니었다. 정조대에 정조의 총애를 받으며 '신학(新學)' 과 '신문(新文)' 을 주도하고 북학을 선도하였던 인사들이었지만 그들끼리도 분열되었으며, 1806년 병인경화(丙寅更化) 이후 집권한 이들은 현실에 안주하는 경향을 보이고 그들의 학문도 변질되었다.

이들의 집권으로 정통주자학의 영향력이 급속히 약화되고 서울에는 북학이 풍미하기에 이른다.[11)] 이에 따라 청조 문물이 대거 들어와 학자들 사이에 청조고증학이 유행하고 서학 지식과 천주교도 수용되었다. 이제 이들에게 정조가 강조하였던 '정학(正學)' , 곧 주자학적 지향은 문제되지 않았으며, 문화자존의식 위에 성립했던 앞시대의 문예도 관심에서 점차 멀어졌다. 이들은 청나라로부터 들어온 고증학 등 새로운 학풍과 문풍에 경도하였고, 대체로는 의리지학 중심의 전통주자학은 물론, 현실 개혁을 지향하던 경제지학풍도 점차 외면하고 현실 개혁의 의지도 상실하게 된다.

반면에, 집권층의 분열과 사회 분화에 따라 여러 사회 계층에서 다양한 학문적 경향이 등장하였다. 연암일파의 북학은 박제가에게 배운 추사 김정희와 그 문하의 흥선대원군, 그리고 박지원의 제자인 서유구와 그 문하의 박규수(朴珪壽) 등 후배에게로 이어져 본격화되었다. 정조와 그 휘하 신료 지식인들이 농업, 상업 발전을 위해 자본을 활용하는 등으로 연대하고자 했던 위항(委巷)의 유산계층들도 새로운 학문을 추구하였다. 추사 김정희 문하에 집결해 북학의 열기를 이어간 중서층 지식인들은 물론, 최한기(崔漢綺)와 같은 서울 위항의 '유산(有產)계층' 지식인은 북학과 서학을 아울러 수용하여 경제지학 연구의 새로운 경지를 열어 가면서 정치적 진출을 모색하였다.[12)]

한편, 경-향의 분기 현상이 더욱 심화되는 가운데 중앙으로부터 유리되었던 향촌사회에서 학맥을 이어가던 주자학의 영향력은 급속히 쇠퇴하였다. 산림(山林)학자의 권위와 전통주자학의 우월적 지위는 허울만이 남았으며, 서울에서 청조 고증학을 위시한 북학의 유행과 함께 향촌민 사이에서는 서학(西學=천주교)이 널리 전파되고 그에 맞서서 동학(東學)이 크게 확산된다. 전통적 사회질서와 문화가 근본적으로 변화하였던 시대 상황에 따라 등장한 이 다양한 흐름은 조선후기 사회와 문화의 발전이 가져온 귀결이면서 전통문화와 사회체제를 청산해가는 과정이기도 했다.

4. 새로운 실학론의 전망

일제강점기 민족의 위기 상황 속에서 시작되어 오늘에까지 진행되어 온 실학 연구는 조선시대 사상사와 문화사 연구의 핵심 분야로 자리잡았으며 그간 많은 연구 성과가 제출되었다. 그럼에도 실학의 학풍은 물론, 실학의 계보 등을 놓고 학계에서는 혼란이 계속되고, 실학자의 범위와 실학의 개념은 오히려 모호해진 감이 있다.

이미 반세기 전에 제출된 후 이제 '통설'로 인정되는 실학론에서는 실학을 '재야지식인의 학문'으로서 '실증적 · 민족적 · 근대지향적 특성을 지닌 학문'이라 규정하고 '중농학파=경세치용학파', '중상학파=이용후생학파', '고증학파=실사구시학파'로 분류하였다. 하지만 오늘의 연구 수준에서 볼 때 이러한 규정과 구분법에서는 많은 문제점이 발견된다.

우선, 실학자들을 재야지식인으로 규정했던 것은 분명한 오류였다. 또한 '실증적 · 민족적 · 근대지향적'이라거나 '중농 · 중상 · 고증학'이라는 각각의 분류에는 각기 일관된 구분의 기준이 결여되어 있어 수정이 불가피하다. 차별화하기 어려운 '경세치용(經世致用)'이나 '이용후생(利用厚生)' 같은 추상적인 개념을 각기 '중농'이나 '중상'과 일치시켜 설명하는 방식 때문에 실학의 학풍 설명이 혼란스러워진 면도 있다. 특히 '중농 · 중상 · 고증학'이라는 기준은 기호남인의 성호학파와 노론 북학파(연암일파), 그리고 추사학파 세 부류를 대상으로 하였는데, 이는 이른바 '실학자'로 알려진 많은 인물들 중 일부만을 포괄하는 것인데다가, 기호남인과 노론 북학파를 각기 중농학파와 중상학파, 고증학파의 세 갈래로 억지로 갈라 규정하는 것도 현재 연구 수준에서는 받아들이기 어렵다.

근래에 우리가 일제 식민사학의 편견을 불식해 가면서 알게 된 조선후기 300년의 역동적 변화와 발전을 고려할 때, 그 속에서 등장한 다양한 학문과 사상을 통설적 개념 규정에 따라 '실학'이라는 한마디로 묶기는 어렵다. 17세기, 18세기, 19세기로 넘어오면서 조선사회는 큰 변화를 겪었고 지식인들의 사회적 위상도 변했다. 시대의 변화 속에 그들이 문제시한 사회현실과 그에 대한 대처방안도 달라졌고 학문과 사상의 경향도 변화할 수밖에 없었기 때문이다.

그러므로 1600년 전후한 시기를 살았던 한백겸, 이수광과 200년 후 1800년 무렵의 인물인 박지원, 정약용, 서유구 및 거의 300년 후 19세기 후반 최한기와 이제마의 학문과 사상이 '실학'으로서 동일한 특질을 가졌다고 하기는 어렵다. 대체로 주자학적 이념에 따라 질서를 정착시켜 가던 17세기 학자들의 학문과, 주자학적 이념에서 벗어나 새로운 질서를 모색하던 19세기 단계의 이른바 '실학자'들의 학문을 동일하게 '민족 지향적, 근대 지향적'이라고 성격 규정할 수는 없을 것이다.

300년을 뛰어넘어 16세기 후반의 사상과 19세기 후반 사상의 특질을 동일시하는 것은 조선후기 300년의 변화와 발전을 부인했던 식민사관 정체성론의 영향 때문이라고도 할 수 있다. 조선후기 주자학과 주자학계의 변화 발전을 무시한 '주자학망국론'의 연장선상에서 주자학을 이기심성론과 예학에 경도된 '보수적' 사상이자 현실과 유리된 공리공담이라고 일률적으로 인식한 것이다. 이런 편견 속에 정통주자학에서 벗어났다고 생각되면 일단 '진보적'이라고 평가하고, 연구자 임의로 그를 모두 '실학'이라 규정함으로써 실학의 범위는 확대되고 실학의 개념 설정에 혼란이 야기되었다.

기존의 실학 연구에서 '실학'은 연구자들이 정통주자학과 다르다고 생각하는 학풍을 찾아가는 가운데 양명학과 고증학을 포함하여 조선후기에 등장한 경제지학과 명물도수지학, 그리고 국어와 역사 지리 등 국학 연구를 포괄하며, 이런 학풍을 부분적으로라도 지니면 곧바로 '실학자'로 분류하곤 했다. 그러나 근래의 연구에 의하면 그동안 지목된 이러한 '실학자'들 가운데 다수는 정통주자학에서 벗어나기는커녕 적어도 18세기 후반 정조시대까지는 대체로 정통주지학 계보상의 중요 학자들이었음이 확인되었다.

이러한 연구 결과는 실학이 주자학과 반대되거나 대립한 학풍이 아니라 주자학을 중심으로 전개된 조선학계 일각의 특정 학풍이었음을 말해주고 있다. 실학의 발달은 조선후기 주자학의 단계적 전개과정과 연동되고 있었던 것이다. 실학은 조선후기 정통주자학의 연장선상에서 설명하는 것이 불가피하게 되었고 이런 연구 과정에서 실학의 실상이 보다 분명히 드러나고 있다.

그러므로 학계 일각에서는 그동안 '실학' 연구의 문제점과 혼란상을 지적하면서 '실학' 개념 자체의 폐기를 주장하는 경우도 있었다.[13] 물론 오늘의 연구 수준에서 볼 때 여러 선입관으로 점철된 '실학'이란 단어를 배제하고 연구를 진행하며 조선후기 사상과 문화를 설명하는 것은 가능하다. 그러나 거의 한 세기 가까이 오랫동안 활용해 온 '실학'이란 용어를 제외한 채 조선후기 문화를 설명할 때, 특히 학교교육을 통해 기존의 통설적 실학론에 익숙한 일반 대중들에게 역사를 설명하는 데는 많은 혼란이 야기될 수 있다.

그러므로 우선은 실학 연구를 진행해 온 학계에서부터 그간의 연구 성과를 토대로 실학 연구 전반에 대한 재검토를 통해 공감대를 마련하고, 대중들의 역사 이해 혼란을 최소화하는 방안을 마련하는 것이 필요하다. 차후 오해로 점철된 '실학'이란 용어를 사용함에는 보다 신중을 기해야 할 것이다. 한국사 연구에서 실학 연구가 차지하는 중요성에 비추어볼 때, 앞으로의 올바른 연구와 교육 방향을 정립함으로써 오랜 혼란을 마감하는 것이 필요하다고 생각된다.

제2장 | '실학자' – 풍석 서유구의 학문과 사상[14)]

1. 1800년 전후 전환기의 지식인

1800년 6월 28일, 정조의 서거와 함께 정조시대(1776~1800)의 역동적 변화는 굴절을 겪게 되며 조선왕조의 정치상황과 사회상은 대전환을 맞이하게 된다. 어린 군주가 즉위하고 척족과 소수의 경화거족들이 권력을 분점하여 세도정치를 해나가는 가운데 정조시대까지 면면히 전개되어 온 사림정치와 탕평정치의 지향은 종말을 고하였다. 정조시대 개혁을 이끌었던 세력이 분열하는 가운데 그들 간의 정치적 갈등이 고조되고 사상적 대립이 심화되었으며, 정통주자학이 사회적 지도력을 잃어가고 북학과 서학이 유행하는 가운데 사상적 혼란이 야기되었다. 1800년 이후 정치적 · 사상적 혼란과 함께 조선의 전통적 질서는 급속히 와해되어 가기에 이른다. 그러나 혼란 속에서 새로운 질서가 태동하였고 이는 새로운 시대의 시작을 알리는 것이기도 했다.

정조의 강력한 지도력과 그 휘하 재재다사가 이끌었던 개혁의 활기가 사라진 위에 외척세도의 과두 독재정치가 등장함으로써 어둡게만 느껴지는 19세기 전반, 그럼에도 정조시대 개혁의 불빛이 꺼진 것은 아니었다. 어려운 정치상황 속에서도 정조시대 이래 개혁의 불씨를 되살려 후대에 이르기까지 찬연히 불을 밝혀 새 시대를 열어나간 여러 학자들이 있었기 때문이다.[15] 누대에 걸친 가학을 계승하여 '경제명물지학(經濟名物之學)' 이라는 실용적 학문을 더욱 발전시키고, 연암 박지원의 제자로서 연암일파 북학사상을 집대성함으로써 불후의 업적을 남긴 풍석(楓石) 서유구(徐有榘, 1764~1845)도 그중 한 사람이다.

풍석은 영조대 말 서울 경화사족 명문가의 자제로 태어나 가학(家學)과 북학(北學)의 세례 속에 성장하여 정조시대 서울 경화학계(京華學界)의 활기찬 분위기를 호흡하였다. 정조의 후원으로 사환을 시작한 그는 할아버지 서명응(徐命膺, 1716~1787)과 생부(生父) 서호수(徐浩修, 1736~1799), 중부(仲父) 서형수(徐瀅修, 1749~1824)와 함께 정조의 학문정치를 핵심에서 보좌하였다. 불행히 정조 사후 정치적 혼란기에 처하여 그는 가문의 몰락과 정치적 실각을 경험하였지만, 중앙정계에서 방폐(放廢)되어 서울 주변을 전전하는 근 20년간의 임원생활을 통해 『임원경제지(林園經濟志)』 113권이라는 방대한 학문적 업적을 남기게 된다. 이 시기 그는 생산활동에 직접 종사하는 경험 위에 이를 정리하는 학문활동에 몰두하였고, 이후 생애 말년까지도 이 필생의 작업은 계속되어 오늘날 그와 동년배인 다산(茶山) 정약용(丁若鏞, 1762~1836)의 방대한 저작과 함께 19세기 조선을 대표하는 학문적 업적이자 이른바 '실학' 의 대표적 저술로서 우리에게 알려져 있다.[16]

그의 다양한 학문적 편력과 파란만장한 삶의 경험이 녹아 있는 저작들을 통하여 우리는 정조시대 이래 전환기에 처한 조선학계의 상황과 경화사족으로서 그들이 해결하고자 했던 현실 문제의 실상을 파악할 수 있으며, 그들이 꿈꾸었던 새로운 시대상을 엿볼 수도 있다. 파란만장했던 풍석 서유구의 삶의 궤적을 따라가며 그의 학문과 사상의 성숙 과정을 검토하는 일은 정조시대 이래 정치사와 사상사의 핵심적 문제와 맞닿아 있다. 정조시대에 고조되었던 새로운 시대를 향한 갈망이 정치적 상황 변화와 함께 어떻게 변해가며, 특히 정조 사후 변화된 상황 속에서 어떤 굴절과 전개를 보이는지 확인하는 과정이기도 하다. 이를 통해 흔히 암흑시대로 치부되는 19세기 조선의 사상과 문화 전개의 실상을 들여다봄으로써 오늘에까지 빛을 드리우고 있는 전통시대 사상과 문화의 의미와 방향성을 가늠해 볼 수 있을 것이다.

2. 생애

1) 가문(家門)과 성장 환경

1764년(영조 40)부터 1845년(헌종 11)까지 격변기를 거치며 파란만장한 삶을 통해 불후의 학문적 업적을 남긴 서유구, 그의 집안은 조선전기 이래 대대로 벼슬을 했던 명문가였다.[17] 조선전기에 대제학(大提學)으로 문명(文名)을 떨친 서거정(徐居正, 1420~1488) 이후, 그 현손(玄孫)으로서 율곡(栗谷)의 제자였던 약봉(藥峯) 서성(徐渻, 1558~1631)이 판서를 지내고 그 아들인 서경주(徐景霌, 1579~1643)가 선조(宣祖)의 부마(駙馬) 달성위(達城尉)가 되었으며, 달성위의 손자인 서문유(徐文裕, 1651~1707)로부터 서종옥(徐宗玉), 서명응, 서호수를 거쳐 서유구에 이르기까지 5대에 걸쳐 연이어 이조판서를 배출한 이 집안이야말로 조선의 경화사족 가운데서도 대표적 명문거족이었다.

풍석의 집안은 17세기 붕당 간의 대립과 이후 영·정조대 탕평정국(蕩平政局) 하에서 소론(少論) 세력의 중심으로 활약하였다. 서명응의 막내아우인 서명성(徐命誠)이 영조와 사돈이자 소론 탕평파의 영수인 조현명(趙顯命)의 사위가 되었고, 서명응의 장남 서호수는 소론의 영수 이이장

(李彛章)의 집으로 장가들어 소론의 핵심 가문으로서 결속을 다졌다. 서명응의 아우 서명선(徐命善, 1728~1791)은 정조의 제일가는 충신이자 심복으로서 영의정을 거듭 지내며 소론을 이끌었고, 이이장 역시 사도세자가 죽음을 맞을 당시에 도승지로서 사도세자를 살리고자 노력했으므로, 훗날 정조로부터 제일의 충신으로 인정받아 충정공(忠正公)이란 시호를 하사받는 등 특별히 우대되었다.

조선전기 이래의 대표적 명문으로서 이 집안은 특히 정조시대에 와서 최고의 성세를 구현하였다. 풍석의 조부 서명응이 규장각(奎章閣) 제학(提學)으로 정조의 학문정치를 핵심에서 돕고, 그의 아들 서호수와 서형수가 모두 정조의 신임을 받아 판서와 참판을 역임하면서 규장각의 각신(閣臣)으로서 활약하였다. 서유구 역시 젊은 시절 규장각 대교(待敎)를 지내고 훗날 방폐에서 풀려나 규장각 제학이 됨으로써 규장각 각신을 3대에 걸쳐 역임하기도 하였다.

그런가 하면, 이 집안은 영조대 중반 이후 노론과도 밀접한 관계를 맺음으로써 영조·정조시대 탕평정국의 핵심 세력으로 나설 수 있었다. 영조가 나주벽서사건(羅州壁書事件, 1755년)을 계기로 노론 주도의 탕평정국을 성립시켰을 때, 서명응은 영조의 탕평책에 협조하는 쪽으로 태도를 정한 이후[18] 노론과도 밀접한 관계를 유지하면서 정치적·학문적 성취를 이루어 갔다. 특히 그의 둘째 아들 서형수를 노론의 산림(山林)이었던 홍계능(洪啓能)에게 보내어 수학시키는가 하면, 서형수는 노론인 조영증(趙榮曾)의 손서(孫壻)가 되어 역시 노론인 추사 김정희의 경주김씨 집안에서 김노겸(金魯謙)을 사위로 맞아들이게 된다. 노론이 주도하였던 영조 이후 정국에서 이처럼 이 집안은 노론과 이해관계를 거의 같이하면서 영조와 정조의 탕평정치에 호응하였다.

특히 서명응의 아우인 서명선은 정조의 대리청정을 방해했던 홍인한

(洪麟漢)을 탄핵하여 정조의 절대적 신임을 얻게 된 이후, 다시 정조 초년 홍국영(洪國榮)이 자기 누이를 정조의 후궁으로 들여 세도 장악을 꿈꾸자 그 음모를 고발하여 실각시킨 이후 영의정으로서 최고의 현달을 하고 있었다. 왕실의 척족이었던 홍인한과 정후겸, 그리고 장차 외척이 되고자 했던 홍국영을 차례로 탄핵하여 특권세력을 척결하는 선봉에 섬으로써, 서명선은 정조가 정치의 원칙으로 채택한 '우현좌척론(右賢左戚論)' 에 가장 충실한 인물이 되었고, 정조대 전반에는 '의리주인(義理主人)' 으로 추앙받았다. 또한 소론 정치세력의 지도자로서 정조의 '의리탕평(義理蕩平)' 의 한 축을 담당하여 노론, 남인 세력과 함께 정조의 탕평정치에 협력함으로써 이들 일문은 정조 치세 기간 내내 소론가문으로서는 최고의 성세를 자랑하였다.[19)]

이런 가운데 풍석의 성장과정은 그의 문집에 실려 있는 「여붕래서(與朋來書)」[20)](1806년 지음)와 그를 보충한 「오비거사생광자표(五費居士生壙自表)」[21)](1842년, 풍석이 79세에 지음)를 통해 살펴볼 수 있다. 풍석은 「여붕래서」에 이어 그의 「자찬묘표(自撰墓表)」에서 다섯 시기로 그의 평생을 나누고 헛되이 시간을 보냈다는 자성적(自省的) 의미에서 스스로 '오비거사(五費居士)' 라고 칭하였다.

그에 의하면,

일비(一費)는 서형수로부터 「단궁고공기(檀弓考工記)」와 당송팔가문(唐宋八家文)을 배워 문장에 뜻을 두며, 우산(愚山) 이의준(李義駿, 1738~1798)에게 정현(鄭玄)의 명물(名物)과 주자(朱子)의 성리(性理)를 배우는 등 학문적 수련을 하던 시기,

이비(二費)는 정조의 지우(知遇)를 받으면서 계고(稽古) 교서(校書)에 진력하던 시기,

삼비(三費)는 신폐가복(身廢家覆)하여 농작물과 그 기르는 방법〔樹藝〕에 관해 연구하였던 시기,

사비(四費)는 1823년 이후 다시 벼슬길에 나가 입조(立朝)하던 시기,

오비(五費)는 정계에서 물러나 30여 년간 작업했던 『임원경제지(林園經濟志)』를 정리, 간행하기 위해 노력하던 시기,

이렇게 다섯 시기로 그의 생애가 정리되고 있다.

이는 결국,

1764년부터 1790년까지의 성장기(成長期)

1790년부터 1806년 정계축출까지의 사환기(仕宦期)

1806년부터 1823년 정계복귀까지의 방폐기(放廢期)

1823년부터 1839년 치사(致仕)까지의 현달기(顯達期)

1839년부터 그 이후의 은퇴기(隱退期)

로 다시 정리될 수 있다.

이제 우리는 여기에 입각하여 풍석의 생애 가운데 그의 학문 형성과 관련된 중요한 사항만을 간략히 개관해 본다.

성장기의 풍석은 평안감사(平安監司)로 부임한 할아버지 서명응을 따라서 평양에 머물기도 하고 서울의 경저(京邸), 또는 선산이 있는 장단(長湍)의 향저(鄉邸)에서 독서하기도 하면서 가학을 계승하였다. 풍석은 어린 시절 조부 서명응과 서형수, 그리고 이의준에게서 문장학(文章學)과 경학(經學)을 공부하였다. 서명응은 일찍부터 경화학계에서 북학풍과 명물도수지학을 선도하였고 그의 새로운 학풍은 당색과 신분을 넘어서 후학들의 추앙을 받았다. 박제가(朴齊家)가 『북학의(北學議)』의 서문을

그에게 구할 정도로 북학론의 선배로서 서명응의 학계 위상은 확고하였다.

서명응의 북학풍과 명물도수지학(名物度數之學) 연구는 이후 그의 자손들에게 계승되면서 더욱 심화되었다. 서호수는 정조의 지시에 따라 청나라에서 『고금도서집성(古今圖書集成)』 5022책을 구입해 와서 규장각에 비치함으로써 문물제도와 중국고전 연구를 심화시키고 북학풍을 확산하는 기초를 마련하였다. 그는 북학의 성과 위에 천문학과 수리학 연구를 심화시켜 정조시대 관상감의 책임자로서 '조선력(朝鮮曆)'의 확립을 주도하였고, 『해동농서(海東農書)』 등 농서를 지어 경제지학 연구에도 큰 업적을 남겼다. 둘째 아들 서형수 역시 북학풍과 명물지학을 수용하여 경학의 새로운 연구 경향인 한학(漢學)과 송학(宋學)을 절충한 경전 연구의 심오한 경지에까지 나아가 정조의 주자학 집성 노력을 뒷받침하게 된다. 풍석 집안 내에서 이룩된 가학(家學)은 이들의 활약에 힘입어 정조시대 학문정치와 문물제도 정비에서 중요한 역할을 담당하였으며, 서울 경화학계의 한 축으로서 북학풍의 확산을 주도하고 있었다. 풍석은 자연스레 이 새로운 학풍에 접하였고 경화학계의 여러 학자들과 함께 그 핵심에서 활동하였으며 훗날 정치적으로 방폐되어 임원생활을 하게 되면서 『임원경제지』의 편찬을 통해 그 집대성을 추진하게 된다.

그러므로 풍석은 조부 서명응을 추종하며 서호수, 서형수와도 사상적 공감대를 가졌던 경화학계 내의 이른바 '북학론자(北學論者)'들과 어린 시절부터 교류하였다. 박지원, 이덕무, 성대중, 유득공, 박제가, 남공철 등 '연암일파' 학자들과 교유를 맺고 그들의 '신학(新學)'과 '신문(新文)'에 경도하였다. 그는 특히 박지원으로부터 깊은 영향을 받아 글을 지으면 언제나 그에게 보여 평가를 받곤 하였다고 한다. 그러므로 그는 박지원이 정조로부터 '문체반정'에 의해 견책을 받던 시절에도 박지원을 적

극 추종하고 찬양함으로써 그에 비판적이었던 동료 김조순(金祖淳)과 논쟁을 벌이기까지 할 정도였다.[22)]

2) 사환(仕宦)과 정치 행로

풍석은 1786년 생원시(生員試)에 합격하고 1790년 27세의 나이로 문과(文科)에 급제함으로써 관료생활을 시작하였다. 1792년 규장각 대교를 거쳐 1794년 예문관 검열과 홍문관 부교리를 지내고, 순조 초년 의주부윤(義州府尹)과 성균관 대사성(成均館 大司成), 홍문관 부제학(弘文館 副提學)을 거치기까지 40세 이전 그의 관력(官歷)은 화려하였다. 그 중 서적의 편찬 교열 등 학구적 활동이 수반되는 학문직(學問職)이 많았던 것이 특징이며, 특히 규장각에서의 사환은 풍부한 자료의 열람과 동료 관료학자들과의 폭넓은 교류를 가능케 하였으리라 짐작한다.

이 시기에 그는 전라도 순창군수(淳昌郡守)와 평안도 의주부윤(義州府尹)을 지내기도 하였다. 호남의 전형적인 농업지역과 북방 국경지역이자 대청무역의 거점에서 지방관을 지낸 경험은 그의 경제지학을 더욱 풍부한 경험적 토대 위에 서게 하였다. 이 시절 그는 연암일파 학자들의 지론에 따라 한전론(限田論)을 토대로 하는 농업론을 개진하는가 하면,[23)] 순창군수 시절에는 부민(富民)의 재력(財力)을 이용하여 수리(水利)사업을 하는 등의 새로운 농업정책론을 제기하기도 하였다.[24)]

정조 연간 그는 관료학자로서 순탄한 사환의 길을 걸었다. 서명응(1716~1787, 정조 11)과 서명선(1728~1791, 정조 15)이 타계한 후에도 생부 서호수와 중부 서형수가 정조의 신임을 받고 있어 집안은 여전히 번성하였다. 그러나 1799년(정조 23) 서호수가 돌아가고 이듬해 정조가 서거하자 상황이 달라졌다. 순조초년의 복잡다단한 정국을 헤쳐 나가던 서형수가 1806년 초 병인경화(丙寅更化)의 와중에 우상(右相) 김달순(金達淳)의 옥사(獄事)에 연루되어 벽파로 낙인찍힌 채 정계에서 축출되자 풍석 일문은 일거에 몰락하였다. 이조참판을 거쳐 경기관찰사(京畿觀察使)로 있던 서형수는 김달순의 모주(謀主)로 지목되어 추자도(楸子島)로 유배되었다가 결국 1824년 전라도 임피(臨陂)의 유배지에서 운명하였으며, 당시 홍문관 부제학이었던 풍석도 방폐되어 이후 18년간 인고(忍苦)의 세월을 보내야 했다.

이 시기는 경주김씨(慶州金氏), 반남박씨(潘南朴氏), 안동김씨(安東金氏)의 세 왕실외척들이 어린 임금 순조(純祖)를 둘러싸고 각축을 벌이며 ('三戚鼎立') 세도정치라는 파행적 정치구조를 성립시켜 가는 시기였다.[25] 벽파로 단죄되었던 풍석집안은 안동김씨가 정국을 확고히 주도하게 된 1820년대 이후에 가서야 비로소 복권이 이루어지기 시작한다.

1806년 서형수의 실각에 연좌되어 정계에서 축출된 풍석은 이후 1824년까지 18년 동안 향촌에 방폐된 채 임원생활을 영위하였다. 그는 향저와 선산이 있는 임진강 북쪽 장단(長湍)지역의 금화(金華), 대호(帶湖)와 서울주변 도봉산 아래 번계(樊溪: 오늘의 서울 도봉구 번동 부근)에 이어 남한강 유역의 두릉(斗陵: 오늘의 양수리 부근)으로 주거지를 옮겨 가면서, 향촌에서 실제 농업에 종사하게 되며 이 경험을 토대로 임원생활에 관한 모든 지식을 집대성하여 경제지학 연구를 심화해 나갔다. 농업에 관한 『금화경독기(金華耕讀記)』, 어업에 관한 『난호어목지(蘭湖漁牧志)』를 저술하는가 하면, 이런 류들을 종합한 그의 필생의 대작 『임원경제지』를 그의 아들 우보(宇輔, 1795~1827)와 함께 편찬해 냈던 것이다.

정국의 변화에 따라 그는 1824년(순조 24) 18년만에 복직되어 61세 환갑의 나이로 회양(淮陽)을 다스리는 지방관에서부터 관료생활을 새로이 시작한다.[26] 이 시기 풍석을 정계로 불러들인 인물은 일찍이 연암 박지원 문하에 함께 드나들던 남공철(南公轍, 1760~1840)이었다. 그는 안동김씨 세도가 김조순의 제일의 협력자로서 안동김씨 세도정권 아래 여러 차례에 걸쳐 영의정을 지냈다. 안동김씨 외척세도의 확립을 위해 그는 역시 연암 문하의 동문이었던 이서구(李書九)가 청론(淸論)의 정치지도자로서 척족 세도의 걸림돌이 되자 그를 탄핵하여 정치적으로 매장시켰다.[27] 반면에, 이제 환갑을 맞았던 풍석에게는 손을 내밀어 정계에 복귀하도록 하여 회양부사(淮陽府使)를 시작으로 세도정권의 실무관료로서 그의 능력을 발휘하는 길을 열어주게 된다.

이로써 그는 이후 양주목사(1826년), 강화유수(1827년) 등 지방관을 거쳐 1828년 8월에는 드디어 중앙정계에 복귀하였다. 대사헌과 공조판서를 역임한 그는 66세 되던 1829년에 양부(養父) 서철수(徐澈修)의 상을 당하여 다시 물러났다. 그러나 상을 치른 후 1831년 형조판서, 1832년 호조판서를 지내고 70세 되던 1833년에는 호남감사(湖南監司)가 되어 호남의 제반 문제를 처리하였으며, 1835년 중앙으로 돌아와 규장각 제학(奎章閣 提學)과 이조판서, 병조판서, 상호군(上護軍) 등 요직을 거치게 된다. 이윽고 1836년에는 정조시대 농업 개혁의 무대였던 수원의 유수(留守)가 되어 수원의 국영시범농장을 직접 관리하는 책임을 맡게 되며, 1838년 봉조하(奉朝賀)로 치사(致仕)할 때까지 뒤늦게나마 비교적 순탄하게 승진하여 요직을 두루 거쳤다.

이 시기 그는 그의 경제지학 연구에 입각하여 『행포지(杏蒲志)』(1825년)를 짓거나 호남감사로서 기근 구제를 위해 고구마를 보급하고자 『종저보(種藷譜)』(1834년)를 지어 널리 배포하기도 하는 등 그의 학문 연구를 정책에 활용하는 기회를 갖기도 하였다. 1838년에는 대사헌으로서 「구황(救荒)삼책(三策)」을 올렸으며 그에 따라 중국 강절(江浙)지방에서 수입해 온 12종의 벼 품종과 고구마를 직접 시험 재배하기도 한다.

75세의 나이로 은퇴한 이후 그는 향저에 머물며 젊은 시절부터 가까웠던 남공철(南公轍), 성해응(成海應), 홍석주(洪奭周), 홍길주(洪吉周) 그리고 정약용 등과 계속적으로 교유하였으며, 박지원의 손자 박규수(朴珪壽), 윤정현(尹定鉉), 이유원(李裕元), 김영작(金永爵) 등 후배들과도 어울리며 그들에게 연암일파의 학문과 사상을 전수하여 연암일파를 전후로 연결하는 역할을 하기도 했다. 관계에서 물러난 이후 그는 『임원경제지』의 산보(刪補)를 계속하고 그 공간(公刊)을 위해 여러모로 노력하였으나 결국 뜻을 이루지 못한 채, 1845년 11월 1일 광주 두릉의 별서(別墅)에서 시사(侍史)의 탄금(彈琴) 소리를 들으며 안온히 서거하여 장단(長湍) 금릉리(金陵里)의 선산에 묻히게 된다.

3. 학문과 사상

1) 경학(經學) 연구와 한송절충론(漢宋折衷論)

풍석의 학문에 영향을 주었던 학문조류로서 대략 세 가지의 학풍을 들 수 있다. 그것은 서명응, 서호수, 서형수로 이어졌던 가학(家學)과 그것을 보완하였던 박지원, 이덕무, 성대중, 박제가 등의 경제지학(經濟之學), 그리고 새로이 조선학계에 큰 영향을 미치게 된 청조고증학(淸朝考證學)이다.

풍석은 14세 때 조부 서명응으로부터 당송팔가문(唐宋八家文)을, 중부(仲父)인 서형수로부터 『예기(禮記)』의 「단궁고공기(檀弓考工記)」와 당송팔가문을 배웠으며, 뒤에 이의준(李義駿)에게서 '정현(鄭玄)의 명물(名物)' 과 '주자(朱子)의 성리(性理)' 를 배웠다. 즉, 문학은 조부와 중부로부터, 경학은 명물지학과 성리학의 두 측면을 중부 서형수와 이의준으로부터 배웠던 것이다.

또한 그는 조부 서명응의 『보만재총서(保晩齋叢書)』를 서호수, 서형수 및 가형(家兄)인 서유본(徐有本) 등과 함께 교열하고 농학 및 천문 지리 관련 부분인 「본사(本史)」와 「위사(緯史)」를 보충하면서 경제지학과 명물지학 이해를 심화시키기도 하였다. 그러므로 풍석에게는 18세기 후반 조선학계의 여러 다양한 학문경향 이를테면 의리지학(義理之學), 사장지학(詞章之學), 경제지학(經濟之學), 명물지학(名物之學)의 네 학문 분과들이 한꺼번에 수용되었다. 그러므로 그의 학풍은 이들을 종합하는데서 특색을 지니게 된다.

우선 그에게서 의리지학(義理之學)의 이해태도를 본다면, 그것은 주로 서명응과 서형수, 이의준 등의 영향으로 형성된 것으로 18세기까지의 정통적인 학문태도에서는 벗어났다고 할 수 있다. 이 시기까지의 조선 주자학계는 노론학자들이 주도권을 쥐면서 유학을 주자주의적(朱子主義的) 의리지학 위주로 해석하고 그 연구대상도 심성이기(心性理氣)와 예론(禮論)을 중심으로 하고 있었다. 그러나 소론의 학자로서 중국 명청대의 학문적 변화에 유의하였던 조부 서명응은 이러한 기존의 학풍 외에 박학적(博學的)인 명물도수지학을 연구하였고, 경학 연구를 토대로 수리천문(數理天文) 연구, 농학(農學) 연구, 악율(樂律) 연구, 행정제도(行政制度) 연구 등 경제지학의 제 분야를 포괄하는 폭넓은 학문체계를 형성하였다.[28] 이러한 그의 특이한 학풍은 그가 중국으로부터 새로이 유입되던 서적들, 특히 명대(明代) 학술의 제성과에 주목하고 있었기에 가능했고[29] 그런 면에서 그는 일찍부터 북학적 성향을 띠면서 주자(朱子)중심의 송대(宋代) 성리학에 집착하던 학풍을 반성하고 있었다.

서명응의 이러한 개성적 학풍은 그의 아들인 서호수와 서형수에게 계승되었다. 서호수는 정조년간 수학과 천문학('周髀幾何學' 과 '曆象律呂') 등 도수학(度數學)의 분야에서 최고의 권위자로 관상감(觀象監)의 책임자였다. 서형수는 노론 낙론(洛論)의 산림학자 홍계능(洪啓能)에게 수학하여 이기심성을 다루는 기존의 의리지학에 정통할 뿐 아니라, 가학으로서 명물지학(名物之學)을 계승하여 경전 고증에 임하면서 그 보완을 위해 청조고증학의 수용을 선도해 나가고 있었다.

그러므로 이런 가학의 분위기 속에서 성장한 풍석은 자연스럽게 전통적인 심성론 위주의 의리지학 외에 가학의 명물도수지학적 기반과 중국학술의 적극적 수용태도를 가지게 되고 그에 힘입어 경학연구에 있어서도 보다 과감히 고증학적 태도와 방법을 수용하고 있었다. 풍석 자신은 이미 16세 때에 『상서(尙書)』의 '금고문지설(今古文之說)'에 의문을 가지고 있었으며, 20세 이전에 청나라 고증학자 모기령(毛奇齡)의 학설을 몹시 좋아하고 있었다고 술회하였다.30) 이는 그의 경학이 가학과 청조고증학의 영향을 받으면서 성립하였음을 알려준다. 사서(四書)에 집착하지 않고 그를 넘어선 오경(五經)의 연구, 특히 청조고증학의 출발점이 된 유교경전 자체에 대한 비판적 고증으로 향하던 모습의 일단을 드러낸 것이다.

그러므로 훈고명물에 관한 풍석의 연구 성과였던 「상서지지(尙書枝指)」에 대해, 서형수가 보다 근본적이라고 생각했던 '심성도기지설(心性道器之說)', 곧 의리지학에 더욱 힘쓸 것을 당부할 정도로 한 세대 차이의 서형수와 풍석 사이에는 경학에 대한 미묘한 견해 차이가 드러나고 있었다.31) 정조시대에 북학의 파동이 밀려오면서 북학의 선봉에 섰던 두 사람조차 세대 차이에 따라 의리지학 위주의 경학, 곧 송학(宋學)과 명물지학 위주의 경학인 한학(漢學)에 대한 강조점의 차이가 노출된 것이다. 서명응, 서형수를 거쳐 서유구에게까지 오면서 풍석 집안의 가학 역시 학풍의 차이를 보이며 변화해 갔음을 알 수 있다.

이처럼 풍석은 청조 학문의 수용에 보다 적극적이었지만 그것은 아직 초창기의 혼란을 내포한 것이었다. 그의 경학에 대한 기본 입장은 「십삼경대(十三經對)」(『金華知非集』 권10)란 글에서 보이듯이 송학과 한학 사이에서 기본적으로는 절충적이었다. 그는 십삼경의 이해를 위한 결정판('一部不刊之書')을 만들 것을 주장하면서 한쪽에서는 '주자(朱子)의 전(傳)을 주로 하고 고주(古註)를 참조하자' 고 하면서도, '경전을 잘 설명할 수 있는 사람(善說經者)' 이라면 반드시 '한유(漢儒)의 주소(註疏)를 근본으로 하고 송유(宋儒)의 차기(箚記)를 참조할 것' 이라고 하여 얼핏 상충되는 견해를 피력하였다.

여기서는 주자의 주석〔朱傳〕이 중심이 되고 있었던 당시 조선학계에서 새로운 경전주석서를 만든다면 현실적으로 주자의 것이 토대가 되어야 하지만, 올바른 경전의 해석은 한유의 주소가 근본이 된다고 함으로써, 실제적으로는 한유의 주소가 송유의 차기보다 중요한 것으로 인식되어 가던 경학사상(經學思想)의 큰 변화를 감지할 수 있다. 따라서 서울 경화학계의 새롭고 개방적인 분위기를 호흡하던 풍석에게는 산림학자가 이끌던 기존 조선학계의 심성론 위주 주자학은 큰 관심을 끌지 못하였다. 오경(五經)을 중심으로 자유로운 경전해석을 추구하던 혁신적 태도로 인해 주자주의적(朱子主義的) 경전 이해방식에서 그는 점차 벗어나고 있었다. 그러므로 그는 낙론 산림학자의 제자로서 전통주자학을 존중하였던 서형수와도 달리 철저히 경험주의적 논거에 입각하여 독자적 심성론을 거침없이 피력하였다. 초계문신이었던 젊은 시절 '초계응제(抄啓應制)'로 작성한 「악불가불위지성설(惡不可不謂之性說)」(『金華知非集』 권9)이란 글에서는 당연하게 받아들이던 성선(性善)의 원칙에 대해서조차, 수(水)와 지(地)의 관계에 대한 경험적 관찰에 입각하여 거침없이 이의를 제기할 정도였다.

홍대용과 박지원이 낙론의 인물성동론(人物性同論)을 근거로 새로운 물론(物論)을 제기하고 이 위에서 새로운 학문관을 제기하였다면,[32] 이들의 영향을 받았던 풍석은 다시 한 단계 더 나아가 인간의 심성문제를 전혀 새롭게 생각하고 있었다. 이는 18세기 후반 경화사족(京華士族)의 일원으로서 풍석이 산림(山林)이 주도하던 의리지학적 심성논쟁에서 벗어나 자유로운 사상적 분위기 속에 성장함으로써 나타난 결과였다. 그것은 그의 선배들이 표명한 전통 의리지학에 대한 반성적 태도에서 다시 한 단계 더 나아간 귀결이었다. 이제 그는 전통적 명분론이나 의리지학에 구애됨이 없이 북학을 받아들이고 청조고증학, 곧 한학(漢學)의 수용으로 나아갔고 이는 가학이었던 명물도수지학의 기반 위에 자연스럽게 녹아 들었다.

그러므로 풍석의 학풍 속에 '주자(朱子)의 성리(性理)' 라고 표현되었던 전통적 의리지학은 이제 '송학(宋學)' 으로 상대화되고, 점차 '한학(漢學)' 의 경학고증에 비해 위축되는 경향까지도 나타난다. 그의 저술에서 경학고증은 상대적으로 적은 비중에 불과했고 그의 학문적 관심은 관념적인 의리지학에서 '실용(實用)' 을 위한 명물도수지학과 경제지학으로 옮겨가 '경제명물지학(經濟名物之學)' 으로 응결되고 있었다.

2) 문학(文學)활동과 법고창신론(法古創新論)

풍석의 문학(文學), 곧 사장지학(詞章之學)은 어린 시절 조부 서명응과 중부 서형수로부터 당송팔가문(唐宋八家文)을 배우면서 시작되었다.[33] 소년 시절의 그는 유종원(柳宗元)과 구양수(歐陽修)의 문장에 경도되고 그를 모범으로 해서 고문(古文)을 연마하고 있었다. 그러나 당시 서울 문단에 유행하던 의고문파(擬古文派)와 공안파(公安派) 등 중국의 새로운 문풍과 문학론을 이해하면서 전통적 고문론의 상투성에서 벗어나고자 했다. 조부 서명응과 중부 서형수, 그리고 연암을 위시한 선배들은 '법고창신(法古創新)' 의 문학론으로 이를 고취하였다.[34)]

일찍이 『보만재총서』「본사(本史)」 12권 가운데 「잠사(蠶史)」 이하의 부분을 쓰도록 지시했던 서명응이 풍석에게 한 충고도 그런 맥락에서 이해된다. 사한(史漢, 곧 『史記』와 『漢書』)의 문투를 그대로 빌려 문장을 쓰려다 실패한 풍석에게 서명응은 '사(史)라는 것은 한갓 사실만을 적는 것이 아니고 당시 문기(文氣)의 추세를 아울러 보여주는 것' 이라고 하면서 '당시지문(當時之文)으로 당시지사(當時之事)를 써서 당시지사(當時之史)를 이루라' 고 풍석을 격려했던 것이다.[35)] '우부우부(愚夫愚婦)' , 곧 일반 백성 그 누구라도 쉽게 알 수 있도록 고문(古文)의 상투(常套)에 구애받지 말고 당대의 문투로 쉽게 글을 쓰라는 당시로선 파격적인 서명응의 가르침은 풍석 문학론의 기초가 되었고 이는 연암을 추종하면서 더욱 심화되었다.

실상 이런 '창신' 적 문학론은 박지원을 비롯한 연암일파 지식인들의 지론이기도 했다. 풍석의 형 서유본(徐有本)은 서유구와 마찬가지로 박지원의 문학론에 깊이 경도하고 있었는데, 박지원은 서유본에게 "이제 반고(班固)와 사마천(司馬遷)이 다시 태어나더라도 결코 반고와 사마천을 배우지는 않을 것." 이라고 단언하면서[36)] 오늘 이 시대 사람(今之人)이라면 마땅히 이 시대의 문장(今之文)을 써야 한다고 이른바 '법고창신' 의 문학론을 고취하였던 것이다.

물론 박지원에게서 법고창신의 고문론(古文論)은 당시 일반적인 문사들의 생각과 비교할 때 상대적으로는 '창신(創新)' 쪽에 주력하는 것이었고 그 점 때문에 '신문(新文)' 이라 불리던 새로운 문학론은 많은 비난을 받고 있었다. 정조도 문체반정책을 내세워 이들을 직접 견책하기도 했다. 그러나 전통에서 출발하되 전통에 그대로 안주하지 않으려는 박지원의 일관된 태도는 학문관, 화이론(華夷論) 등에서와 마찬가지로 확고한 것이었고 그것은 그대로 풍석의 문학론이 되었다. 연암일파 등 북학론자와 풍석의 집안은 밀접한 관계를 맺으면서 활동하였고, 풍석은 문장을 지을 때마다 박지원에게 보여 인가를 얻고 있었다. 이들은 법고창신의 문학론은 물론 북학론을 기본적 태도로 공유하였으며, 당시 사회의 제반 모순에 대한 공동의 인식을 통해 18세기 후반 조선학계와 문단에서 굳건한 공감대를 형성했다.

한편 풍석이 어린 시절 조부로부터 배운 문학론, 곧 '실용(實用)'을 위해 누구나 이해하기 쉬운 문장을 써야 하고 그를 위해 '의고(擬古)'의 굴레를 벗어버려야 한다는 입장은 풍석 말년에 이르기까지 일관되게 추구되었다. 문장의 전아(典雅)함은 실용(實用)을 전제로 할 때 잘 드러나고 그것은 역대 농서의 문장에서 분명히 확인된다고 풍석은 보았다.[37] 그런 점에서 『임원경제지』는 풍석이 추구한 실용과 전아함이 잘 드러난 문학적 산물이기도 했다.

한편, 풍석이 박지원으로부터 배운 '창신'적 문학론과 그와의 연대의식은 박지원이 별세한 훨씬 뒤, 풍석의 만년(晩年)까지도 계속되었다. 훗날 외척 세도가가 된 김조순(金祖淳)과 젊은 시절 규장각에서 연암의 문장을 놓고 설전을 벌여 연암을 극력 옹호하였던 풍석은 김조순으로부터 결코 대제학이 될 수 없을거란 비난까지 받았다고 한다.[38] 그래서였을까, 오랜 정치적 방폐의 상처를 딛고 중앙정계에 복귀하여서도 마찬가지 태도를 견지했던 그는 김조순이 실권을 행사하던 세도정권 아래에서는 여러 차례 대제학의 물망에 올랐지만 결국 대제학이 되지 못하였다. 다만 정조시대 이래 19세기 중반까지 생존했던 학계와 문단의 원로로서 그는 시회(詩會)를 통해 정조시대 학계와 문원의 분위기를 연암의 손자 박규수와 윤정현, 김영작 등 후배들에게 전달하는 역할을 수행했다. 정조시대 연암일파의 학문과 문학, 사상은 19세기 이후 고종대에 이르기까지 이런 과정을 통해서 계승되었고 이들을 통해 김옥균, 홍영식, 박영효, 어윤중, 김홍집(김영작의 아들) 등 신세대들로 연결되면서 뒷시기까지 영향을 미치기에 이른다.

3) 임원(林園)생활과 경제명물지학(經濟名物之學)

풍석은 정계로부터 방폐되어 임원생활을 하면서 『임원경제지』 113권의 방대한 편찬 사업에 착수한다. 이는 조부 서명응의 『보만재총서(保晩齋叢書)』와 생부 서호수의 『해동농서(海東農書)』 등 제 저술과, 박지원의 『과농소초(課農小抄)』와 박제가의 『북학의(北學議)』 등 선배들의 제 업적을 뒤이어 집대성하는 작업이었다. 동시에 이는 정조시대의 학문적 성과를 계승하면서 19세기 조선학계의 현실 문제에 대한 대응책으로 강구되었고 그런 면에서 한 시대를 대표하는 업적이기도 하였다.

풍석에게 있어서 명물도수지학과 경제지학의 추구는 그의 가학적 기반과 연암일문이 쌓아올린 학문적 토대 위에 비교적 자연스럽게 이루어졌다. 홍대용과 박지원은 변화하는 현실에 대한 직시, 그리고 사(士)의 사회적 지도력 수행에 대한 반성 위에서 '적용이수세(適用而需世)', 곧 사회적 요구에 부응하는 실용적 학문을 추구하였다. 또한 전통주자학 낙론(洛論)의 인물성동론(人物性同論) 논리 위에 물(物) 또는 자연에 대한 연구의 필요성을 제기하여 경제지학과 명물지학을 중시하는 학문적 태도를 구축하였다.[39] 풍석은 그 사상적 영향 위에서 전통적 학문에 구속됨이 없이 새로운 학문의 세계로 곧바로 진입하게 된다.

그는 명물지학과 경제지학, 두 분야를 종합하여 '경제명물지학' 연구를 심화시켜 갔다. 박지원에 있어 경제지학은 사회를 이끌어가야 할 주체로서 사(士)가 백성들의 구체적 일상사(民事)에 무지함을 반성하는 데서 출발하였다. 숙종대 이후 서울과 인근 경기지역의 사회적 격변을 실감하던 이들은 경화사족으로서의 공감대 위에 농업, 공업, 상업의 원리('農工賈之理')를 아울러 밝히는 학문으로서 '실학(實學)'을 연구 대상으로 설정하고 연구의 심화를 주장하고 있었다.[40] 이러한 태도는 풍석에게도 깊은 영향을 주었다.

풍석은 우리나라 사대부들이 '벌레와 물고기를 설명하고 글자와 사물을 고증하여 설명하는 학문', 곧 명물도수지학을 즐겨하지 않아서 이런 것이 모두 어부와 나무꾼에게 일임되어 있다는 점을 탄식하고 있었다.[41] 더구나 사대부들이 명물도수지학에 어두운 까닭에 지방관이 책임져야 할 농정(農政)의 실무가 아전들 손에 맡겨져 있는 현실을 문제로 제기했다. 그는 우리나라의 선비들이 인간의 심성 문제에 대해서는 그럴 듯하게 논하지만('高談性命') 먹고사는 문제와 관련하여 오곡(五穀)의 이름조차도 분별하지 못하며, 책을 많이 읽고 공부를 많이 한 선비('讀書窮理之士')라 할지라도 선비는 백성을 다스리는데 신경을 써야 한다는 식의 경전 구절에 얽매여 농업에 마음을 두지 않기 때문에 갑자기 지방관이 되었을 때 곤란을 겪는다고 하면서[42] 당시 선비들의 학문 태도를 비판하였다.

그는 당시 사회의 지도층으로서 탕평정국에 편승하여 관료로 대거 진출하던 경화사족들에게 사회적 지도력의 회복과 그를 위한 학문 연구를 촉구하였다. 누구보다도 사대부들이 앞장서서 사물에 대한 구체적 지식을 확충해야 하고 경제지학과 명물지학을 연구해야 하며, 나아가 생산력의 증대 방안을 제시함으로써 시대의 요구에 부응해야 한다고 그는 생각하였다.

17세기 이래 국제무역과 도시 상업 발달의 결과 서울은 대번영을 구가하였고 조선의 정치 경제 사회 문화 모든 부면의 중심지로 부상하였다. 그 이전 지방사회의 산림이 주도하던 교육과 문화 활동이 서울로 그 중심지를 옮겨왔으며 고급 의료 혜택은 물론 음악, 미술 등 공연예술과 문화 활동도 또한 서울이 중심무대로 등장하였다. "말은 새끼를 낳으면 제주로 보내고 사람은 자식을 낳으면 서울로 보내라"는 속담은 교육은 물론 모든 문화와 예술 활동이 서울 중심으로 진행되었던 이 시대 상황을 반영하였다.

이로 인해 조선사회에 서울을 높이고 시골을 천시하는 풍조, 곧 '귀경천향지풍(貴京賤鄕之風)'이 하나의 사회적 풍조로 대두했다.[43] 누대에 걸쳐 서울의 도시생활을 하는 가운데 사림(士林)도 지방의 향유(鄕儒)층과 서울 경화사족(京華士族)층으로 분화하였으므로 경화사족 가운데 현실의 변화를 직시하던 일군의 지식인들은 이러한 문제, 곧 '경-향의 분기 및 불균형 현상'과 그에 따른 격차의 문제를 해결하기 위하여 학문적 노력을 경주하고 있었다. 도시생활을 통해 생산활동과 유리된 채 소비적 생활로 일관하여 사족이 '놀고먹기만 하는 계층(遊食者)'으로 전락하는데 대한 경각심도 일깨웠다. 사(士)는 서울만이 아니라 향촌에서도 민(民)을 지도하며 생활을 영위할 수 있어야 하며 농업, 공업, 상업 등 생산활동에서 지도력을 발휘하여야 한다. 『임원경제지』는 연암일파 지식인들이 고민하였던 이러한 문제를 의식하며 그 학문적 관심의 연장선상에서 대안을 제시하고자 저술되었다.

그러므로 풍석이 '식력양지지서(食力養志之書)'로서 『임원경제지』를 편찬했을 때, 여기서 다루는 문제들은 우선은 '식력(食力)', 곧 '구복(口腹)의 봉양(奉養)을 위한' 농업생산의 문제가 주가 되지만 그의 관심은 거기에만 머무르지 않았다. 경화사족이 임원 속에서 영위할 모든 생활범위가 학문적으로 정리되는 가운데, 궁벽한 시골에서의 응급처치(窮蔀備急之用)를 위한 의약에 관한 지식, 길흉례(吉凶禮) 등의 향촌 예절과 '시골에서 깔끔한 생활을 하는 선비(居鄉淸修之士)' 로서 '양지(養志)' 를 위한 문화예술활동이 또한 필수적인 것으로 고려되고 있었다.[44]

그는 시골에서 사는 선비라 할지라도 서울의 다양한 문화, 심지어는 소비적인 문화와 최고급의 문화예술까지도 향촌사회 생활에서 향유할 수 있어야 한다고 생각하였다. 당시 누대에 걸쳐 서울 생활을 했던 경화사족들은 서울 도시생활의 편리함과 의료 교육 문화예술의 여건 때문에 이제 한시도 서울을 떠나 살 수 없음을 피력하고 있었다. 그러므로 임원생활에서도 서울 경화사족들이 누리는 도시적 문화와 제반 혜택의 향유가 가능하고 서울의 고급문화와 서울생활의 편리함이 시골에까지 확산될 수 있다면 경화사족의 향촌생활이 훨씬 용이해질 것이다. 실상 이런 문제 때문에 당시에는 임원생활의 즐거움은 경제적 여유를 가진 경화거족('公卿子弟')이라야 누릴 수 있다는 것이 중론이자 풍석의 생각이었다.

그러므로 『임원경제지』에는 농업 등 생산활동의 문제 외에, 의식주의 소비생활과 '예원이습(藝苑肄習)', '문방아과(文房雅課)' 를 다룬 「유예지(遊藝志)」와 「이운지(怡雲志)」가 설정되어 서울 경화사족들의 '서화(書畵), 골동(骨董), 음악(音樂), 문방사우(文房四友)' 등 문화예술활동과 취미생활을 향촌사회에서 향유하기 위한 방안이 제시되었다. 이 부분에는 특히 19세기 전반 청조 문물과 금석고증학 수용의 제 성과가 큰 영향을 미치고, 누대에 걸쳐 서울생활을 해온 풍석 개인의 경화거족적 생활경험과 취향이 반영되고 있다. 이를 통해 경화사족은 큰 부담없이 향촌생활로 다가갈 수 있고, 향촌사회에서 그들의 지도력 발휘에 의해 18세기 이래 조선사회의 고질적 병폐 중 하나였던 '경-향의 사회적 분기' 문제, 곧 서울과 지방의 불균형한 발전과 그에 따른 격차의 문제가 해결될 수 있다고 풍석은 생각하였다.

이러한 문제의식에서 풍석이 『임원경제지』 저술에 임한 태도는 「예언(例言)」에 잘 나타나 있다. 우선 그는 '이 책이 오로지 조선을 위하여 저술되었음(此書專爲我國而發)'을 선언하였다. 조선의 전통적 지식에 중국의 외래 지식을 망라하여 방대한 저술체계를 형성하되, 받아들일 중국의 지식을 선별하는 기준으로 조선의 현실을 내세워 외래문물에 대한 주체적 수용태도를 내세운 것이다.

풍석의 가학(家學)은 『고사신서(攷事新書)』 「범례(凡例)」나 『해동농서』 「범례」에서도 나타났듯이, 우리 문물에 대한 우선적 이해, 또는 우리 농법에 대한 우선적 이해를 강조하는 특성을 지닌다. 풍석은 중국과 조선의 지리적 조건이나 습속(習俗) 등 자연적 · 문화적 조건의 차이를 중시하여 조선의 현실조건에 적합한 것만을 중국으로부터 채용한다고 하여[45] 중국문물 수용에 있어 우리의 주체적 입장이 중국문물과 지식을 받아들이는 분명한 기준임을 밝히고 있다.

이는 북학의 선배들이 내세웠던 중국문물에 대한 선택적 수용론 위에 전개된 것이라 할 수 있다. 박지원 · 박제가 등은 조선의 낙후된 현실을 직시하여 그 개선을 위해 북학론을 제기하기에 이르렀고, 중국의 문물 가운데 중화의 우월한 문물을 선택하여 우선적으로 받아들일 것을 주장하였다. 정조도 화성신도시 건설 당시 '그 형편에 따라 마땅히 받아들여야 할 것이 달라진다'('隨地而異宜')는 원칙을 제시하여 외래문물 가운데 조선의 현실에 부합하는 문물만을 선별적으로 받아들일 것을 촉구한 바 있었다.

실상 풍석은 정조시대 지식인들이 내세운 이러한 인식의 연장선상에서 유사한 주장을 펼치며 청조 문물을 선택적으로 수용할 것을 주장하였다. 그는 순조대에 들어와 이미 무분별하게 청조문물이 수용되고, 현실적 필요를 떠나 맹목적으로 그에 매몰되어 가던 상황이 나타나고 있음도 직시하였다. 그는 이러한 세태를 비판하며 그와 대척적인 곳에서 북학풍의 기치를 높이 들어올리고 있었다. 그런 점에서 풍석의 입장은 선배들의 북학사상을 충실히 계승한 것이었고, 이로써 같은 시기 서울 일각에서 전개되었던 청나라 문물의 전면적 수용론과는 상이한 입장을 취하였다.

한편 풍석은 '출즉제세택민(出則濟世澤民) 처즉식력양지(處則食力養志)' 라는 사(士)의 기본태도 가운데 관직에서 물러났을 경우 향촌에서의 '식력양지(食力養志)' 를 염두에 두고 『임원경제지』를 편찬하였음을 밝혔지만,46) 그 중점은 어디까지나 '식력(食力)' 에 놓여 있었다. 풍석은 『임원경제지』의 서두를 농업을 다룬 「본리지(本利志)」로 시작하여 상업을 다룬 「예규지(倪圭志)」로 끝내면서 팔도장시(八道場市)와 도리표(道里表)를 첨부하였다. 조선후기 경제적 발전, 특히 유통경제의 발전은 서울을 중심으로 하는 수도권의 유통경제망과 함께, 그를 중심으로 하는 전국적 시장권의 성립으로 이어졌다. 풍석은 이러한 점에 유의하여 그 발전의 성과를 '식력' 의 한 방안으로 수용하여 『임원경제지』의 체계 속에 정리하였다. 유교적 본말관(本末觀)에 따라 농업과 상업을 설명하고 있지만, 이미 그에게 상업은 생산활동의 일부분으로서 '비루한 일' 이 아니며 더구나 사대부 임원생활의 필수적 측면으로서 자리매김되고 있었다.

이제 임원생활이라 할지라도 서울과 같은 도회지와의 유기적 관련이 불가피하게 되었고 향촌사회는 유통경제망을 통해 서울과 직결되고 있었다. 농업도 자급자족적 상황에서 벗어나 이제는 도시를 소비지로 하는 상업적 농업이 불가피했고, 도시 상업은 인근 향촌사회를 거쳐 전국을 소비지로 유통망을 확대해 갔다. 특히 서울은 청나라와 일본을 잇는 국제무역의 거점으로 번영을 누렸다. 조선후기 농업과 상업의 이러한 양상은 정조시대 화성(華城)신도시의 건설과정과 산업진흥책에서도 단적으로 드러났다.[47] 풍석의 『임원경제지』는 정조대 이후의 이러한 사회경제적 상황을 반영하여 농업과 상업의 유기적 연관성 위에 경화사족의 향촌생활을 정리한 학문적 성과라는 점에서도 커다란 의의를 지닌다.

결국 풍석은 조선후기의 사회적 변화를 직시하며 서울 경화사족의 이상적 생활을 임원생활 속에 구현하고자 했다. 시대의 요청에 부응하여 향촌에서 생산활동에 종사하는 새로운 사(士)의 생활상을 정립하려 하였고, 이를 방대한 체계로 정리해 냄으로써 실용적 학풍의 새 장을 열었다. 박지원과 그 일파에서 이미 도시적 생활 가운데 생산활동과 유리되어 가는 사(士)의 존재양태가 직시되고 소비적이기만한 존재로서 '놀고먹는 선비상(游食之士)'에 대해 철저한 반성이 일어났던 바, 풍석은 시대의 구조적 문제점을 스스로의 임원생활과 생산활동 종사를 통해 극복하고 그 대안을 학문적으로 정리해 낸 셈이다.

그러므로 풍석의 학풍은 17세기 이래 이기심성론(理氣心性論) 위주의 주자주의적(朱子主義的) 의리지학(義理之學)풍에서 벗어나 그 한계를 극복한다는 의미도 지니고 있었다. 명물도수지학과 경제지학에 특색을 가졌던 가학은 이런 기존의 학풍이 가지는 폐쇄적 한계를 깨뜨렸고, 북학을 통해 수용된 청조고증학과 새로운 문물에 대한 인식은 가학의 기반 위에 자연스럽게 수용되어 그의 학문을 더욱 폭넓고 세련된 것으로 만들었다. 이러한 그의 학문은 17세기 이래의 주자주의적 의리지학풍이 18세기 이후 경-향의 분기를 위시한 커다란 사회적 변화에 직면하여 그 영향력이 줄어들고, 이제 서울의 경화사족들로부터 북학(北學)과 서학(西學)의 수용 위에 '신학(新學)'으로 기울던 전환기 사상계의 추세를 반영하였다고 하겠다.

4) 관료(官僚)생활과 농업정책론(農業政策論)

풍석은 서명응과 서호수의 농학 연구를 수용한 것은 물론, 연암일파의 선배들을 추종하며 이용후생(利用厚生)을 위한 경제명물지학(經濟名物之學) 연구에 동참하였다. 그는 젊은 시절 지방관으로서 「농대(農對)」(정조 14년)와 「순창군수응지소(淳昌郡守應旨疏)」(정조 22년) 등에서 농업 문제에 관한 독자적 견해를 피력한 바 있었다. 『임원경제지』의 농업론이 주로 임원생활에 필요한 농업기술과 농지 경영 쪽에 관심을 집중시키는 것이었다면, 그의 젊은 시절의 농업정책론에서는 토지 소유의 문제에 대해 한전론(限田論)을 제기하고, 수리(水利)시설과 농기구 개량, 농서(農書)의 편찬 보급을 제안하는 내용이 연암일파 농업론의 연장선상에서 제시되고 있었다.[48]

그러나 18년간의 임원생활을 거치면서 『임원경제지』를 집성하고 난 즈음에 풍석이 구상하였던 농업론은 훨씬 진전된 농업기술론을 제기할 뿐 아니라, 특히 둔전론(屯田論)에서는 전국적 규모로 확대된 보다 현실적이고도 구체적인 농업정책론이 제시되었다. 여기에는 선배들의 농업정책론과 정조시대 농업론의 수준이 또한 반영되었다. 정조대 후반 화성신도시 건설과정에서 연암일파의 구상에 따라 설치된 국영시범농장(화성둔전)의 경험이 있었던 데다가, 부민(富民) 곧 유산계층의 재력(財力) 이용, 경무법(頃畝法)의 채용, 농기구의 개량론 등 박지원과 박제가에 의해 구체화된 제안이 또한 풍석 둔전론의 골격이 되었다.[49]

그런가 하면, 정조 말년에 정조의 특명으로 강계부사(江界府使)로 나갔던 풍석의 족숙(族叔) 서미수(徐美修)는 북방 사군(四郡)지역에 백성을 모아 토지를 개간하고 병사와 농민이 서로 의지하도록(募民墾土 使兵農相資)하는 둔전(屯田)설치론을 제기하여 정조의 호의적 반응을 얻었던 적이 있다.[50] 그의 신도비명(神道碑銘)을 쓰면서 이런 사실을 소상히 알았던 풍석은 자신의 북방둔전(北方屯田) 구상에 이를 반영하였다. 아울러 화성(華城)둔전의 운영 경험에서 정조는 관영 둔전과 민영 둔전의 형태로 둔전을 전국적 규모로 확대하고자 했는데 이 구상도 「의상경계책(擬上經界策)」에 개진된 풍석의 둔전론에서 구체화되었다.[51]

그러므로 풍석의 농업정책론은 가학과 선배들의 농학 연구 성과가 종합된 결과이며, 정조시대의 다양한 농업진흥책이 더 구체화한 것이었다. 풍석은 여러 제안과 구상들을 종합하여 새로운 개념의 농업생산 단위로서 둔전의 설치를 제안하였다. 둔전을 경사둔전(京師屯田)과 영하열읍둔전(營下列邑屯田), 북방둔전(北方屯田), 서남해도서둔전(西南海島嶼屯田)의 네 가지로 나누어 각 둔전의 특성에 따라 운영방법을 달리하면서 이를 전국에 확대 설치한다는 구상이었다.

그는 19세기 조선 농업의 여러 문제들을 새로운 농업기술론을 적용하여 최대의 생산성을 올림으로써 해결해 보려 했다. 둔전 경영에서 최신의 농기구와 축력을 적극 이용하고, 영남의 종도법(種稻法)과 육전(陸田)에서의 대전법(代田法)을 도입하는 등 『임원경제지』에서 개진한 새로운 농업기술론을 적용하고자 하였다. 아울러 당시 도시와 유통경제의 발달을 겨냥하여 상품작물의 생산을 장려하고, 새로운 품종을 해외로부터 도입하거나 개발하여 보급함으로써 생산을 획기적으로 늘리고자 하였다.

실무관료로서 풍석은 둔전에서 생산을 극대화함으로써 늘어난 잉여생산물이 극도로 궁핍한 국가재정을 보충할 수 있을 것으로 기대하였다. 그는 농업 관행을 그대로 인정하여 모든 둔전은 기본적으로 병작반수(幷作半收)의 관행에 따라 운영하되 앞선 농업기술의 적용과 경영의 합리화를 통해 생산을 증대하여 그 중 일정 부분을 저축하도록 구상하였다. 그는 또한 둔전론의 시행을 통해 당시 지방사회에 있어 부세 수취를 둘러싸고 자행되는 다양한 불법이 제거되기를 기대하기도 했다. 그런 면에서 둔전론은 기본적으로는 국가의 안정적 재정확보책이자 농민의 각종 부담도 덜어주어 유국안민(裕國安民)의 양책(良策)이 될 수 있다고 주장하였다.

게다가 둔전론은 기존의 시설과 제도를 충분히 활용하려는 것으로서 그 설치비용의 마련에서도 대단히 현실성 있는 방법을 취하고 있었다. 열읍둔전(列邑屯田)의 경우 공사고(公私庫)에 기왕 투입되어 있는 자본을 활용하고, 영하둔전(營下屯田)의 경우 기존 별비전(別備錢)의 자본을, 북방민둔(北方民屯)의 경우 벼슬을 원하는 부민(富民)의 자본을 끌어들여 생산활동에 이용하자는 것으로 이런 가운데 제한적이지만 부유층 또는 유산계층이 신분적 한계를 넘어 정치에 참여할 수 있는 기회도 확대되고 있었다. 이는 농업에 정통한 농업경영 전문가를 전농관(典農官)으로 삼아 경외둔전(京外屯田) 운영을 책임지도록 하고 그 실적에 따라 관직을 수여하자는 구상과 함께 새로운 계층을 지배층의 일원으로 받아들임으로써 조선의 정치질서에 변화를 모색하는 제안이기도 하였다.

이는 전국적으로 광범위하게 존재하던 유민(流民)을 병작반수제의 관행에 따라 운영되는 협업농장(協業農場)의 농장원으로 정착시킨다는 구상과 함께 이미 정약용(丁若鏞) 등에 의해서도 제안된 바 있었다.[52] 이는 사(士)출신 지방관이 중심이 되는 농업개혁론을 제시했던 앞시대 박지원의 구상보다 한 단계 전진한 견해였다. 풍석은 시대의 변화에 따라 아래에서부터 성장해 나온 유산계층(富民)이나 농업기술에 밝은 농민의 존재를 주시하고 그들의 능력을 활용하고 나아가 그들을 지배층의 일원으로 받아들이면서 그들과의 연대까지도 고려했던 점에서 한 단계의 사상적 진전을 이루어냈다.

반면에, 새로운 농업 구상의 실천을 관(官)이 주도해야 할 것으로 생각한 것은 풍석이 확고히 견지한 관료로서의 자의식에서 유래한 것이라 생각된다. 더구나 오랜 방폐의 상처를 간직한 채 세도정권의 시혜에 따라 실무관료로 다시 입신한 풍석으로서는 설사 개혁론이라 하더라도 체제의 구조적 문제를 건드릴 수 없는 근본적 한계를 안고 있었다.

그러므로 1811년 홍경래(洪景來)의 봉기 이후 농촌사회와 민이 크게 동요하고 있었고, 그 스스로도 서울 인근 번계에서의 생활을 도적의 출몰 때문에 접어야 할 정도의 사회적 혼란이 가중되었음에도 그의 구상 속에서 적극적 대책은 발견되지 않는다. 『임원경제지』는 경화사족의 임원생활을 위한 대책 마련에 주력하였고, 「의상경계책」은 생산력의 증대를 위한 대책에 치중하면서 유산계층 '부민'에 주목했지만, 그 이면에서 둔전 내 민(民)의 처지의 향상과 정치적 진출 문제 등에 대하여는 구체적 대안이 결여된 상태였다. 이는 누대에 걸쳐 벼슬을 했던 경화거족 출신으로서 풍석의 사상적 한계였다. 설사 임원생활을 하더라도 풍석과 민 사이에는 뛰어넘기 힘든 간격이 있었던 것이다.

그럼에도 불구하고 풍석의 농업생산력 향상 대책과 국가재정 확보를 위한 대책은 당시의 농업현실을 면밀히 파악하고 그것을 잘 이용하며 또 개선한다는 면에서 뛰어난 것이었다. 특히 당시 조선의 병작반수(幷作半收)의 관행을 그대로 가져오면서도 새로운 농업기술의 도입과 협업적 경영에 의해 생산력의 증대를 기한다는 구상이 그러하였다. 국가 전체 토지에 대한 대대적 개혁론이 아니라 한정된 규모의 둔전 설치론으로서 정전론(井田論), 균전론(均田論), 한전론(限田論) 등이 불가피하게 부딪치게 되는 기존 지주층과의 마찰을 피할 수 있는 점도 둔전론의 장점이었다.

결국 세도정권에 의해 중앙정계로부터의 방폐라는 깊은 정치적 상처를 지녔던 풍석으로서는 전국가적 토지소유의 조정론과 같은 민감한 정치적 사안을 제기할 수 없었고 그럴 의도도 없었다고 생각된다. 그도 젊은 시절에는 박지원처럼 한전론을 이야기 하고 있었지만, 그에게는 눈앞의 긴급한 문제인 국가재정의 보충과 확보를 위한 대책이 우선 시급한 것으로 보였고, 정조대보다 훨씬 심각해져 있던 민에 대한 부세수취상의 모순이 또한 시급한 문제였다. 그는 적어도 박지원, 박제가 등 정조시대의 선배들보다는 '부민'이나 실용적 능력을 가진 민의 활용에 대해 보다 적극적이었다.

그렇더라도 그의 입장은 생산담당자층이었던 향촌 민의 입장과는 상당히 유리되어 있었다. 그는 설사 방폐되었다 하더라도 가전(家傳)의 재산을 가지고 토지를 경영하는 지주로서의 위상을 가졌던 만큼 기층의 무전(無田) 농민과의 거리는 더욱 멀었으리라 짐작된다. 따라서 그는 그의 농업정책론에서 농업생산성의 극대화를 위한 제안을 할지언정 병작반수의 관행을 전면적으로 부정한다거나 토지소유의 혁신적 변화를 통해 민의 경제적 처지를 개선하자는 적극적 입장을 내세우지 않았다.

그는 19세기 전반 조선사회가 전면적으로 동요하면서 아래로부터 새로운 질서를 요구하는 기층민중의 요구가 분출하였음에도 그에 관심을 기울이지 않았다. 조선의 사족지배체제를 확고히 지지했던 그는 아래로부터 상승해온 일부 유산계층을 지배층의 일원으로 포용하여 그 외연을 확장하는 정도에 머물고, 지배체제 내부의 균열과 지배 피지배의 구조적 모순을 문제삼지 않았다. 그런 면에서 그의 사상에는 새롭게 성장해 나온 사회계층인 부민층과의 연대를 모색한 전향적 면모와 경화거족 출신 관료학자로서의 한계가 동시에 드러나 있었다고 할 수 있다.

4. 전환기 지식인의 사상적 추이

정조시대 이후 정치상황의 급변과 전환기적 상황 속에서 전개된 풍석의 학문과 사상은 대단히 이채로운 것이었다. 정조 학문정치의 일각을 지탱했던 가학(家學)과 서울 경화사족 내 연암일파 학자들의 '신학(新學)'과 '신문(新文)'을 받아들여 새로운 흐름에 편승하며 성숙해 간 그의 학문과 문학은 의리지학, 사장지학, 경제지학, 명물지학 모든 면에서 특색 있는 면모를 보인다.

북학을 수용한 그의 의리지학에서는 전통적 의리지학〔宋學〕과 청조 고증학〔漢學〕의 절충이 이루어졌고, 사장지학에서는 연암의 법고창신(法古創新)의 문학론을 수용하면서도 '실용(實用)'을 강조하는 독특한 입장을 취하여 후대에까지 영향을 미치게 된다. 정조 사후 방폐된 상황에서 정치론을 배제한 채 이루어진 경제명물지학(經濟名物之學)의 연구 성과는 『임원경제지(林園經濟志)』로 정리되었고, 「의상경계책(擬上經界策)」에서는 생산력의 증대를 통해 국가재정과 민생안정을 도모하는 현실주의적 농업정책론을 개진하였다.

그의 학문과 사상은 정조 사후 세도정치의 암담한 정치 현실 속에 방폐의 상처를 안으며 오히려 더 빛을 발하게 된다. 정조시대 경화학계 내 연암일파의 문제의식을 계승하여 어려운 상황 속에서도 조선사회를 이끌어야 할 사(士)로서의 책임을 자각하는 가운데 『임원경제지』라는 불후의 업적이 집성되었고, 「의상경계책」과 같은 실용적 농업정책론도 나왔기 때문이다.

정조시대 개혁을 이끌었던 청론세력과 그 일각 연암일파 지식인들이 외척 주도의 세도정국 아래에서 보인 정치행로는 다양하였다. 산림학자

집안 출신으로서 관료학자를 거쳐 외척세도가로 전신한 김조순(金祖淳) 등이 있었던가 하면, 이들과 결탁함으로써 세도가의 일원이 되어 연거푸 영의정을 지낸 남공철(南公轍) 같은 인물도 있었다. 이들이 보수적 입장으로 전신해 가는 가운데 청론의 입장을 견지한 채 외척세도에 기인한 파행적 국정운영을 비판함으로써 결국 정계에서 완전히 축출되기에 이르렀던 이서구(李書九)도 있었다. 끝까지 정계복귀를 허용받지 못한 채 재야에서 삶을 마감했던 동년배의 정약용(丁若鏞)과 달리 서유구(徐有榘)는 방폐의 상처를 안은 채, 일면 세도권력과 타협하여 뒤에는 실무관료로서 적어도 겉으로는 현달(顯達)의 길을 걸었다.

이서구가 정치적으로 민감한 중앙재정의 구조적 개혁문제에 주력하다 좌절하였다면, 정약용은 오로지 저술 속에서 국가의 전면적이고 근본적인 변혁의 구상을 폈고, 풍석은 그와 달리 생산의 증대를 통한 국가재정 확충과 민생안정의 현실적 방안을 모색하고 있었던 면에서 입장 차이가 드러난다. 그런 면에서 풍석의 입장은 사회개혁을 사(士)의 반성과 자각을 통해 실현하려던 경화사족 연암일파의 입론과 그들의 경제지학(經濟之學)이 19세기 조선의 전사회적 변동 속에서 어떻게 변화되었는지를 보여준 대표적 사례라고 하겠다.

정조시대 지식인들의 다양한 개혁론은 19세기 이후 전환기 정치 · 사회 상황 속에서 그 나름의 변주를 지속하였다. 연암일파의 개혁론은 풍석의 학문과 사상 속에서 정리되고 종합되어 그 면모를 드러냈다. 그러나 변화된 정치상황 속에서 심각한 타격을 입고 방폐되었으며 설사 복권되었지만 세도에서 배제된 채 실무관료에 머물렀던 풍석의 정치적 위상과, 제반 사회경제 개혁안을 수용할 수 있는 탄력성을 결하였던 세도정국 때문에 「의상경계책」과 같은 온건한 농업정책론조차 하나의 구상으로서 그의 문집 속에서만 남게 된다. 그의 필생의 대작인 『임원경제지』

가 관직에서 물러난 경화사족의 임원생활을 전제로 했던 것도 이런 상황 속에 불가피하였다. 그럼에도 서명응과 박지원 이래의 사상적 전통 위에 형성된 풍석의 경륜은 전사회에 대한 전반적 관심을 뒷받침하는 학문적 활동으로 연결되어 폭넓은 지식범위와 고도의 전문성을 지닌 경제명물지학의 체계로 집대성되었으며 그 기반 위에 당시로서는 매우 실현가능성이 높은 농업정책론으로 응결되어 나왔다.

격동하던 19세기 조선의 사회 현실을 밝혔던 풍석의 학문적 성과와 사상적 지향은 이후 박규수(朴珪壽) 등 연암일파의 후배들에 의해 계승되었다. 풍석의 학문과 사상에 드러난 한계들도 그의 다음 세대에 가서 전개되는 보다 심각한 사회모순과 사(士)의식의 변화 속에서 다시 변화와 극복의 계기를 맞게 된다. 비록 향촌생활을 하였다 하더라도 풍석의 생활 속에 침윤되었던 경화거족(京華巨族)으로서의 국한된 관심범위는 민(民)의 구체적 현실생활에까지 확대되어야만 하였다. 1845년 풍석 사후 조선사회가 부딪친 역사현실—세도정권의 말기적 부패현상, 민란의 발발, 서세동점의 위기—에 대해 보다 효과적으로 대응하고 새로운 시대를 맞이하기 위한 방안의 마련은 그의 학문과 사상을 계승한 후배들의 몫으로 남겨졌다.

제2부 진경문화와 예술

정선 〈독서여가도〉

제1장 | 경화사족의 대두와 새로운 문화예술

1. 서울의 발전과 경화사족

조선전기에 여러 차례 사화(士禍)를 겪으며 향촌사회로 물러났던 사림(士林)이 급기야 중앙정계에서 훈척(勳戚)세력을 꺾고 조선사회의 주도세력으로 등장한 것은 선조대(1567~1608) 이후의 일이었다. 화담 서경덕(花潭 徐敬德, 1489~1546), 퇴계 이황(退溪 李滉, 1501~1570), 남명 조식(南冥 曺植, 1501~1572), 율곡 이이(栗谷 李珥, 1536~1584), 우계 성혼(牛溪 成渾, 1535~1598) 등을 계승한 사림학자들은 중앙에 진출하여 학문정치(學問政治), 공론정치(公論政治)를 특징으로 하는 붕당정치(朋黨政治)를 구현하였으며 주자학 이념에 따라 사회개혁의 새로운 방향을 제시하면서 조선사회를 이끌어 나가게 된다.

조선은 임진왜란과 병자호란, 양란(兩亂)의 국가적 위기를 맞았음에도 전국 각처 사림들의 적극적 역할로 위기를 수습하고 사회적 안정을 이루어 나갈 수 있었다. 이 시기 사림은 향촌에 머물던 재야 산림학자(山林學者)의 지도를 받으며 각처의 서원(書院)을 중심으로 결집하였다. 이들은 인조반정(仁祖反正, 1623년)을 계기로 정권을 확고히 장악하고 주자학의 이론적 토대 위에 사회적 안정을 꾀하였다.

효종(孝宗) 사후 서인과 남인 사이에 일어난 예송(禮訟)은, 주자학적 사회질서를 지향하는 상황에서 예치(禮治)의 실현 방법에 대한 이념적 차이로 말미암아 야기된 논쟁이었다. 서인과 남인의 주장이 대립하는 가운데, 숙종대 이후 대체로 서인, 그중에서도 주자주의적(朱子主義的) 지향성을 강하게 내세운 노론 계열이 정국의 주도권을 쥐게 되었다. 이런 가운데 조선사회 전반에 걸쳐 주자학적 질서가 정착하면서 조선 나름의 독특한 문화가 본모습을 드러내게 된다.

이 시기에 사림들의 문예활동도 활발히 전개되었다. 율곡과 같은 시대의 간이 최립(簡易 崔岦, 1539~1612)과 '삼당(三唐)시인' 이달(李達)·백광훈(白光勳)·최경창(崔慶昌)의 한문학은 이른바 '월상계택(月象谿澤 - 月沙 李廷龜, 象村 申欽, 谿谷 張維, 澤堂 李植)'과 '농연(農淵 - 農巖 金昌協, 三淵 金昌翕)'의 문학세계로 계승되었고, 송강 정철(松江 鄭澈, 1536~1593)과 고산 윤선도(孤山 尹善道, 1587~1671)의 한글문학도 김만중(金萬重, 1637~1692)과 김천택(金天澤) 등에게로 이어졌다. 김시(金禔, 1524~1593)와 이경윤(李慶胤, 1545~1611)의 회화는 창강 조속(滄江 趙涑, 1595~1668) 등의 문인화의 세계로 이어졌고, 왕희지체를 새롭게 이해한 한석봉(韓石峯, 1543~1605)의 서예는 송시열(宋時烈, 1607~1689)·송준길(宋浚吉, 1606~1672) 두 산림학자의 '양송체(兩宋體)'로 응결되었으며 이와 함께 곡운 김수증(谷雲 金壽增, 1624~1701)의 예서체가 서인들 사이에서 유행하게 된다. 같은 시기에 남인의 영수였던 미수 허목(眉叟 許穆, 1595~1682)은 '육경고문(六經古文)'을 추종하는 문학론과 함께 독특한 서예('古篆')의 세계를 구축하기도 하였다.

한편, 이 시기 중원에서 오랑캐 청(淸)이 정통 중화왕조 명(明)나라를 멸망시킴으로써 야기된 국제질서의 변화는 조선 지식인들의 자아의식과 세계관에 큰 영향을 미치게 된다. 병자호란 이후 고조된 조선 내부의 대명의리론(大明義理論)과 북벌대의론(北伐大義論)은 조선이 곧 중화라고 하는 조선중화의식(朝鮮中華意識)을 성립시켜 조선의 문화자존의식(文化自尊意識)을 강화시키게 되었고 이는 조선의 학문과 문화예술의 사상적 바탕이 되었다.[1)]

숙종년간(1674~1720)은 이러한 시대 상황과 사상적 기조 위에서 조선이 양란의 상처를 딛고 일어나 중흥의 기틀을 마련한 시기였다. 이 시기에는 양란 이후의 위기감에서 점차 벗어나며, 조선사회는 농업 생산력 증대와 유통경제 발달을 배경으로 역동적 변화를 보이게 된다. 특히 임진왜란 이후 중국과 일본의 교역이 단절되자 조선은 이들 사이에서 중개무역을 통해 막대한 이익을 획득하게 되었으며, 이는 조선사회 중흥의 밑거름이자 사회 변화의 계기가 되었다.

훗날, 박지원(朴趾源)이 「허생전(許生傳)」이란 소설에서 소개한 서울 장안 제일의 갑부 변승업(卞承業)은 역관 출신으로 국제무역을 통해 막대한 부를 축적한 실존인물로서, 이런 인물들의 등장과 사회상 변화는 새로운 지식 계층의 주목을 받았다. 역관 출신 대부호 집안의 장희빈(張禧嬪)이 기성 정치세력과 연계하여 일시적이나마 왕비의 지위에까지 올랐던 것 역시, 숙종년간 조선 정치 사회 상황의 엄청난 변화를 보여주는 사례였다.

이런 가운데, 정치와 경제, 문화의 중심지로서 국제무역로를 따라 중국, 일본과도 연결되었던 서울('京華')은 커다란 도시적 발전을 이룩하였다. 서울은 조선사회의 변화와 발전을 선도하였으며, 서울에는 서울만의 독특한 도시적 생활상이 성립하였다. 서울 생활권이 점차 경기지역 일원으로 확대되는 가운데, 서울지역을 높이고 지방(시골)을 천시하는 '귀경천향(貴京賤鄉)'의 풍조와 '경·향(京·鄉)으로의 사회적 분기(分岐)' 현상도 현저히 드러나게 되었다. 이에 사림도 분화하여 서울과 교외(京郊)의 경기지역을 생활권으로 하는 경화사족(京華士族)층이 형성되어,

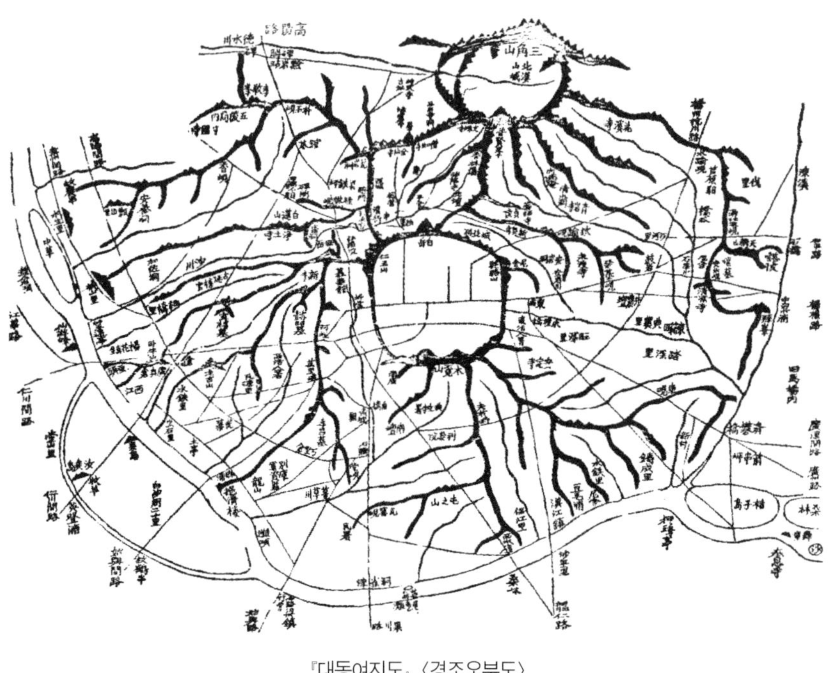

『대동여지도』〈경조오부도〉

지방의 향유(鄕儒)층을 제치고 조선사회의 새 주도세력으로 등장하기에 이른다.2)

숙종대 후반 이후 경·향의 사회적 분기 속에 전개된 탕평정국(蕩平政局)과 호락논쟁(湖洛論爭)은 이들 경화사족이 조선의 정계와 학계를 주도하는 계기가 되었다. 갑술환국(甲戌換局, 숙종 20년, 1694) 이후 영남지방을 근거로 한 남인이 실세하고 노론과 소론이 주도하는 정국이 전개되었으며, 다시 노론 소론 남인 모두에서 서울 경기지역 사림과 호서 영남지역의 사림이 분기하는 양상이 나타났다.

이러한 상황에서 서울과 지방의 사회적 분기 현상은 학계와 학풍의 분기 현상으로도 전개되었다. 노론학계는 인물성(人物性)과 성범심(聖凡心)의 동이(同異) 문제를 놓고 서울 경기지역의 낙론(洛論)과 호서지역의 호론(湖論)으로 분기하여 이른바 '경학(京學)'과 '호학(湖學)'이 대립하였으며, 남인학계 역시 서울 경기지역의 이른바 '경남(京南)'과 영남지역의 '영남(嶺南)'으로 분기하는 등 경·향으로의 학계 분기는 일반적 현상이었다. 이 가운데 '경학'과 '경남'이 그 세력을 확대하며 우월한 정치적 진출과 함께 학문적 우위를 점해 가면서 경화사족으로서의 독특한 학문세계를 구축해 나가게 된다.

이는 탕평정국(蕩平政局)이라는 당시의 정치적 조건과도 조응하는 현상이었다. 중앙 정계에서는 국왕이 왕권의 강화를 추구하면서 새로운 정치운영원리로 탕평론(蕩平論)을 제기하였으며, 각 정파와 여러 정치세력의 조제보합(調劑保合)을 통해 정치를 주도하고자 하였다. 이 가운데 중앙 정계의 핵심은 정치적 성향이 분명한 서울 경기지역의 명문가 출신 각 정파의 인물 위주로 재편되고, 이들 간의 상호 견제 구조 위에 왕권과 정국의 안정을 도모하는 상황이 전개되었다. 이러한 정치적 상황에 부응하여, 서울 경기지역에서 생장하여 이 지역의 독특한 학풍을 수용하였던 경화사족 학자들은 관료학자로서 정치적 진출을 더욱 확대해 가게 된다. 영조 · 정조대의 탕평정국 하에서 경화사족은 현저한 정치적 진출을 이룩하고, 사림에서 분화하여 조선사회의 새로운 주도세력으로 대두하였다.

이들은 서울의 도시적 분위기를 호흡하며 향유(鄕儒)와 구별되는 새로운 생활방식을 갖게 되고 개성적 문화예술 활동을 전개하게 된다. 이들은 조선문화에 대한 자존(自尊)의식에서 조선의 자연산천, 의관풍물(衣冠風物)을 재인식하여 그를 사실적으로 표현하는 예술활동을 전개하였고, 이는 정조대에 이르기까지 활발히 지속되었다.

삼연 김창흡(三淵 金昌翕, 1653~1722), 사천 이병연(槎川 李秉淵, 1671~1751) 등의 진경시문풍(眞景詩文風)은 물론이고, 겸재 정선(謙齋 鄭敾, 1676~1759), 관아재 조영석(觀我齋 趙榮祏, 1686~1761) 이후 현재 심사정(玄齋 沈師正, 1707~1769), 표암 강세황(豹菴 姜世晃, 1713~1791)과 그 제자 단원 김홍도(檀園 金弘道, 1745~1806)에 이르기까지 진경산수화(眞景山水畵)와 풍속화(風俗畵) 등 동국진경(東國眞景) 회화, 그리고 성호 이익(星湖 李瀷, 1681~1763)의 형(兄)인 옥동 이서(玉洞 李漵, 1662~1723) 이후 공재 윤두서(恭齋 尹斗緖, 1668~1715)를 거쳐 백하 윤순(白下 尹淳, 1680~1741), 원교 이광사(員嶠 李匡師, 1705~1777), 송하 조윤형(松下 曺允亨, 1725~1799)으로 이어간 동국진체(東國眞體) 서예 등 개성적 문예의 창출은 서울의 개방적 분위기를 호흡하며 사상적 공감대를 형성하였던 경화사족층에 의해 선도되었다.[3)]

이 새로운 문화예술의 성과는 실상 전통에 바탕하면서 고전에 대한 심오한 연구를 진행한 결과 도출된 것이었다. 전통을 어떻게 인식하고 고전을 어떻게 받아들이는가에 있어 세대 간의 차이는 있었지만 어떤 경우이든 조선적 개성의 창출이란 귀결은 마찬가지였다. 강한 문화자존의식 위에 서 있었던 겸재 정선의 진경산수화도 중국 고전화법의 연구 결과 나온 것이지만, 다음 세대였던 현재 심사정과 표암 강세황 등은 명나라에서의 중국 고전 예술의 연구 성과를 보다 적극적으로 수용하여 또다른 개성을 드러내었다.

동국진체 역시 옥동과 공재의 다음 세대였던 백하와 원교의 단계에 가면 명나라의 서풍에 영향받으며 중국고전서법에 대한 보다 치열한 연구를 진행시켰나. 그리하여 독특한 개성으로 당대의 서예를 주도하게 되자 '시체(時體)' 라는 별칭을 얻기에 이르렀다. 같은 시대에 한석봉(韓石峯) 등 조선의 명필과 안진경(顔眞卿), 유공권(柳公權), 소식(蘇軾) 등

정선 〈풍악내산총람〉 간송미술관

중국 역대 명필의 글씨를 모아 새긴 집자비(集字碑)가 광범위하게 건립되었던 것도 당시 경화사족 지식인들이 고전서법에 대한 연구를 진행한 결과였다.[4)]

한편, 이러한 문화활동을 전개하며 진경시대를 이끌었던 경화사족층이 영조대(1724~1776) 이후 서울 시정의 위항인(委巷人)까지 포함하는 보다 확대된 외연을 가지게 되었던 것도 진경문화가 변화해 가는 조건이 되었다. 탕평정국 하에서 서울과 경기지역에 살면서 누대에 걸쳐 벼슬을 하고 정권에 참여하였던 일부 문벌은 경화사족 가운데서도 경화거족(京華巨族)으로 대두하였던 반면, 일부는 벼슬길에서 벗어나 몰락하기도 했다. 경화사족층의 확대와 함께 이들 간의 계층분화도 심화되는 양상이었다.

이들은 사(士, 선비)의 위상 변화와 서울로부터 가속화되던 조선사회의 역동적 변모를 의식하며, 사회의 지도적 지식인으로서 사의 책임과 역할을 각성하는 사상적 공감대의 형성을 시대적 과제로 인식하였다. 이들은 변화하는 현실에 부응하여 주자학적 명분론의 수정을 도모하면서 조선사회 지도이념의 재정립을 꾀하는 등 급변하는 사회 속에서 사상과 문화예술의 새로운 방향을 탐색하였다.

서울과 경기지역의 경화사족 학자와 지식인들은 사(士)로서의 사회적 책임의식 위에 신분과 당색을 넘어선 확대된 교유권을 형성하면서 개방적 사고를 가지고 시대의 변화에 대응하여 갔다. 성호 이익(星湖 李瀷, 1681~1763) 이후 표암 강세황(豹菴 姜世晃, 1713~1791)과 금대 이가환(錦帶 李家煥, 1742~1801), 다산 정약용(茶山 丁若鏞, 1762~1836) 등 일군의 기호남인과 소북계열 학지들은 물론, 동계 조귀명(東溪 趙龜命, 1693~1737), 보만재 서명응(保晩齋 徐命膺, 1716~1787), 이계 홍양호(耳溪 洪良浩, 1724~1802), 월암 이광려(月巖 李匡呂, 1720~1783) 이하

풍석 서유구(楓石 徐有榘, 1764~1845), 석천 신작(石泉 申綽, 1760~1828), 자하 신위(紫霞 申緯, 1769~1845) 등 소론의 경화사족 학자들, 그리고 이재(李縡, 1680~1746), 이의현(李宜顯, 1669~1745)의 뒤를 이은 노론의 남유용(南有容, 1698~1773), 김원행(金元行, 1702~1772), 이운영(李運永), 송문흠(宋文欽, 1710~1752), 이인상(李麟祥, 1710~1760) 등과 연암 박지원(燕巖 朴趾源, 1737~1805), 담헌 홍대용(湛軒 洪大容, 1731~1786), 아정 이덕무(雅亭 李德懋, 1741~1793), 영재 유득공(泠齋 柳得恭, 1749~1807), 초정 박제가(楚亭 朴齊家, 1750~1805), 척재 이서구(惕齋 李書九, 1754~1825) 등 연암일파(燕巖一派) 학자들은 서울과 경기 지역에서 상호 교류하는 가운데 기존 사상의 재정립과 학문 및 문화예술의 발전적 극복을 시도하면서 '법고창신(法古創新)'이란 지향성을 제시하기에 이르렀다.5)

이들은 조선의 전통문화와 문화자존의식을 존중하고 그를 계승하면서도 국제문화조류로부터 유리되어 낙후되어가던 조선문화의 혁신을 도모하고 조선사회의 역동적 변화를 추구하였다. 사회에 충만한 변화와 발전의 추세를 가속화하고자 할 때, 여기에 수반되는 사회이념과 문화의 혼란, 그리고 사와 민, 경-향의 극단적 분기 현상의 폐해를 바로잡는 일이 이들의 관심사였다.

이를 위하여 이들은 누대의 서울생활로 소비적으로만 흘러가던 경화사족의 생활을 반성하고 사회지도층으로서 사의 책임과 역할을 환기시켰으며, 실용적 학문의 연구와 생산활동에의 주도적 참여를 촉구하면서 이를 통해 사회의 안정적 발전을 달성하려 하였다. 이들은 사의식(士意識)을 재정립하고 기존의 문화자존의식과 북벌대의론을 반성함으로써 북학(北學)을 제기하고 경우에 따라서는 서학(西學)을 수용하기도 하면서, 전통문화와 외래문화의 적극적 융합을 통하여 조선사회와 문화의 혁

신을 도모하려 했던 것이다.[6]

이때 정조는 '수지이이의(隨地而異宜)'를 원칙으로 제시하기도 하였다.[7] 외래의 기술을 받아들일 경우 조선의 현실에 적합한 것을 선택해야 한다는 맥락에서 나온 말이었지만, 이는 외래문물의 수용을 위한 원칙론이기도 했다. 정조는 조선의 현실을 중시하고 주체적 선택 기준을 강조하면서 외래문화를 수용할 것을 촉구하는 입장을 견지하고 있었다. 대 전환에 따른 갈등 속에서도 전향적 입장에서 원칙을 확인하고, 신-구 경향의 조화를 모색하였던 것은 '법고창신론'과 함께 정조시대 문화의 역동적 변화를 가능케 하는 원천이었다.

외래문화의 수용을 통해 전통적 사상과 문화를 혁신하려는 정조와 휘하 지식인들의 주체적 노력은 뒷시대를 전망하는 진지한 고민 속에 여러 방면으로 전개되었다. 정조 치세 24년간에 150여 종 4천여 권의 방대한 편찬사업이 진행되었던 것도 전통문화에 대한 재인식과 중국문화, 그리고 서구문화에 대한 새로운 이해, 그리고 이 이질적 요소들의 새로운 융합을 모색해 나간 과정이었다.

실상 이 거창한 시도는 정조와 그 측근 경화사족 출신 학자들에 의해 주도되었다. 그러므로 정조 측근의 새로운 풍조에 대해 비난이 쏟아지자 가장 곤란한 상황에 빠졌던 것은 바로 정조였다. 김조순(金祖淳), 남공철(南公轍), 심상규(沈象奎), 이상황(李相璜), 서영보(徐榮輔), 이만수(李晚秀) 등과 이가환(李家煥), 정약용(丁若鏞) 등 각 정파 명문 출신의 학자들은 정조의 탕평책(蕩平策)과 청론사류(清論士類) 등용 정책에 힘입어 정치적 진출을 달성하였다. 이들은 이덕무(李德懋), 박제가(朴齊家), 유득공(柳得恭) 등 서얼(庶孼) 출신의 학자들과 함께 정조의 총애를 받으며 정조의 최측근에 포진하고 있었으므로 이들에 대한 견책은 곧 정조의 정치적 기반 약화로 이어질 것이기 때문이었다.

이러한 난국에서 정조는 전통주자학과 전통적 문풍, 그리고 외래의 학풍과 문풍을 어떻게 위치지울 것인가를 둘러싼 정학(正學, 주자학)과 신학(新學), 신문(新文), 나아가 사학(邪學)의 갈등을 미봉책(彌縫策)으로 봉합할 수밖에 없었다. 당장에 사학(邪學)을 물리친다는('斥邪學') 강경책이 아니라 시간을 두고 정학(正學)을 북돋운다는('扶正學') 온건한 방식으로 파문을 최소화하는 선에서 대응한 것이다.

그러나 부양하여야 할 정학, 곧 주자학은 이미 절대적 지위를 잃은 채 청조고증학(=漢學)과 비견되는 정도의 송학(宋學)으로 상대화되고 있었으며 사회적 지도력도 약화되고 있었다. 더구나 견책하는 사람이나 견책받는 사람 모두가 새로운 시대적 흐름에 편승하였던 상황에서 정조가 내세운 '반정(反正)' 이라는 복고주의적 원칙론이 실효성을 갖기는 어려운 상황이었다.[8)]

그러므로 북학론과 서학론을 제기하였던 정조 휘하의 관료학자들은 물론이고 그를 견책하였던 정조의 지향성 역시 쉽사리 관철될 수 없었다. 새로운 대외의식을 표방하였던 박지원의 『열하일기(熱河日記)』는 발표되자마자 곧 오랑캐의 연호를 써서 그에 빌붙은 글('虜號之藁')이라 비판받았다. 『북학의(北學議)』를 쓴 박제가는 '당괴(唐魁)' , 곧 중국문물수용론의 괴수라고 여론의 질타를 받았으며[9)] 이윽고 정조의 문체반정책에 의해 견책받았다. 서양 과학기술에 밝아 정조의 위촉으로 화성(華城) 신도시 설계의 실무를 담당했던 다산 정약용과 서양 수학에 능통하였던 이가환 등은 정조의 측근에서 서학(서양과학) 연구를 진행하였을 뿐 아니라 결국 서교(천주학)의 신앙으로 나아감으로써 정치적 탄압을 자초하고 정조 사후에는 유배와 처형의 운명을 감수하여야 했다.

하지만 이들을 후원하고 때로는 견책을 가하였던 정조조차도 실상은 이 새로운 흐름에 편승하였으므로 문제는 더욱 복잡하게 얽히고 갈등은

용주사 대웅전 〈후불탱화〉

더욱 심각할 수밖에 없었다. 정조의 비원(悲願)을 담아 김홍도(金弘道)와 이명기(李命基)가 그려낸 용주사(龍珠寺) 대웅전(大雄殿)의 〈후불탱화(後佛幀畵)〉가 이런 면을 여실히 보여주고 있다. 정조는 사도세자(思悼世子)의 명복을 빌고자 이단(異端)의 불교에 의지하였고, 불교사찰을 세워 이곳에 봉안할 그림을 위해 당대 최고의 화가인 김홍도와 이명기를 북경에 급파하였다. 그리고는 북경의 천주교회당 등에서 서양화법을 체득하고 돌아오도록 해서 외래의 새로운 기법으로 전통불화를 그려내도록 했던 것이다.[10)]

유교국가의 군주로서 정조는 이처럼 이단의 불교와 서양문화에 큰 관심을 가지고 있었고 때로는 휘하 신료들로 하여금 북학과 서학을 하도록 후원하기도 하였다. 하지만 정치적 상황에 따라 어떤 경우엔 자신이 편승한 흐름에 제동을 걸고 누군가에게 책임을 묻고 처벌해야 하는 모순적 상황이 벌어지곤 했다.

이런 모순과 갈등은 정조시대의 학문과 문학은 물론이고 서예와 회화, 음악에 이르기까지 문화예술 전반에 걸쳐 벌어지고 있었다. '문체반정(文體反正)' 과 서학(西學) 금단(禁斷) 조치에서와 마찬가지로 정조는 올바른 서예의 기풍을 진작하고자 서체반정(書體反正)을 추진하여 당시에 유행하던 백하 윤순과 원교 이광사의 동국진체, 곧 '시체(時體)' 에 대해 비판적 입장을 취하였다. 문체반정 과정에서 견책받았던 김조순, 남공철 등이 자송문(自訟文)을 내어 신뢰를 회복하였듯이, 백하와 원교의 서풍을 계승하였던 송하 조윤형은 사문(師門)의 동국진체보다는 정조의 요구에 가장 충실한 서법을 구사하여 총애를 받았다.[11)]

그러나 정조 사후 북학풍이 더욱 유행하는 가운데 정조가 요구했던 전아한 문풍이나 질박한 서풍은 주류가 될 수 없었고 오히려 정조시대에 유행하던 것에서 한걸음 더 나아가 청조로부터 수입되던 최신의 외래 문풍과 서풍이 문단과 서원에 풍미하게 된다. 송하 조윤형의 사위로서 순조대 이후 '시서화 삼절(詩書畵 三絶)' 로 불리던 자하 신위(紫霞 申緯)의 서예조차도 전통적 서체인 동국진체나 장인의 서풍보다는 다음 시대를 이끌던 추사 김정희 류의 북학적 서풍과 화풍을 좇았던 것이 현실이었다. 고민과 갈등 속에 놓였던 정조시대 문풍과 서풍, 나아가 문화예술의 일반적 흐름은 정조의 반정 시도에도 불구하고 외래의 유행을 따라 도도히 흘러갔다.

신학과 신문, 북학과 서학이 힘을 얻어갔던 정조대의 이러한 상황은 주자학적 명분론이 점차 쇠퇴하던 조선사회 전반의 변화와 짝하는 현상이었다. 노비 혁파의 여론이 조성되어 1801년 공노비(公奴婢) 혁파가 실현될 정도로 신분제의 동요가 확연하였고, 지배층인 사족도 양적 확대와 계층 분화에 따라 전통적 신분관은 더 이상 유지되기 어려웠다. 이미 이 단계의 서울사회에서는 신분 상하에 따른 특권과 차별이 도전에 직면하고 있었다. 어떤 권세가가 그림 그려줄 것을 강요하자 붓을 들어 자기 눈을 찔러버리면서 저항한 화원화가 최북(崔北, 1738~1786)의 경우에서 보듯이[12] 자유로운 예술혼은 기존의 질서와 관습에 저항하고 있었다.

국왕으로부터 농공상업에 종사하는 천민에 이르기까지 독서인(讀書人)

최북 〈설경산수도(雪景山水圖)〉 서울대박물관

이라면 모두 '사'(士)라고 하는 박지원의 주장은[13] 이러한 상황에 대한 하나의 대안이었다. 향촌의 농민, 서울 위항인과 중서층, 그리고 몰락 양반층으로부터 경화거족과 나아가 군주까지를 포괄하는 것으로 사의 범위를 확대시킨 것은 폐쇄적 신분제가 위기에 봉착한 현실에 부응하여 새로운 '사'의 위상과 역할론을 제기한 것이었다. 정조가 규장각에 중서층 출신 지식인을 수용하는 검서관(檢書官) 직을 설치하고 국가 시책에 부응하는 일부 유산계층에게 관직을 수여하고자 한 것도 이러한 시대상황을 인정하고 그 대안에 공감하면서 기성의 질서를 변화시키고자 한 조치였다.

정조시대 연암일파의 교유에서 보듯이 이제 그 외연이 크게 확대된 서울의 경화사족 일각에서는 신분과 당색을 넘어선 개방적 교유가 성립되었다. 당시의 수많은 위항시사(委巷詩社)에서는 '사' 의식을 지녔던 서울 위항(委巷)의 지식인과 예술가들이 경화사족으로서의 사상적 공감대 위에 자유로운 창작 활동을 전개하였다.

서울과 한강 유역 경교(京郊)의 여러 지역을 생활 터전으로 하면서 신분과 당색을 뛰어넘어 교류하였던 이들 경화사족들은 '사(士)'의 각성과 지도력의 발휘를 주장하는가 하면, 그들 류의 생활 경험과 지향성에 입각하여 새로운 학풍과 문풍으로 독특한 문화를 창출하기에 이른다. 주자주의적 의리지학과 명분론을 토대로 이 시기의 경화사족들은 조선만이 유일하게 중화문화를 가지고 있다는 문화적 자신감, 곧 문화자존의식(文化自尊意識)과 건실한 사의식(士意識) 위에 변화하는 현실을 직시하면서 조선문화의 독자적이며 개성적 전개를 주도하게 되었다.

'진경문화(眞景文化)'라고 부르는 이 흐름은 조선성리학의 사상적 기초 위에 조선의 자연산천과 인물, 의관풍물(衣冠風物)과 풍속을 사실적으로 묘사했던 진경산수화(眞景山水畵)와 풍속화(風俗畵), 곧 동국진경

(東國眞景)의 유행을 특징으로 했다. 진경시(眞景詩)와 동국진체(東國眞體)의 서예는 물론이고, 달항아리로 대표되는 조선 고유의 도자기와 유교적 장례문화의 산물인 분묘의 석물(石物) 조각 등도 이 시대의 개성을 드러내었다. 서로 어우러지며 발전하던 이들 예술은 당시 사상의 흐름을 반영하고, 경화거족과 위항인을 포함하는 경화사족 일반의 정서를 개성적으로 표현하였다.

이 시기 조선사회를 이끌던 주도계층으로서 경화사족의 생활상과 면모는 그들의 자화상적 그림에 전형적으로 묘사되었고, 이는 우선 사인풍속도(士人風俗圖)의 형태로 나타났다. 겸재 정선의 득의작인 『경교명승첩(京郊名勝帖)』(1740년~1741년 제작)의 여러 그림은 영조대 전반 서울과 그 주변 교외에 살았던 경화사족의 생활과 정서, 사상을 전형적으로 표출한 기념비적인 작품이었다. 여기에는 조선의 자연, 그 중에서도 그들의 생활 기반이었던 서울과 근교의 진경이 사실적으로 표현되는 속에서 경화사족의 생활상과 풍물이 그려졌다. 『경교명승첩』의 서두를 장식한 겸재의 자화상으로 알려진 〈독서여가도(讀書餘暇圖)〉와 뒤의 〈인곡유거도(仁谷幽居圖)〉는 서울에 살며 서울 주변까지를 생활권으로 하는 경화사족의 건실하며 아취 있는 생활상을 전형적으로 보여준 사인풍속도(士人風俗圖)였다.

그런가 하면 이들은 사회의 지도적 지식인으로서 사족의 책임을 통감하는 가운데 그들이 관심을 기울이던 서민의 근로와 생활, 그리고 생산활동을 그려내기도 하였다. 공재 윤두서(恭齋 尹斗緖)의 〈채애도(採艾圖)〉와 조영석의 〈수공선차도(手工旋車圖)〉, 강희언의 〈석공도(石工圖)〉 등에서 보듯이 이는 근로풍속도(勤勞風俗圖)로 형상화되었다.

이는 『시경(詩經)』에서 소재를 채택한 전통적 농촌풍속도인 〈빈풍칠월도(豳風七月圖)〉와 〈무일도(無逸圖)〉 등 경직도(耕織圖) 류 그림에 대

정선 〈인곡유거도〉 간송미술관

한 관심과 함께, 경화사족 일반의 광범위한 공감을 얻으며 사실적 그림과 시문이 어우러지는 형태로 나타났다. 1750년 국왕 영조가 '사농공상(士農工商)'의 기예를 담은 〈경직도(耕織圖)〉를 친히 그려내게 되고, 여기에 왕세자가 시를 지어 붙였던 것은 이러한 경화사족의 문화적 공감대에 국왕까지도 가세하고 있음을 보여준다.

그러나 경화사족의 생활이 도시적 발전에 보다 깊이 유착되어 가고 경-향의 분기 현상에 따라 경화사족의 도시적 생활체질이 확연히 드러나던 영조대 후반 이후 정조대에 가면 경화사족의 진경문화는 일변된 모습을 보여준다. 조선사회와 서울의 급격한 변화 속에 경화사족들도 달라진 생활상을 가지게 됨으로써 그들의 현실과 이상을 표현하는 방식도 달라졌다. 경화사족과 함께 이 시대의 문화를 주도하던 정조는 스스로가 변화된 군주상을 내보이면서 자기 시대의 변화된 선비상을 직시하고 있었다. "평소에 거문고와 비파를 뜯으면서 음악을 즐기고, 청동기와 옥기를 늘어놓고 완상하며 서화를 품평하는가 하면, 차를 달이고 향을 피우는 것을 맑고 아치 있는 생활인양 생각한다"고 하였던 정조의 언급은 이를 지적한 것이었다.

이러한 정조시대 선비의 면모는 단원 김홍도(檀園 金弘道, 1745~1806?)에 의해 그림으로 형상화되었다. 그의 자화상적 그림인 〈포의풍류도(布

김홍도 〈포의풍류도〉 개인 소장

衣風流圖)〉에는 정조가 지적하였듯이 서책과 두루말이, 청동기와 중국 도자기를 곁에 두고 당비파를 뜯으면서 시가를 읊조리는 이 시대 첨단의 선비상이 드러났다. 이제 선비의 생활은 백면서생이라 할지라도 외래문물을 향유할 수 있고, 그 풍류는 시서화금(詩書畵琴)을 아우를 정도이며, 무엇보다도 벼슬이 없는 포의이면서도 이만한 생활과 취미를 즐길 정도의 경제력이 있어야 했다. 이는 외래문물의 공급이 자유로운 국제도시, 서울의 도시적 생활 속에서라야 가능한 것이기도 했다.

이곳에는 이미 앞시대 주자학자의 건실한 정신적 기품보다는 북학의 새 기풍을 받아들이며 중국 문물이 넘쳐나는 도시적 환경 속에서 부유함 속에 낭만적 생활을 즐기는 새로운 선비상이 완연하다. “종이 창(窓) 흙벽 방에서 이 몸 다할 때까지 벼슬없는 선비로 시나 읊조리며 살리라.”라고 한 화제(畵題)에는 가난함까지도 편안하게 여긴다는 ‘안빈낙도(安貧樂道)’의 주자학적 이상이 표현되었지만 이는 표방일 뿐, 현실 속에서 선비는 풍요로운 도시생활에서 벗어날 수 없는 존재가 되어 있었다. 국제무역이 융성하고 유통경제가 발달하는 가운데 상업도시로서 번영을 구가하던 서울의 변화는 이처럼 경화사족의 생활상과 그를 묘사한 사인풍속도에도 변화를 가져오고 있었다.

경화사족들의 생활변화를 가져왔던 서울의 도시적 발전은 이제 조선적 도시풍속도(都市風俗圖)를 출현시키게 되었다. 송나라 서울의 도시적 번영을 그림으로써 중국 최고의 도시풍속도로 알려진 〈청명상하도(淸明上河圖)〉를 박지원이 8종 이상이나 입수해 연구할 정도로 도시적 풍정에 대한 경화사족들의 관심은 지대하였다. 급기야 조정에서는 국왕 정조의 요구에 의해 서울의 도시적 번영을 〈성시전도(城市全圖)〉로 그려내고, 이를 〈청명상하도〉와 대비시키며 신료들이 그 성대한 모습을 시문으로 표현하는 단계에 이르게 된다. 여기에 참여했던 이덕무가 〈성시전도〉를 도시풍속도로 인식하며, 농촌풍속도인 〈무일도〉에 대비시키는 데에서도 보듯, 이 단계에서는 농촌생활과 농업만큼이나 도시적 삶과 상공업의 발전이 시대적 관심사가 되면서 조선적인 도시풍속도가 나타나기에 이르렀다.

서울생활권의 확대로 서울을 둘러싼 사방 100리 이내의 수도권이 경화사족의 생활권이 되었으며, 서울 외곽으로 도로망이 건설되고 위성도시들이 발달하는 가운데, 1796년 화성신도시의 준공은 개성, 강화, 광주와 함께 서울을 동서남북으로 둘러싼 사유수부(四留守府) 체제의 완성이자 수도권역의 확정을 의미하였다. 화성낙성연에서 화성신도시의 성세를 과시하고자 병풍그림으로 그려서 펼쳤던 〈화성전도(華城全圖)〉는 이 시기 서울의 도시적 발달이 주변으로 확대되어 가던 양상을 반영하면서 그려진 것으로 도시풍속도의 새로운 면모를 보여준 것이었다.

그렇지만 서울의 도시적 발달과 이로 말미암은 경-향의 사회적 분기 현상, 그리고 사의 유식(遊食)계층으로의 전락을 직시하며 그 지양을 모색하였던 정조대 경화사족 지식인들에게는 서울의 도시적 풍정과 유통경제의 활기를 그린 〈성시전도〉와 농촌생활과 농업생산활동을 다룬 〈무일도〉와 〈빈풍칠월도〉류 그림에 대한 관심이 아직 공존하였다. 경-향의 분기 현상에 의해 경화사족의 관심에서 점차 멀어져 가던, 그러나 여전히 경제생활의 주축이던 향촌에서의 생활을 아우르려는 의식적 노력이 기울여졌던 것이다.

『단원풍속화첩』의 〈논갈이〉, 〈타작〉, 〈자리짜기〉, 〈나룻배〉, 〈주막〉, 〈행상〉, 〈씨름〉 등에는 도시와 농촌, 상공업과 농업, 생산활동과 소비 유락(遊樂) 등, 사와 민의 다양한 삶의 모습이 자연스러운 융화를 이루며 나타난다. 실상 이 개성적이며 사실적인 진경 풍속의 표현은 당대 사회상의 축도이자 도시와 농촌의 다양한 삶의 모습을 함께 인식하고자 하던 사의 건실한 관심의 표현이었다. 연암 박지원은 사의 학문은 농공상의 일을 겸하여 연구하여야 한다고 하면서 경제지학과 명물도수지학으로까지 학문적 관심을 넓히고 경-향으로의 사회적 분기를 극복하려 노력하였다. 이러한 그림은 그들의 사상적 노력과 연관되면서 등장할 수 있었다.

경화사족 지식인들은 변화하는 사회상 속에서 그들의 새로운 삶의 모습을 직시하며 그를 표현하고 여기에 그들의 문제의식을 담기도 하였다. 박지원의 소설 「양반전」과 「허생전」은 당시 경화사족이 안고 있던 문제들을 문학적으로 형상화하여 그 대안까지도 모색하였던 기념비적 작품이었다.

「양반전」이 양반의 생활에 대한 해학적 묘사로 양반계층의 새로운 윤리와 행동양식을 제시하려 하였다면, 「허생전」은 변화된 사회상 속에서 놀고먹는 사람〔遊食者〕화하였던 경화사족의 새로운 생활방식을 모색하며, 사의 사회적 지도력의 회복을 도모하려는 것이었다. 특히 「허생전」은 변화된 사회상 속에서 극단적으로 유리되었던 생산과 소비의 문제, 그리고 그 대안으로서 유통경제의 활기를 이용하는 문제, 궁극적으로는 유식자로 전락한 사족이 생산활동에 종사함으로써 유식자에서 벗어나 사회에 대한 지도력을 회복하는 문제 등에 대해 포괄적 대안을 제시한 것으로 경화사족의 건실한 생활상을 그려본 문학적 성과물이었다.

이들은 서울의 도시적 생활을 영위하며 변화된 사회상황을 올바로 인식하고자 했고 여기서 파생된 문제를 그들의 학문범위 내에서 해결하고자 하였다. 박지원의 소설작품과 농서 『과농소초(課農小抄)』, 서유구의 『임원경제지』 등 저술은 경화사족의 소비적 생활행태를 반성하고, 사회의 지도적 지식인으로서 농업과 상공업 등 생산활동에 대한 연구를 의무로 자각하면서 경화사족 일반의 의식의 한계를 벗어나려 노력한 결과였다.

이들은 사족 내부에 격화된 빈부의 격차를 문제삼고, 사의 생산활동 특히 상업 종사와 같은 방식에 의해 그 해결을 제안하였다. 원래는 국제무역의 새로운 중심지로 발전시키려다가, 그것이 실패하자 전국 규모의 모범적 상업도시로 발전시키려 했던 화성신도시에서 이러한 생각은 실천되었다. 정부가 양반들에게 자금을 지원하여 점포를 열도록 해서 상업에 종사하게 함으로써 양반상인론의 구상은 화성신도시에서부터 구체적으로 실현되고 있었다.

허생이 읽던 책을 내던지고 상업활동을 통해 부(富)를 축적해 간 과정은 이 시대 계층분화에 따라 몰락해가던 사족들에게 부의 문제가 심각하였음을 보여주고 동시에 이들에 대한 사회적 요구가 무엇이었던지를 드러내었다. 사족은 생산활동에 대해 연구하여야 하고 양반도 상업에 종사해야 한다는 것이 박지원의 생각이었고, 여기서 유식자 문제의 해결방안이 시사되었다.

허생의 성공이 사의 학문 연구 활동에 의한 것이었음을 소설이 시사하는 데서 사(士)를 독서인(讀書人), 곧 지식인으로 보는 연암의 입장이 분명히 드러난다. 상업적 성공으로 부를 얻었지만, 지식인으로서 허생은 집적된 부에 집착하지 않았다. 이러한 소설적 설정에는 청빈(淸貧)을 강조하는 유교적 윤리의식의 영향이 아직 강고하며, 궁극적으로 사에게서 부의 축적이 전폭적으로 긍정될 수 없었던 박지원의 사상적 한계를 느끼게 된다.

그러므로 부의 축적을 정당화하기 위한 윤리관의 확립은 사상계의 새로운 해결 과제로 등장하였다. 이는 다음 세대에 가서 개성 출신의 신흥경화사족 최한기(崔漢綺, 1803~1877)가 제기한 도시 유산계층 중심의 입론에 의해 한 단계 진전을 보이게 된다. 그는 욕망, 나아가 영리의 추구를 정당화하면서, 안빈낙도(安貧樂道)론에서 벗어나 청빈함보다는 부유함에 더 우월한 가치를 부여하였고, 심지어 관료 선발시에 서울 출신으로서 유산계층이라면 지방 출신이거나 가난한 사람에 비해 가산점을 주어 우대할 것을 제안하기에 이르렀다.14)

이러한 생각은 경-향의 사회적 분기와 서울의 우월적 발전을 현실로서 인정한 것이고, 그런 면에서 모든 문제를 서울 중심으로만 생각하는 한계를 가지고 있었다. 화성을 국제무역의 중심지로 키우려던 정조의 정책이 지나친 서울 중심적 사고의 한계 때문에 실패했다는 사실을 기억한다면, 지방사회의 역량을 무시하는 이러한 생각은 관념적일 수 있었다. 그럼에도 경-향을 막론하고 명분론적 질서가 무너지는 가운데, 경제력에 따른 사회재편의 원리를 제시한 면에서 최한기는 박지원의 한계를 넘어서고 있었다.

정조대 이후 이미 시대상황은 경화사족의 생활을 청빈이나 안빈낙도와 같은 전통적 가치에 안주할 수 없도록 만들었다. 앞시대로부터 경화사족은 향촌에서의 생산기반을 상실한 채, 도시상업과 외래문화 속에 표류하는 존재로 변화하였다. 도시의 소비적 생활에서 그를 뒷받침하기 위한 경제력은 필수의 요소로 등장하였으며, 부유함은 신분적 원리를 대신할 수 있는 기준이 되어 있었다. 정조조차도 '부유한 백성〔富民〕', 곧 유산계층의 자본을 활용하여 상업의 발달을 도모하고, 그들이 자본을 투자하여 둔전을 개발한다면 그들에게 벼슬을 줌으로써 지배계층으로 편입시키고 그들의 신분상승을 인정해 주자고 제안한 상황이었으므로, 다산 정약용이 원하였던 '차라리 모든 사람이 다 사족인 세상'은 적어도 서울에서는 이미 코앞에까지 와 있었던 것이다.

2. 군-신과 사-민의 관계 변화

서울의 도시적 발전에 따른 경화사족의 외연 확대와 계층 분화, 그리고 그들 간의 활발한 교류 및 위항인들의 대두와 양반계층의 생산활동 종사 등은 조선사회의 전통적 신분관과 명분론 약화를 초래하였다. 경화사족 일각에서는 변화된 상황을 현실로 받아들이고 현실의 새로운 질서를 모색하였다. 이들은 신분적 특권을 인정하지 않고 국왕에서 일반 서민까지도 사의 일원으로 생각하면서 도덕과 지식, 능력에 따르는 사족들의 새로운 질서를 구상하였다.

경화사족의 공감대로 자리잡았던 사 중심의 개혁이념과 확대된 사(士)의 외연을 인정하자는 면에서의 혁신성은 국왕 정조에게도 공감대를 형성하였다. 정조는 외연이 크게 확대된 사 계층의 화합을 위해 '조제(調劑)'와 '탕평(蕩平)'을 정치 운영의 원리로 강조하면서 새로운 사회 계층을 포용하고자 했다. 규장각에 검서관(檢書官) 직을 설치하여 중서층 출신의 위항 지식인을 수용하고, 신흥 유산계층을 지배계층의 일원으로 받아들이고자 하였는데 이는 화성신도시에서 정책으로 입안되어 실천되기에 이른다.

또한 정조는 그의 서거 직후(1801년) 공노비(公奴婢) 혁파가 단행될 정도로—박지원의 제자인 이서구(李書九)가 호조판서로서 실무를 담당하였다—이미 신분제의 동요가 분명해진 상황에서, 지배층과 피지배층 사이의 갈등을 완화시키고자 '상하동락(上下同樂)'의 원리를 강조하기도 하였다. 이에 따라 화성행궁(華城行宮)에는 낙남헌(洛南軒)이라는, 궁궐 밖으로 열린 공간이 조성되어 화성낙성연(華城落成宴)을 비롯한 지배층과 피지배층이 함께 어울리는 '상하동락'의 여러 행사가 열리기도 하였다.

〈시흥행궁환어도〉 국립중앙박물관

변화된 시대 상황 속에서 각 신분 외연의 변화와 이에 따른 각 계층의 위상 변화는, 실상 국왕으로부터 사족 일반, 그리고 민에 이르기까지 그들 간의 상호관계의 변화를 가져왔다. 신분 간의 차등은 여전하였지만 의식적인 면에서 공감대가 형성되어 그들 간의 정신적 간격은 현저히 좁혀지고 있었다.

이 시기 탕평정국을 이끌던 군주로서 정조는 새로운 군주상을 구현하였으며 군신 간에도 새로운 관계가 성립하였다. 정조는 우문군주(右文君主)로서 주로 경화사족 출신이었던 신료들의 사상과 정서, 생활과 문화에 크게 공감하고 있었다. 조윤형과 김홍도, 유한지(兪漢芝) 등 경화사족의 여러 예술가들이 어울려 벌이던 시회(詩會) 소식을 듣고는 여기에 술과 안주를 보내어 그들과의 의식적 공감을 표현하였던가 하면, 서용보, 김조순 등 측근신료의 연행(燕行)에 즈음하여서는 자신이 나서서 그들 간의 전별회를 주선할 정도로 정조는 신료들과 정서적 일체감을 가지고 소통하고자 했다.

〈시흥행궁환어도(始興行宮還御圖)〉에서 보이듯이 정조와 혜경궁의 행차를 구경나온 사민(士民)들의 자유로운 자세와 표정은 시대의 변화를 말해주고 있었다. 군주는 효의 유교적 윤리를 몸소 실천하는 정신적 또는 윤리적 지도자를 표방하였고, 군주의 자신감은 사와 민의 접근을 유도하였다. 정조는 그 이전 어떤 군주보다도 잦은 궁궐 밖 행차를 통하여 사민과의 접촉을 시도하고 여론을 수렴하였다. 군주와 사민 간에 엄연한 차등은 있었지만 군주의 적극적 노력으로 군주와 휘하 신료, 사와 민은 의식적 공감대를 형성하고 여기에 이들 간의 보다 친밀한, 그리고 비교적 자유로운 관계가 성립되었다.

사림정치, 공론정치를 표방하였던 조선의 군주로서 정조는 여론을 수렴하고 여론에 따라 정치하고자 노력하였다. 그가 사도세자의 추숭(追

崇)을 일거에 실현시키지 않고 오랜 세월을 지내며 서서히 실현시켜 간 것이나, 화성신도시 건설에 대해 이를 '진시황의 폭정'이라 하여 정조를 진시황에 비유하는 여론이 전달되었을 때도 이를 받아들이는 여유를 발휘하였던 점이 그것이다. 고뇌와 고민 속에 취한 정조의 이러한 자세야말로 정조의 위대한 면모이며 취약했던 왕권을 공고히하는 자산이었고, 조선의 역동적 변화를 가능하게 했던 조건이었다.

그러나 이러한 변화를 유도하면서도 기존 명분론 속에서 군주의 권위를 세워가야 하는 것은 정조의 어쩔 수 없는 고민이기도 하였다. 화성건설이 끝난 이후 정조가 신하들에게 요구한 정치적 지도자이면서 학문적 지도자로서의 군주의 위상은 '군사(君師)론'으로 표현되었다. 신료들에게 군주의 초월적 지위와 권위의 인정을 요구했던 정조의 지향은 새로이 '만천명월주인옹(萬川明月主人翁)'을 자처한 것에서 잘 드러난다. 이는 주자(朱子) 서거 6백주기였던 1800년을 맞아 정조의 마음을 헤아려 김홍도가 그려 바친 〈주부자시의도(朱夫子詩意圖)〉 가운데 〈월만수만도(月滿水滿圖)〉에서 전형적으로 표출되었다.

하지만, 박지원이 제기한 것과 같은 군주까지도 사의 일원으로 보려는 '사'론이 대세를 이루고, 이런 이념이 군주에게 교육되고 영향을 주는 시대의 흐름 속에 정조가 희망했던 군주의 초월적 위상은 현실정치에서 보장되기 어려웠다. 정조의 요구에 대해 신료들은 대체로 냉담하였고 오히려 정조의 자괴감과 정신적 갈등이 심화되는 가운데 정조는 죽음을 맞이하기에 이른다. 역사는 왕권보다는 신권의 강화라는 방향으로 나아가고 있었다.

정조 사후 왕권은 소수의 경화거족 세도가에 압도당하게 되고, 순조는 정권을 세도가에 내맡긴 채 창덕궁 내에 연경당(演慶堂)이란 양반가 주택을 짓고 아예 여기서 사대부적 생활을 영위하기에 이르렀다. 조선의 군

김홍도 〈월만수만도〉 개인 소장

주는 의식의 면에서나 생활방식 면에서 사로서의 소속감을 가지면서 사의 생활을 공유하는 그런 상황을 받아들이고 있었다.

그러므로 이 시기 조선의 '사'는 소속감과 의식면에서 확산과 분열이라는 양면적 특성을 보이고 있었다. 서울의 경화사족들은 국왕으로부터 신료들과 위항의 백성에 이르기까지 사상적 · 문화적 공감대 속에 그 외연을 극도로 확대하여 나갔다. 하지만, 경-향으로의 사회적 분기가 확연한 가운데 이들과 향촌의 향유들 사이에는 오히려 의식적 격차가 심화되었다. 과거에 문화와 교육의 중심이 산림학자가 머물던 향촌사회였다면, 이제 상황이 바뀌어 서울에서가 아니라면 정치 참여는 물론 교육도 문화생활도 어려운 상황이 전개되고, '귀경천향지풍'이 더욱 심화되었던 것이다.

그러므로 서울에서는 확대된 외연의 경화사족을 중심으로 그들의 정신적 공감대 위에 개성적 예술활동이 전개되었다. 전통적 사인계층과 함께 두드러진 활동을 보였던 것은 새로이 서울에서 경화사족의 일원으로 발돋움하였던 위항인(委巷人)들이었다. 이들은 그들이 누리게 된 경화사족의 문화와 새로운 자의식을 예술 속에 담아나갔다. 강희언의 〈사인삼예(士人三藝)〉나 김홍도의 〈단원도(檀園圖)〉, 〈송석원시사야연도(松石園詩社夜宴圖)〉 등 그림은 이들이 이미 사 그대로의 생활을 하면서 그러한 자신들의 생활을 스스럼없이 드러내고 있음을 보게 된다. 〈송석원시사야연도〉는 그것이 위항인들의 시회(詩會)의 장면이라는 점에서 위항인의 삶을 그린 위항풍속도이지만, 이제 경화사족의 일원이 되어 있었던 위항인들의 자기 표현으로서 이미 이 시기에는 사인풍속도의 일부였다.

이들은 사인적 작가의식 위에서 자기자신을 그림의 주인공으로 등장시켜 보다 직설적이고 개성적인 자기 표현을 하며, 예술 창조의 주체로서의 자존심을 분명하게 표출하고 있다. 송석원시사의 일원이었던 최북

김홍도 〈단원도〉 개인 소장

(崔北)이 권세가에 저항하여 자기 눈을 찌르는 극단적 행위를 하였던 것도 이제 사를 자처하였던 위항예술가의 자의식이 얼마나 확고하며 치열한 단계에까지 이르렀는가를 실감케 하는 예이다.

이 단계에 오면 중서층과 위항인들은 사로서의 예술과 풍류만을 공유하는 것이 아니라, 앞시기 사족들의 전유물이었던 주자학과 명분론을 둘러싼 논쟁에도 참여하게 되고, 나아가 주자학적 윤리관과 생활규범의 선양마저도 그들의 책임으로 자임하게 되었다. 이들은 김정희(金正喜)를 가르친 박제가(朴齊家)나, 조인영(趙寅永)을 가르친 성해응(成海應)처럼 경화거족 자제들의 교육을 맡기도 하였으며, 유교윤리의 선양에도 적극 참여하고 있었다. 중서층 출신으로 정조의 측근관료가 된 이덕무(李德懋)가 『사소절(士小節)』이란 사족의 생활규범서를 편찬하는 데서도 보듯이, 서울의 위항인들은 이미 사족으로서의 자의식과 소속감을 확고히 하면서 학문활동을 하고 심지어는 명분론의 확립에도 관여하고 있었다.

이제 경화사족 내에서는 제도적인 신분적 차별은 존재하였지만 그들 간의 의식적 격차는 사라지고 있었다. 경제력만 있다면 이 차별은 더욱이 문제될 것이 없었다. 신분과 당색을 넘어선 경화사족 간의 광범위하고 활발한 교류는 정조대 서울 사회의 활기를 대표하는 것이었다. 확대된 범위의 경화사족들은 시회를 벌이고 그들 간의 학문과 문화예술활동을 전개하였다. 연암 박지원과 이서구, 박제가, 이덕무 등이 서울 원각사탑(일명 白塔, 지금의 종로 탑골공원) 주변에 살며 신분적 차이를 넘어 교류하고, 사상적 공감대 위에 맺은 아름다운 인연을 시로 노래하여 『백탑청연집(白塔淸緣集)』이란 동인시집을 간행한 것도 그 일례이겠다.

그러나 신분의식의 변화로 그 외연은 크게 확대되었지만 새로운 기준으로 등장한 경제력 등에 의해 그들 내의 계층 분화는 다시 심화되었다. 서민도 경제력에 의해 얼마든지 사를 자처할 수 있었던 시대적 변화에 따라 세도가로까지 발돋움해 가던 소수의 경화거족을 제외하고는 사족의 사회적 지도력은 전반적으로 추락하였다. 이런 양상은 서울로부터 소외되었던 향촌사회에서도 마찬가지였다.

그러므로 변화된 사회상 속에서 이런 상황을 직시하고 그 대안을 마련하는 것이 당시 지식인들의 과제였다. 이들은 사의 사회적 지도력을 유지하면서 변화된 사회 내에서의 위상 확립을 모색하였다. 이를 위해 그들의 지배의 대상이자 생산의 원천이며 사회적 변화 속에 급속한 변동을 보이던 민의 생활에 깊은 관심을 기울이고 그들의 변화를 탐구하였다. 농공상업과 같은 서민의 일도 학문적 연구의 대상으로 하여야 하며, 생산력 증대까지도 사족이 주도하여야 한다는 주장은 이러한 배경에서 나온 것이었다.

물론 아직 이 구상은 다분히 명분론에 사로잡힌 것이었다. 사(士)계층의 확산과 민의 성장을 인정하면서도, 민을 '어리석은 백성(愚氓)'으로서 통치의 대상으로만 파악하는 한계가 잔존하였기 때문이다. 화성에서 상업과 농업 개혁의 실험을 시도하던 정조와 측근신료들이 상업 운영에서나 국영농장(둔전)의 경영에서 사의 주도를 기본 입장으로 하였던 것이 단적인 예이다. 박지원이 『과농소초』에서 제시한 농업개혁론에서나 박제가의 양반상인론에서도 이는 마찬가지였다.

'상하동락'의 이념을 전형적으로 보여준 〈화성낙성연도(華城落成宴圖)〉에서 단상과 단하가 분리되고 각기 즐기는 예술의 내용이 달랐던 것과, 『단원풍속도첩』의 〈타작〉이나 〈가을걷이〉에 나타난 '양반=지주' 대 '민=소작인'의 대치관계는 지배 피지배의 관계가 아직 강고하였음을 보여준다. 그러나 잔존한 이 양극적 관계 속에 이미 그 붕괴의 조짐이 내포되어 있었다. 자세히 이 그림들을 뜯어보면 〈화성낙성연도〉의 단하에 사인인 듯 싶은 사람과 민이 섞여서 탈춤과 산대놀이를 즐기고 있으며, 〈타작〉에서 담뱃대를 물고 누워서 민의 타작을 감독하는 마름은 사족의 복색을 하고 있다. 〈빨래터〉에서 부채로 얼굴을 가린 채 여인들을 훔쳐보는 사인 행색의 인물도 이제는 복색만으로는 사인인지 아닌지를 판단할 수 없다. 지배 피지배의 형식적 관계는 지속되었고 이는 사와 민의 대립인양 형상화되었지만, 그 실제적 기준은 이제는 신분이 아니며 그에 따라 규정된 복색도 아니었다.

사와 민의 혼효 현상은 사인의 예술에서 신분적 색채를 점차 퇴색시켜 갔다. 이인상(李麟祥)의 〈송하수업도(松下授業圖)〉가 근엄한 사인풍속도로서 공부하는 모습 속에서 규율과 격조를 제시하였다면, 강희언의 〈사인삼예(士人三藝)〉에 나타난 사인들의 글짓는 모습은 웃옷을 벗어던지기까지 한 상황이 규율과 격조 대신 자유와 파격을 특징으로 하며, 나아가 김홍도가 그렸다는 『단원풍속화첩』의 〈서당〉에 가면 이미 사와 민의 구분이 무의미한 서당의 사실적 풍경 속에 해학이 주조를 이루기에 이른다.

원래 사의 사회적 관심과 책임의식이 반영되어 '진정한 사대부의 그림(眞正士大夫畵)'으로서 등장한 동국진경의 풍속화는 사와 민의 혼효라고 하는 새로운 사회상 속에서 그 성격이 변화하게 되었다. 사인의 아취와 격조보다는 새로운 시대상황에서 용인되었던 파격성과 해학이 두드러지면서 통속적인 그림으로의 변화방향이 나타나게 되었고, 더 이상 사대부의 그림이 아니라 서유구(徐有榘)가 말하듯이 '누구에게나 즐거움을 주는 그림'으로 바뀌고 있었다. 반면, 서울에 북학을 통해 청조의 예술이 풍미하게 됨으로써 경화사족이 추구하였던 아취와 격조는 외래의 청조 문인화풍에서 더 적절한 표현수단을 발견하게 되었던 것이다.

이는 사대부의 예술이 사회적 변화 속에 맞게 된 새로운 양상을 단적으로 보여주고 있다. 진경시대의 전통예술은 일각에서는 대중적 예술로

강희언 〈사인삼예(士人三藝)〉 중 〈사인휘호〉 개인 소장

진행하고 또다른 한편에서는 외래의 예술양식을 받아들여 일부 지식층의 것으로 새로운 방향을 모색하였다. 사인의 아취와 격조를 주장하는 쪽은 이제 전통적 표현방식을 버리고 외래로부터 유입된 새로운 방향을 선택하여 국제적 세련을 추구하는 경우가 많았으며, 민에 의해 선호되게 된

전통적 표현방식은 통속성을 증가시키며 대중적인 예술로 전개되었다. 서울로부터 유리되고 외래적인 최신 유행과도 격리되었던 향촌사회에서는 전통적 문화와 예술이 나름의 독자적 전개를 통하여 토속적인 것으로 나아가기도 하였다.

이러한 양상은 진경시대 조각의 전개과정에서도 그대로 나타나고 있다. 불교를 사회이념으로 하였던 고려 이전까지의 대표적 조각이 불교조각이듯이 유교, 특히 주자학을 사회이념으로 하였던 조선의 대표적 조각품은 유교조각이다. 효를 중시하는 유교적 이념에 따라 왕실과 사족은 정성을 다하여 조상의 분묘에 석물을 조성하여 치장하였기에 각 시대를 대표하는 조각의 명품들이 여기에 등장하게 되었다.

진경시대의 분묘 석물조각은 개성적인 조형미를 보이며 진경문화의 흐름에 따라 요동치고 있었다. 영조대의 사실적 조형은 의령원(懿寧園) 문인석에서 보듯이 극도의 세련성을 보이며 전통 석물조각의 극점을 구현하기에 이른다. 그러나 주자학이 쇠퇴하고 북학이 유행하며, 외래문화의 유입에 따라 전통문화의 변화가 불가피해진 정조대 이후의 시대상황 속에 서울주변 사대부 분묘의 전통적 석물들도 급속히 변화하게 된다.

분묘석물이 주로 조성된 경화사족 분묘에서 정조대 이후로 석인상(石人像)은 급속히 사라지고, 상석(床石)과 향로석(香爐石)에 망주석(望柱石)만을 추가하거나 간혹 양석(羊石)을 갖추는 정도로 사대부 분묘의 치장은 더 간소하게 변하였다. 반면에 그 이전에는 석물을 세우지 못했던 지방의 민묘(民墓)에 사대부 분묘의 석인에 해당되는 흔히 '벅수'라 불리우는 토속적 석인들이 다수 등장하게 된다. 이는 사대부 문화의 저변 확산 현상이면서, 명분론에 입각한 사회적 규제가 완화되면서 나타난 사대부 문화에 대한 모방 양상이었다.

한편 국왕 능침의 석물은 전통적 형식이 그대로 유지되지만, 급변하던

의령원 문인석(1752년)

정조시대의 시대적 분위기와 문화적 양상이 석물 조각의 세부 양식에 그대로 드러나고 있었다. 1789년에 조성된 사도세자 무덤과 1800년에 조성된 정조 능침, 두 분묘의 석물조각은 불과 11년의 시차를 두고 조성되었지만, 양식적으로나 세부 표현 모두에서 큰 차이를 나타내었다. 사도세자 융릉의 석물에는 진경문화의 개성이 발휘되어 비교적 간소하지만 힘

융릉 무인석(1789년)

건릉 무인석(1800년)

차고 사실적인 느낌이 드러나 있다. 그러나 정조 건릉의 석물은 모든 곳에서 화려해졌으나, 균형이 깨지고 사실성과 활력을 잃고 있다. 양식화가 진행되면서 진경문화의 사실성은 장식성으로 흘러버리고, 균형감각을 잃음으로써 진경문화의 건실성도 조락하고 있음을 느끼게 된다.

전통적인 사의 문화와 예술은 정조시대 북학과 서학 등 외래문화의 수용과 함께 그를 밑받침하던 주자학에 대한 신뢰가 무너지면서 전면적 변화를 맞았다. 이제 사의 문화와 예술은 사의 외연이 확대된 데다가 민의 사회적 성장에 따라 사만의 것은 아니었다. 사의 문화는 국왕으로부터 서민에 이르기까지 모두에게 개방되었고, 양반의 복식이 그러했듯이 사의 예술도 이를 즐길 경제력 등의 역량만 있다면 민도 큰 제한 없이 즐길 수 있게 되었다. 반면, 민의 예술에 대해 사도 흥미를 느끼고 공감함으로써 전통 문화와 예술의 폭은 극도로 넓어졌다. 사와 민의 혼효 현상 속에 사와 민의 예술이 서로 영향을 주고 융합하면서 새로운 방향으로 나아가는 경향도 나타나게 되었던 것이다.

화성 낙성연에서 벌어진 탈춤과 산대놀이는 이미 신분에 관계없이 위아래가 함께 즐기는 '상하동락(上下同樂)'의 예술로 인식되었으므로 사와 민 모두를 대상으로 공연되었다. 사의 흥미를 이끌어낸 민의 예술과 그에 대한 광범위한 공감대는 점차 사의 문화예술 활동에 영향을 주고, 새로운 예술양식의 등장에도 기여하였다. 『단원풍속화첩』의 〈무동〉에서 보듯이 새로운 무용과 줄풍류, 그리고 민의 무속(巫俗)음악에서 출발한 산조(散調)음악이 사와 민 일반의 예술로 영역을 넓혀 갔으며 전통문화와 예술을 더욱 풍부하게 만들었다.

한편 민의 생활과 천진한 도덕성은 사대부계층이 본받아야 할 대상으로 주목되기도 하면서 이를 문학적으로 형상화하는 작업이 벌어졌다. 사와 민이 뒤섞이고 사의 우월성이 현실적으로나 관념적으로 더 이상 지속

『화성성역의궤』〈낙성연도〉

될 수 없는 상황이 전개되는 가운데, 박지원은 소설 「호질(虎叱)」에서 호랑이와 같은 미물로 하여금 산림학자 북곽선생을 꾸짖게 하였고, 「광문자전(廣文者傳)」과 「봉산학자전(鳳山學者傳)」 등에서는 서민의 생활에서 보편적 도덕성을 발견해 내고 이를 사대부의 모범으로 제시하기도 하였다. 이는 국왕으로부터 농공상에 종사하는 서민까지가 모두 사라고 하는 박지원의 새로운 '사' 론에 근거한 것이었으며, 사와 민의 새로운 관계를 정립하려는 노력의 일환이었다.

결국은 사의 주도적 역할을 주장하는 것조차도 극복되어야 했지만, 정조시대 경화사족들이 경-향의 문제를 아울러 인식하고자 노력하면서 제시했던 이러한 주장은 그나마 현실의 변화를 인정하고 사회적 갈등을 완화시키려는 진지한 노력이었다. 그러나 이러한 의식적 노력이 약화될 때, 더구나 사의 권위가 추락하고 민과의 격차가 현격히 좁혀지던 상황에서 현실을 반영하지 못한 채 제도로만 남아 강압적이었던 기존의 일방적 상하관계는 저항에 부딪칠 수밖에 없었다.

정조 사후 11년만에 일어난 홍경래의 난(1811년 평안도농민전쟁)은 사회적 문제가 서울 경화사족 일각의 고민만으로 해결될 수 없음을 보여준 사건이었다. 경화사족 가운데 소수의 경화거족이 외척세도가를 중심으로 연립하여 정권을 독점하는 과두독재가 행해지는 가운데, 이들의 정신세계는 북학에 심취하며 외래의 문화와 예술에 경도되어 사와 민 모두와 접점을 상실한 채 변질되어 갔다.

그 외연이 극도로 확대된 경화사족도 자체적으로 분열되고, 이들 중 세도정권에서 소외되었던 다수에게서도 정조시대 진보적 지식인들이 견지하던 사의식과 사회적 책임의식은 점차 희박해졌다. 이들은 외래문화 수용의 주체적 기준을 망각한 채 선배들이 경계하였던 청조로부터의 관념적 학문과 고답적 예술에 심취하거나 청조의 통속적 문화를 무비판적으로 수용하면서 조선의 현실문제를 외면하게 된다.

이제 경화사족 내부의 분기도 심각하였던 데다가 그들 다수가 세도정권에서 소외되고, 경-향의 분기가 심화되는 가운데 향촌과 향촌민 문제에 대한 세도정권의 외면이 고질화되던 상황은, 우선은 향촌의 사와 민 전체의 소외를 가져왔고 이에 대한 불만은 곧 전국적 민란으로 전개될 태세였다. 향촌의 사와 민은 서울로부터 유리됨으로써 극도로 소외감을 느끼는 가운데 오히려 그들 간의 공통의 이해관계를 발견하고 자신들 문제의 자구책을 스스로 강구해 나가고자 하게 된다.

3. '속태', '색태' 와 새로운 문화예술

조선후기 사회는 주자학과 명분론에 입각하여 사회관계에서 엄격한 분별을 강조하였다. 그러나 영조 · 정조대의 변화된 사회상 속에서 산림이 몰락하고 주자학의 영향력이 쇠퇴하는 가운데 명분론적 질서도 변화하게 되었으며, 급기야 기존의 명분론과 윤리론에서 벗어난 신분관계와 인간관계가 나타나고 새로운 인간상과 생활상이 전개되기에 이른다.

기존의 명분론과 도덕률에 대한 변화의 욕구는 명분론에 얽매여 피지배의 운명을 강요당했던 일반 서민에게서 더욱 컸지만, 이를 사회문제로 인식하고 그 대안을 강구하는 것은 아직 사의 몫이었다. 특히 서울생활을 통하여 사회관계의 변화를 절감하던 경화사족들은 기존의 명분론과 가치관의 규제를 뚫고 나오는 사와 민의 새로운 움직임을 감지하고 이를 그들의 문화예술활동을 통하여 형상화하였다.

실상 진경시대 문화는 경화거족(京華巨族)과 위항인(委巷人)까지도 포함하여 확대된 외연을 가지게 되었던 경화사족층이 서울의 도시적 번영을 호흡하며 변화된 사회상과 인간상을 사실적으로 표현하는 데서 나오게 되었다. 조선문화에 대한 자존(自尊)의식에서 조선의 산천과 풍물, 정서를 사실적으로 그려내는 개성적 시문풍과 화풍이 나타났으며, 건실한 사의식 위에 변화된 사회상과 시대의 문제, 그리고 새로운 인간상을 예술 속에 드러낼 수 있었던 것이다.

우선 그것은 풍속화에서 분명히 드러났다. 이는 조선사회의 지도적 지식인이었던 사의 관심에 따라 나타났던 것으로, 겸재 정선과 공재 윤두서, 관아재 조영석의 사인풍속도(士人風俗圖)와 근로풍속도(勤勞風俗圖)에는 주자학적 이념과 질서에 대한 확신, 그에 입각한 건실한 생활상과 사의식, 사회적 책임을 각성하는 사(士)의 생산활동에 대한 관심이 특징적으로 나타났다. 이 시기의 풍속화는 그런 까닭에 이하곤(李夏坤)이 말하였듯이 '진정한 사대부의 그림(眞正士大夫畵)'이었으며, 사인의 아취 있는 생활상은 사인풍속도로 나타나고, 민은 생산활동에 종사하면서 일하는 모습으로 근로풍속도에 표현되었다.

그러나 정조대에 가면 조선사회의 변화와 함께 사의 외연이 극도로 확대되고 민과의 신분적 혼효 현상이 두드러지면서 사와 민 각각의 인간상과 생활상도 다른 방식으로 묘사되게 된다. 선비의 생활상은 아직 박지원이 지적했던 대로 독서인(讀書人)으로서의 성격을 견지하는 것이었지만, 겸재 정선의 〈독서여가도(讀書餘暇圖)〉와 〈인곡유거도(仁谷幽居圖)〉, 그리고 김홍도의 〈단원도(檀園圖)〉와 〈포의풍류도(布衣風流圖)〉 사이의 50년 정도의 시차만큼 사인의 생활상은 현격한 차이를 드러내었다. 이는 영조대 중반과 정조대 후반의 사회상의 차이가 단적으로 나타난 것이기도 했다.

실상 사인상에서보다 더 큰 변화를 보였던 것은 서민의 인간상과 생활상이었다. 경직도(耕織圖) 류의 농촌풍속도에서 민은 여전히 생산의 담당자로서 일하는 모습으로 형상화되었지만, 도시의 자유분방하고 다양한 삶 속에서 민의 새로운 면모가 나타나게 된다. 생산활동만이 아닌 민의 다양한 생활과 존재형태에 대해 사실적 묘사를 하는 가운데, 소비와 유락의 주체로서 민의 세속적 면모('俗態')와 남녀간의 색정적 모습('色態')이 중요한 소재로 등장하게 된 것이다. 이제 민은 정욕(情慾)의 본심을 가진 주체로 인식되었다. 그런 면에서 민은 사와는 다른 형태의 새로운 남성상과 여성상으로 나누어 인식되기에 이르렀다.

사와 민이 혼효되고 신분적 차별이 무의미해지는 가운데서도 이상적인 남성상은 여전히 사인이었다. 그러나 서민 사이에서도 이상적 남성상이 발견되어 풍속화와 소설 등 예술작품 속에서 형상화되었던 것은 커다란 변화였다.

박지원은 기존의 도덕률에서 벗어난 사대부의 파행적 행태를 「호질」과 「역학대도전(易學大盜傳)」 등의 소설에서 고발하고, 「광문자전」과 「봉산학자전」에서는 시정의 서민에게서 그 대안이 될 새로운 인간형을 찾아내어 형상화하였다. 사회적 변화 속에 '천리를 보존하고 인욕을 제거한다(存天理 去人慾)' 는 유교적 도덕률이 점차 약화되고, 사족은 사회적 지도력을 상실하여 갔다. 이제 사족은 도덕률을 실천함으로써 민의 모범이 되어야 하였지만 변화하는 현실 속에서는 오히려 민과 마찬가지로 인욕 앞에 흔들리는 존재로 나타나고 있었다. 인간의 본심은 성인에게서나 범인에게서 마찬가지라고 하는 성범심동론(聖凡心同論)이 경화사족의 학문, 낙론(洛論)의 결론이었고, 이제 서민과 다름없는 인간의 본심이 사족과 산림학자에게서도 발견되면서, 서민에게서 오히려 더욱 도덕적인 인간형과 건실한 삶의 모습을 발견해 냈던 것이다.

이러한 새로운 인간형 및 남성상의 발견과 함께 서민 속에서는 이제 일하기만 하는 존재가 아니라 역시 인욕(人慾)을 가진, 그래서 때로는 색

『단원풍속화첩』 〈빨래터〉 국립중앙박물관

태(色態)를 발휘하는 새로운 여성상이 발견되기도 했다. 이미 「호질」에서 산림학자 북곽 선생의 불륜의 상대가 되었던 과부 동리자는 이 시기 남성상의 변화에 상응하는 새로운 여성상이었다고 하겠다. 이제 여성은 사녀도(仕女圖)와 경직도 속의 이상적 존재인 요조숙녀(窈窕淑女)에서 정욕을 가진 여항의 현실적 인간상으로 변모하여 예술작품 속에서 형상화되었다.

정조가 자비대령화원(差備待令畵員)들에게 깔깔 웃을만한 풍속화를 그려내길 요구했던 것이나, 강세황이 김홍도의 〈행려(行旅)풍속도〉를 보고는 여기에 표현된 지나치던 남녀의 눈길에서 포복절도할 해학을 느끼고,

이명기가 그려온 〈기녀도(妓女圖)〉를 보면서 그에 나타난 '색태'의 새로운 미감에 홍미를 느끼게 된 것 등은 이 시대 변화의 핵심적 일면을 보여준다. 강희언의 〈사인삼예〉에 등장한 빨래터의 여인들은 아직 그림의 배경에 불과하였지만, 화원들의 교과서처럼 된 『단원풍속화첩』의 〈빨래터〉의 여인들은 이미 노골적으로 색태를 드러내며, 부채로 얼굴을 가린 정욕에 사로잡힌 사내와 함께 그림의 주인공으로 등장하였다. 김홍도의 '속화(俗畵)' 에 나타난 색태와 속태는 아직 해학의 일부분이었지만, 다음 시기 신윤복(申潤福)의 단계에 가면 해학보다 더 큰 새로운 홍미의 대상으로 등장하게 된다.

한편 색태를 내보이는 여성상이 등장하는 것과 함께 여성을 대하는 남성의 신분적 외연이 점차 확대된다는 점은 더욱 홍미롭다. 〈빨래터〉와 〈행려풍속도〉에서 여인네들을 훔쳐보는 것이 사인의 행색을 한 남정네였다면, 「호질」의 불륜의 주인공은 북곽 선생이란 산림학자였던 것이다. 산림학자의 사회적 영향력이 추락하였던 것과 함께 이제 사인풍속도의 고아한 선비상과 상반되는, 정욕에 사로잡힌 남성상이 자주 등장하게 되었던 것은 정조대 이후 풍속화의 새로운 면모였다.

『단원풍속화첩』에 실린 〈우물가〉에는 물을 떠주는 여인과 물을 청해 마시는 남정네의 은근한 교감이 해학적으로 표현되었는데, 양반의 도포를 입었음에도 그를 풀어헤쳐 부숭부숭 털이 난 앞가슴을 드러낸 채 남성적 매력을 강조한 남정네의 표현에서는 산림처사적 선비상을 이상으로 하던 주자학적 남성상과는 전혀 다른 류의 세속적 남성상이 출현하였음을 느끼게 된다. 풍속화 속에서 여성상도 이제 요조숙녀나 일하는 여성상보다는 정욕을 유발하는 색주가의 기생이 즐겨 그려질 정도로 이미 이 시기 문화에서 속태와 색태는 충만하게 나타났다.

이제는 고관대작이나 산림학자들을 대상으로 초상화가 그려지는 한쪽

『단원풍속화첩』〈우물가〉 국립중앙박물관

에서, 기녀의 초상화가 그려져 즐겨 감상되는 상황에 이르렀다. 이러한 추세는 다음 시기 혜원 신윤복의 〈단오풍정(端午風情)〉에서 윗몸을 그대로 드러낸 여성의 표현이나, 〈월하정인(月下情人)〉이나 〈미인도(美人圖)〉에서 보이는 색정적 남녀상으로 전개되어 갔다. 주자학과 명분론이 무너지던 시대 상황의 변화 속에서 이상적 인간상이 변하고, 주자학적 윤리의 규제에서 벗어난 자유로운 남녀 교류가 희구되는 가운데 남녀관계가 그림과 시문으로 대남하게 그려지고, 오히려 여기에 인간사(人間事)의 진실이 있다고 하는 의식이 성립하기도 하였다.

이 새로운 주장은 아회도(雅會圖)라든가 사인풍속도에서 추구하던 아

신윤복 〈단오풍정〉 간송미술관

취나 격조와는 전혀 다른 미의식을 추구하는 것이었다. '존천리 거인욕(存天理 去人慾)'의 유교윤리적 지향은 이제 더 이상 사와 민의 공감을 보편적으로 얻기 어려웠다. '속태'의 묘사를 통해 현실의 그늘 속에 가려져 있던 '인욕'과 '색태'가 드러나게 되는 해학적 상황은 누구에게나 웃음을 유발하고, 사와 민 모두에게 흥미로운 공감대가 된다. 이를 통하여 사와 민은 인욕이 인간 누구에게나 공통적이라는 진실을 깨닫게 되며, 세정속태(世情俗態) 속에서 신분을 뛰어넘는 남녀의 진실한 인간적 면모를 발견하고 공감을 심화시켜 가기에 이르렀다.

민간의 속된 표현과 예술에서도 진실을 찾을 수 있다는 것은 다음 시대 대중적 예술 등장의 기반이었다. 패관소품적인 분방한 문체 때문에 정조로부터 견책을 받았던 이옥(李鈺, 1760~1812)이 '천지만물 사이에 가장 진실된 것이 남녀간의 정'이라고 갈파하며 세정속태와 남녀의 색정을 시문에 담고, 이 가운데『시경(詩經)』의 고아한 시문들과 마찬가지의 고아한 정취가 있다고 주장하였던 것은 속태, 색태를 긍정하면서 새로운 미의식과 다음 시대의 예술을 선도하는 것이었다.

〈성시전도〉에 그려진 서울의 세속적 인간사와 풍물을 함께 보고 즐기면서 정조와 그 신료들이 그 속에서 고아한 '아(雅)'의 미감을 발견해 내고 공감할 정도로, 고아한 것은 세속적인 것 속에서 진실된 면모를 드러내었다. 이덕무의 '아정(雅亭)' 이란 호는 〈성시전도〉에 부친 이덕무의 시를 보고 정조가 '아(雅)' 라고 비평함으로써 얻게 된 것으로써, '아'와 '속'의 미의식은 당시의 시문과 서화 속에서 함께 인식되고 있었다.

주자학적 도덕률에 얽매였던 인간의 본능과 본성은 이렇게 속태 속에서 새로이 발견되어 예술활동을 통해 표현되고 새로운 방향을 찾아가게 되었다. 처음에 민의 생활 속에서 발견하고 그 묘사를 통해 표현되었던 새로운 감정과 정서는 사족에 의해서도 공유되고, 명분론에 구애받지 않는 외래의 통속문학이 수용되면서 더욱 자유롭게 표현되기에 이른다. 명말 청초 중국 패관문학의 수용과 함께『금병매(金甁梅)』,『홍루몽(紅樓夢)』등 애정소설이 풍미하고, 조선을 이끌던 김조순(金祖淳), 김려(金鑢), 이옥(李鈺) 등 문사들의 시문에서 속태, 색태가 과감히 표현되며, 사설시조와 민요 등에서 색태가 범람하였던 것과 함께 이는 장차 조선문화계에 큰 흐름을 형성하게 된다.

원래 풍속화는 사인의 생활을 사실적으로 묘사하여 아취와 격조를 드러내었다. 또한 풍속화는 박지원의 〈청명상하도〉에 대한 관심에서 보듯이 사회운영의 원리와 문물을 이해하는 수단으로서 효용론적 감상태도의 산물이었다. 강세황이『열국지(列國志)』등 중국 패관소설의 도상 그림을 '수레와 의복, 그릇 등의 제도(車服器用制度)' 를 이해하는 수단으로 보았던 것도 마찬가지의 효용론적 감상태도로서, 그의 표현을 빌리자면 '사물의 실태를 자세하게 보여주는(曲盡物態)' 수단이었다. 그러므로 민의 생활과 세정속태(世情俗態)에 대한 사의 관심이 드러난 근로풍속도는 그들이 이끌어가야 할 민의 생활의 원리를 파악하는 수단이었고, 사인풍속도와 함께 근로풍속도는 '진정한 사대부의 그림'이었다.

그러나 사의 외연이 확대되고 사와 민이 혼효되는 가운데 점차 사인풍속도는 사인의 그림으로서의 성격을 잃게 되고, 진정한 인간적 삶은 서울의 번화한 생활 가운데 전개되는 민의 세정속태 속에서 발견되게 되었다. 해학과 속태, 색태에서 느끼는 흥미가 일하는 민에 대한 관심을 압도하게 되었던 것이다. 풍속화에서 속태, 색태의 통속성이 난만하게 추구되면서 이제는 주자학적 윤리론에 억눌렸던 인간 욕구의 자유로운 표현이 노골화되었다. 민의 생산활동에 대한 관심이 점차 사라지고 유흥과 색정적 풍류를 추구하게 되었으며, 색태가 점차 강조되면서 이제는 감상층이 이것을 풍속화의 특징으로 인식해 갈 때, 풍속화는 효용론적 필요에서 벗어나 흥미 위주의 비속한 그림으로 떨어질 가능성이 커지고 있었다. 예술작품에서 속태와 색태를 선호하고, 고아한 것보다 비속한 것에 더욱 흥미를 느끼게 된 예술풍토의 변화와 함께 풍속은 필경 속된 것이라 보게 된 사회인식의 변화로 원래 '풍속화' 란 의미에서의 '속화(俗畵)' 는 비속하다는 의미의 '이속도(俚俗圖)' 로 이해되게 되었다.

정조조정에서 화원화가들을 시켜 자주 그려 감상하였던 '속화' 는 『시경(詩經)』의 시적인 경지와 연관하여 민의 생활을 이해하는 효용론적 관심의 발로였고 여기서의 속화는 풍속화였다. 그러나 속태와 색태가 충만하게 되면서 비속한 그림으로 전락한 이속도에서는 아취와 격조를 찾기 어려움은 물론 효용론적으로도 큰 의미를 부여하기 어려운 그림이 되었다. 이는 정조의 교속론(矯俗論)에 의해서 비판받고, 청조고증학과 문인

화풍을 선호하던 지식인들의 비판도 초래하였다.

이는 시문에 있어서도 마찬가지였다. 청조의 패관소품문이 유행하고 여기에 속태, 색태가 통속성으로 흘러 아취가 사라진다고 보았던 정조는 문체반정을 통하여 여기에 제동을 걸게 되었다. 이후 정학(正學)의 고양과 아취 있는 시문풍의 강조가 정조의 교속론에 따라 추진되는 가운데, 서체반정(書體反正)과 악풍반정(樂風反正)까지 나오면서 속(俗)과 아(雅)의 두 미의식과 예술론의 대립이 심화되었으며, 이후 조선의 문화와 예술은 두 갈래로 대립하며 발전해 가게 된다.

결국 정조시대 청조 문화예술의 수용은 속(俗)의 미의식과 아(雅)의 미의식을 각기 뒷받침하는 것으로 작용하였다. 그러나 김홍도의 속화와 신윤복의 기녀도를 보며 느끼게 된 사와 민의 공감대, 그리고 염정적 소설과 사설시조를 읽으며 느끼는 홍미는 이제는 어느 특정계층만의 것은 아니었으며 사족의 것이면서 민의 것이기도 하였다. 정조의 견책을 받았지만 연암일파 문사들에서 다시 한걸음 더 나아가 김조순, 김려와 이옥에 가면 시문에서 속태와 색태는 더욱 강화되어, 다음 시기 서민들의 사설시조와 민요에 나타난 통속성에 접근하기도 하였다.

예술에서 속태와 색태는 순조대 이후 세도가와 경화거족 등 최고집권층으로부터 위항의 서민에 이르기까지 공감을 불러일으키며 더욱 확산되게 된다. 속태, 색태를 추구하는 가운데 사와 민의 정서적 격차는 급속히 줄어들고, 그들 사이에 신분적 격차를 뛰어넘는 의식적 공감대가 형성되기에 이르렀다. 사와 민이 혼효된 새로운 사회적 관계, 개성주의적 맥락 속에서 나타난 이 새로운 공감대는 다음 시대로 이월되는 생명력을 가지게 된다.

그러나 속태, 색태를 드러냄으로써 대중적 홍미를 만족시키는 통속적 그림으로 격하된 풍속화는, 고아한 아취와 격조의 추구를 예술의 본령으로 생각하던 일부 지식인들의 예술적 지향과 배치되었고 그들의 사회의식에 부응하기는 더욱 어려웠다. 속태와 색태가 충일했던 정조대 이후 일각의 문화예술은, 진경시대를 뒤잇는 다음 시기, 연천 홍석주(淵泉 洪奭周, 1774～1842), 대산 김매순(臺山 金邁淳, 1776～1840) 등의 학풍, 문풍의 경향성과 대립하였으며, 북학의 차원 높은 예술론으로 그 극복을 시도했던 추사 김정희(秋史 金正喜, 1786～1856)의 문풍과 서풍(書風), 문인화풍에 의해서도 비판받았다. 그는 청조 금석고증학의 연구를 통해 문기(文氣) 높은 서화예술의 세계를 열어 보임으로써 진경시대 예술의 고루성을 비판하였다. 시서화(詩書畵) 일치(一致)를 추구하였던 그는 고아한 정신세계와 국제적 세련을 추구하면서 통속성을 불식하고자 하였고 이를 통해 새로운 단계로 나아가고자 하였다.

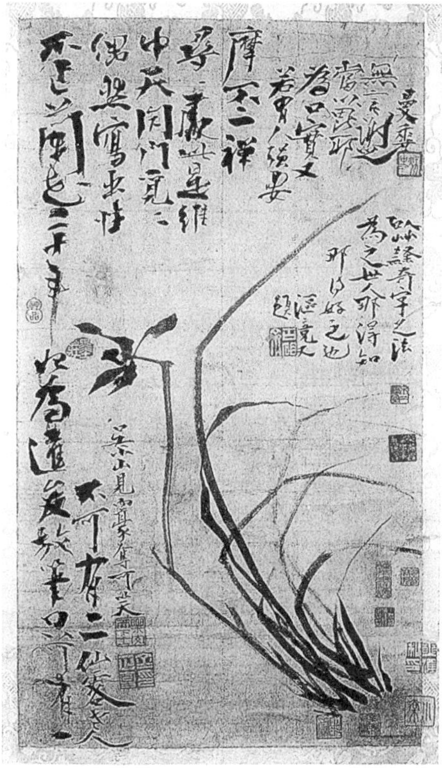

김정희 〈불이선란도(不二禪蘭圖)〉 개인 소장

세도정치가 행해지던 순조대 이후 조선문화계 일각에서 이 두 흐름은 갈등하며 각기 역동적 변화를 거듭해 가게 된다. 결국 시간이 흐를수록 더욱 뚜렷해진 이러한 양상은 전통주자학과 그 명분론, 그리고 문화자존의식 위에 수립되었던 전통적 사회질서와 문화가 근본적으로 변화하였던 시대 상황에 따라 등장한 것이었다. 이는 조선 전통문화와 사회체제의 청산과정이면서 조선후기 사상과 문화의 발전이 가져온 귀결이기도 했다.

그러나 이 두 흐름 모두 앞시기 지식인들의 사의식이 표출한 현실문제 해결의 의지와 사회적 책임의식을 어떻게 계승할 것인지를 과제로 안고 있었다. 대중적 공감을 얻었던 속태, 색태의 추구가 퇴폐적인 데로만 흐르고 대중성 속에서 보다 차원 높은 윤리성을 확보하지 못한다면 그 발전은 제한될 수밖에 없으며, 아취와 격조의 추구가 자칫 현실을 떠난 고답성이나 관념세계에서의 유희로 전락할 수도 있었기 때문이다. 이는 한국 근대문화 형성 과정상의 근본적 문제로서 정조시대 이후 오늘에까지 우리 문화계의 숙제로 남게 되었다.

제2장 | 풍속화의 전개[15)]

우리나라 그림 가운데 실제적 생활모습으로서의 풍속과 풍물을 소재로 다루었던 경우는 현전하는 것만으로도 고구려 고분벽화 이래 계회도(契會圖), 의궤도(儀軌圖), 사녀인물도(仕女人物圖)와 실경(實景)을 사생한 산수화와 풍속화 등 상당히 많은 사례가 확인된다. 이 중 조선후기 풍속화는 중국회화의 직접적 영향에서 벗어나 조선의 실제적 생활모습, 풍속, 풍물을 사실적으로 묘사하고 있어서 중국식의 산수화풍에서 벗어나 우리의 자연경관을 사실적으로 묘사하였던 진경산수화(眞景山水畵)와 함께 우리나라 회화가 달성한 독자적이며 개성적 경지로 높이 평가되고 있다.

진경산수화와 풍속화가 조선후기 문화의 특징적 면모로 등장하였던 것은 그 당시의 시대적 조건과 연관될 수밖에 없으므로 이 점에 관하여는 그간 여러 방면에서 조명이 되었다. 특히 풍속화의 경우, 그 화풍을 조선후기 사회에서 서민과 서민의식의 성장을 반영하는 것으로 설명하면서 막연하게나마 실학의 발달과 연관짓는 경향이 있었으며,[16)] 그와 달리 풍속화의 등장 과정에서 겸재 정선(謙齋 鄭敾), 공재 윤두서(恭齋 尹斗緖), 관아재 조영석(觀我齋 趙榮祏) 등 사대부화가의 주도적 역할에 주목하여 진경산수화와 마찬가지로 그 출현이 조선성리학(朝鮮性理學)과 조선의 문화자존의식(文化自尊意識)을 배경으로 하는 것임을 밝힌 견해도 제기되었다.[17] 그런가 하면 풍속화의 소재와 기법을 조선전기간에 걸쳐 성행하였던 계회도라든가 아회도(雅會圖)나 빈풍칠월도(豳風七月圖), 무일도(無逸圖)와 연결지워 보려는 시도가 있는가 하면,[18] 패문재경직도(佩文齋耕織圖) 등 중국화본의 경직도계열 화풍과의 유사성에 주목한 연구도 있다.[19]

실상 조선후기 풍속화에 우리가 주목하는 것은 사실주의적 화풍에 드러난 한국적 개성, 주체적 자기인식의 흔적 때문이다. 따라서 이러한 풍속화가 우리나라 회화사 속에서 정당하게 자리매김되기 위해서는 단순히 화법이나 화론적인 접근만이 아니라 그 배경에 대한 사회사상사적인 접근이 함께 요청된다고 하겠다.

그것은 첫째, 중국풍의 묘사에서 벗어나 우리나라의 의관풍물(衣冠風物)과 일상적 풍속을 보이는 대로 묘사하고자 하였던 사실적 회화정신의 출현과정, 둘째, 사인(士人)의 여러 생활모습은 물론 일반민의 일하는 모습까지도 감상의 대상으로 화폭에 올리게 되었던 영조, 정조, 순조대 화가의 작화(作畵)의식 및 그를 낳았던 문예관이나 사상의 궤적, 그리고 그에 대한 감상 및 수요층의 문제, 셋째, 정조대 이후 화면에 등장하여 그 이후 노골화되는 '속태(俗態)', '색태(色態)'의 시대적 의미 등이 풍속화의 성격 규명에 선결과제이기 때문이다.

여기서는 이러한 점들에 유의하여 풍속화의 변천과정을 세 시기로 나누어, 숙종대부터 영조대 전반까지를 풍속화가 등장하였던 시기로, 영조대 후반부터 정조대까지를 풍속화가 유행하였던 시기로, 그리고 순조대 이후를 풍속화의 변모기로 설정하였다. 조선후기 각 시기별 사회상과 제반 문화현상, 그리고 사상적 동향을 폭넓게 조응시킴으로써 동국진경(東國眞景)의 하나로서 조선후기 문화예술의 특징적 요소로 부각된 풍속화의 전개과정과 역사적 의미가 명확히 드러날 수 있을 것이다.

1. 풍속화의 등장

숙종대부터 영조대까지 조선사상계는 당시의 급격한 정치 사회적 변화에 상응하는 역동적 움직임을 보여주고 있었다. 퇴계, 율곡의 단계에서 자기화를 실현하여, 사회의 모든 부면에까지 깊숙이 스며들었던 주자학 이념은 조선지식인들의 이기심성론과 예론(禮論)에 대한 심오한 학문적 연찬에 뒷받침되면서 조선사회의 지도적 이념으로서 확고히 자리잡게 되었다. 특히 오랑캐에게 굴복한 병자호란의 쓰라린 체험을 극복하는 방안과 예치(禮治)의 구현방향을 둘러싼 지식인 간의 이념적 대립은 주자학 이해태도의 차이와 함께 붕당 간의 대립을 심화시켰으며, 그 결과 조선사상계는 다양한 논쟁점들을 가지게 되었다.

이러한 상황 가운데 갑술환국(甲戌換局) 이래 조선 정계의 주도권을 쥐게 되었던 노론 지식인들은 일찍이 우암 송시열 등이 제기했던 주자주의적(朱子主義的) 의리지학(義理之學)과 북벌대의론(北伐大義論)에 대한 확신을 토대로 조선중화(朝鮮中華)를 표방하는 문화자존의식을 극도로 고양시키고 있었다. 이는 중화문화의 유일한 계승자로서 조선문화의 독자적이며 개성적 발전을 주장하는 것으로 나타났으며 당대의 문풍, 화풍에까지 영향을 주게 되었다.

1689년 송시열 타계 이후 노론의 핵심적 지도자로서 중앙의 학계와 문원, 예원을 주도하였던 농암 김창협(農巖 金昌協, 1651~1708)과 삼연 김창흡(三淵 金昌翕, 1653~1722) 등 경화사족들은 송시열이 제기했던 사상적 지향을 계승, 확산시키면서 그 토대 위에 그들의 개성적 학풍, 문풍을 일구어 나가고 있었다. 주자학의 이해에서 이들과 후배 학자들은 율곡 이래 이기심성론의 배타적 정통성을 주장하는 한편, 호서지방의 노론

〈김창흡 초상화〉

학자들과 대립하여 '인물성동(人物性同: 사람과 사물의 본성이 같음)', '성범심동(聖凡心同: 성인과 일반인의 본심이 같음)'을 주장하는 서울 주변 낙론(洛論)의 핵심으로 위치하였다.[20] 문풍에서 이들은 또한 당대의 시대적 개성을 중시하며 창신적(創新的) 시문론을 표방하고 있었다. 그것은 김창협이 '지금 사람은 그대로 지금 사람일 뿐' 이라고 하였던[21] 것에서도 드러나듯이, '지금〔今〕'으로 표상되는 현실 중시의 조선적 시문론으로서, 선조대 이래 '문필진한 시필성당(文必秦漢 詩必盛唐: 문장은 반드시 秦과 漢의 것을 본받고, 시는 반드시 盛唐의 것을 본받는다)'의 의고

문풍(擬古文風)을 반성하면서 전개되었다.

이들을 포함한 당대 지식인들은 청나라를 중화로 인정하지 않았던 만큼 조선이 선진문화의 유일한 보유자로서 곧 중화라는 자기인식이 확고하였다. 그렇기 때문에 중화문화의 진면목을 구현해 나가야 할 조선문화의 전개과정에 있어서도 송나라, 명나라 등의 정통 중화문화 수용에 의해 성립된 조선의 독자적 문화가 긍정적으로 평가되었고, 여기에 조선의 실제적 현실이 그 어느 때보다 사실적으로 인식될 여지가 마련되었다.

숙종 후반 이후 조선에서는 현실에 대한 사실적 인식과 자기 문화에 대한 자신감 위에서 조선의 자연, 인물과 풍물, 풍속을 있는 그대로 표현하는 사실주의적 예술이 꽃피게 된다. 시서화(詩書畵) 모두에 일관되게 관철되었던 이 경향성은 소재의 선택은 물론 표현수법에 있어서도 단순한 모방에서 벗어나 독자적인 것을 추구하였으므로 그만큼 개성적일 수 있었다. 이 시기에 등장한 진경산수화와 풍속화 등 동국진경(東國眞景)과 동국진체(東國眞體)라 불린 서예, 그리고 진경시(眞景詩) 등의 공통적 저류는 이러한 사실주의와 개성주의의 문예, 문화이념으로서 이는 주자주의에 입각하여 사회를 이끌던 당대의 경화사족들에 의해 주도되었다.

이러한 경향은 서울에서 활동하던 겸재 정선(1676~1759), 공재 윤두서(1668~1715), 관아재 조영석(1686~1761) 등 사인화가(士人畵家)들과 그들 주변 지식인들의 그림과 문예활동에서 전형적으로 나타나고 있다. 우선 진경산수화를 완성시킨 겸재의 경우, 그는 우리의 자연경관을 사실적으로 묘사한 것은 물론이고 그의 산수화 속 여러 인물들이 우리 의관 풍물을 보이고 있다는 면에서 진경풍속화의 단서를 제시하였다. 뿐만 아니라 그의 자화상이라 생각되는 〈독서여가도(讀書餘暇圖)〉와 같은 그림은 전통적 인물화를 사인풍속화(士人風俗畵)로 발전시킨 것으로 풍속화도 이제는 진경산수화와 마찬가지의 새로운 화과(畵科)로 성립할 수

정선 〈독서여가도〉 간송미술관

있음을 보여주었다. 사실주의를 특징으로 하는 동국진경은 진경산수화는 물론 풍속화까지도 포괄하는 것으로 확대되어 갔던 것이다.

동국진경의 사실주의는 당시 서울과 인근('京郊')의 사대부, 곧 경화사족(京華士族)들 문예의 기본정신이었다. 그러기에 사실적 묘사는 '진정한 사대부의 그림(眞正士大夫畵)'의 진제조건이 되고 있었다. 김창협을 추종하고 겸재, 공재와도 교유하였던 이하곤(李夏坤)이, 시 짓고 그림 그리는데 '진(眞)'과 '실(實)'을 강조하면서 이는 사실적 묘사('肖似')에서 가능한 것이라 하고,[22] 특히 그림과 관련해서 옛사람의 지나간 법도('古人死法')를 답습하기보다는 지금 화가의 가슴속에 있는 견해('胸中見')를 드러내되 빼어나게 고아한 분위기('秀潤古雅之態')를 갖춤으로써 '진정한 사대부의 그림'이 될 수 있다고 하였던 것은[23] 시화일치(詩畵一致)와 사실주의, 개성주의에 입각하였던 당시 동국진경의 이상을 피력하였던 것이라 하겠다. 이하곤 등과 교유하였던 윤두서가 인물과 동식물을 그리는데 대상에 종일 주목하여 그 참된 형상('眞形')을 파악한 후에야 그렸다고 하는 것이나,[24] 그 손자 윤용(尹愹)이 나비와 잠자리들을 그리는데 세밀한 데까지 관찰하여 모습이 똑같게 될 때까지 그렸다는[25] 등의 작화태도는 사생을 중시하는 사실주의의 시대조류가 이들에게 영향을 미치고 있었음을 보여준다.

그러나 동일한 사실주의적 회화정신 속에서도 이들 각각의 개별 화풍이나 감상안에는 그들 나름의 미묘한 차이가 존재하였다. 사실주의 속에 개성주의를 어떻게 구현할 것인가를 놓고 당대 지식인 사이에는 갈등이 야기되었다. 조귀명(趙龜命)이 윤용의 그림을 평하여 중화를 구현하려는 기본정신에 공감하면서도 손가락을 부러뜨려 버리고 싶다고까지 하였던 것은[26] 근본적으로는 그들 간의 중화문

윤두서 〈채애도〉 개인 소장

화 구현의 방향성 차이 때문이었다. 철저한 조선문화자존의식의 소유자로서 학술과 문장에서 독자성('獨立')을 중시하는 등[27] 개성주의를 강력히 표방하던 조귀명으로서는 윤두서를 계승한 윤용 그림이 중국 화본(畵本)에 입각하여 화면을 구성하는 고답성을 보임에 불만을 표명하였던 듯 싶다.

하지만 이러한 비판에도 불구하고 윤두서와 윤용의 그림에서는 장차 풍속화의 전개방향과 관련하여 대단히 주목되는 면모가 드러나고 있다. 그것은 윤두서의 〈채애도(採艾圖)〉, 〈짚신삼기〉, 〈경답목우도(耕畓牧牛圖)〉, 〈선차도(旋車圖)〉와 윤용의 〈협롱채춘(挾籠採春)〉에 나타나는 민(民)의 일하는 모습 묘사이다. 아직 그림 속의 인물이 우리 의관풍물을 여실히 갖춘 것이 아니어서 인물화가 풍속화로 전개되어 가는 과도적 양상을 보이지만, 여기에는 당시의 사실주의와 개성주의 위에 그림의 소재를 넓혀가는 지식인의 건실한 관심의 편린이 엿보인다. 풍속화는 이제 사인풍속도 외에 근로풍속도(勤勞風俗圖)로까지 그 범위를 넓혀가고 있었다.

풍속화의 이러한 경향성은 진경산수화가 유행하는 가운데 관아재 조영석에게서 더욱 분명한 모습으로 나타나게 된다. 우암 송시열의 직계제자 지촌 이희조(芝村 李喜朝)의 문인이었던 관아재는 농암 · 삼연 문하의 이병연(李秉淵), 겸재 등과 밀접히 교유하면서 겸재의 산수화에 비견되는 인물화의 독자적 경지를 개척함으로써 풍속화의 보다 확실한 선구자가 되었다. 그의 인물화는 다른 그림을 본뜨는 것('以畵傳畵')이 아니라, 구체적 삶의 현장에 나아가서 그 참모습을 그려냄으로써('卽物寫眞') 살아있는 그림('活畵')을 추구하였다.[28] 사인들이 장기(將棋)에 몰두하는 모습을 그린 〈현이도(賢已圖)〉에서 보이듯이 사실주의적 수법에 입각한 인물과 동국의관풍물의 핍진한 묘사가 그의 풍속화의 특징이었다.

한편 『사재첩(麝臍帖)』에 보이는 그 시대 민의 일하는 모습에 대한 본

조영석 〈현이도〉 간송미술관

격적 관심과 사실적 묘사는 조선회화사상 중요한 의미를 가지는 것으로 주목된다. 관아재는 여기서 사인풍속 외에 근로풍속을 사실적으로 묘사함으로써 풍속화의 독자적 영역을 구축하기에 이르렀다. 그의 사인풍속도는 이인상(李麟祥)의 술회에서도 보듯이 기존 아회도의 전통을 이었지만[29] 그와 정신적 호흡을 같이하였던 당대 사인들의 풍모와 생생한 삶이 소재가 되고 있다는 점에서 기존의 아회도와 구별되는 면모를 가지게 되었다. 그의 몇몇 근로풍속도에는 사실주의적 회화정신에 의해 포착되었던 자기 주변 민의 생활의 활기가 새롭게 표현되었다. 여기에는 민의 생산활동에 관심을 기울이는 당대 사인의 건실한 사회의식이 함께 드러나고 있어 주목된다. 이 시기 공재의 〈선차도(旋車圖)〉와 관아재의 〈수공선차도(手工旋車圖)〉에 엿보이는 일하는 민의 모습과 생산활동의 원리에 대한 공통된 관심은 훗날 박지원 등 연암일파 지식인들이 극명히 보여주었던 사회주체로서 사(士)의 각성, 생산활동과 생산도구에 대

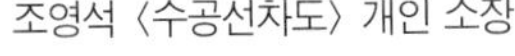
조영석 〈수공선차도〉 개인 소장

한 집요한 관심에 그대로 이어지는 것으로,[30] 이는 이 시기 풍속화가 개척했던 특징적 면모였다.

관아재 풍속화의 이러한 면모는 실상 그의 학문적 배경에서 유래한 것이었다. 『관아재고(觀我齋稿)』의 기술을 통해 볼 때 관아재에게서 그림은 심심풀이('破閑之計') 정도로 폄하되는 경우도 있다.[31] 그러나 참된 그림('眞畵')이라 할 때 그것은 '산천(山川) 초목(草木) 인물(人物) 고금(古今) 의관(衣冠) 기용(器用) 제도(制度)' ― 요컨대 '文物制度' ― 에까지 통달함으로써 달성하게 되는 유용한 기예('有用之技')로서, 육경(六經)과 마찬가지의 중요성('六經同功')을 가지는 것으로까지 그 의미가 부각되고 있었다.[32] 이는 마치 당대의 '재도론(載道論)' 적 문학론에서 설정한 문학의 역할에 비견될만한 효용론적(效用論的) 회화관이었다. 그러므로 그에게서 그림은 그의 학문과 사상의 직접적 표현이라는 의미를 가지게 되었다.

그의 〈수공선차도〉는 조성기(趙聖期), 김창흡(金昌翕) 등 선배들의 명물도수지학적(名物度數之學的) 관심을 공유하면서[33] 그림이라는 도구를 통해 '문물제도' 의 이해를 도모한 경우로 해석될 수 있다. 중국의 저명한 풍속화였던 〈청명상하도(淸明上河圖)〉에 대한 그의 명물도수지학적 관심에서의 관찰도 마찬가지였다. 중국 송대의 발달된 도시생활과 유통

심사정 〈전가락사(田家樂事)〉 개인 소장

경제의 활기를 묘파한 〈청명상하도〉에 대한 그의 관심은 그림의 유익함('畵之有益')을 논하는 효용론적 태도에서 출발하여 '중화풍속(中華風俗)'과 '문물제도(文物制度)'에 주목함으로써[34] 그림 소재의 범위를 크게 확대했다. 아직 그 스스로가 이러한 소재를 본격적으로 그림에 올리지는 않았으나 장차 풍속화의 전개방향을 예고하고 있었던 것이라 하겠다.

당시 〈빈풍칠월도〉나 〈무일도〉 계열의 그림들이 농촌사회를 무대로 한 농업활동을 화본풍(畵本風)에 따라 중국 의관풍물 그대로 화폭에 담고 있었을 때, 관아재는 자기 주변 사의 아취 있는 모습과 민의 일하는 모습을 우리나라 풍물 그대로 사실적으로 묘사함으로써 기존 인물화나 경직도의 관념성을 불식하고 개성적인 화풍을 모색하고 있었다. 또한 〈청명상하도〉에 보이는 도시 시장통의 '수륙(水陸) 상고(商賈) 행려(行旅) 유상지도(遊賞之徒)'의 행태에 흥미를 느끼며 유의하였던 것도[35] 그의 새로운 면모였다.

농촌생활만이 아니라 도시생활의 다양한 전개에 이처럼 관심을 갖게 된 것은 그 자신 서울생활을 통해 경험하게 되었던 영조대 전반 서울의 도시적 발달과 농상공업 등 생산활동의 진흥이라는 활기찬 사회적 분위기를 직시하는 데서 가능하였다. 또한 그 저류에는 당대의 지배층인 양반지식인으로서의 사회적 책임을 자각하는 건실한 사의식(士意識)이 전제되었다. 그에게서 그림은 학문이나 문학과 마찬가지의 효용성을 가지며 이제 작화와 그림감상은 사가 반드시 겸비해야 할 활동으로서의 의미까지도 지니는 것이었다.

그러나 관아재는 분명한 관심의 대상이었던 도시적 풍물과 상공업 등 생산활동을 아직 화폭에 본격적으로 올리지는 못하였다. 인물을 그린 다수의 그림도 사인의 아취를 추구하는 가운데 중국적 풍물을 주로 선택하고 있으며, 설령 우리의 풍속적 소재를 다룬다 하더라도 그것은 상대적으로 소수에 불과하였다. 그런 면에서 그의 풍속화는 아직 선구적이며 과도기적인 것임을 보게 되지만 그 영향은 결코 적은 것이 아니었다. 이 시기에는 사실주의와 개성주의적 흐름에 조응하는 회화정신으로 인해 전통 인물화에서 풍속화적 요소가 확대되고 있었으며, 여기서 겸재와 공재, 관아재가 담당하였던 선구적 역할은 사회적으로나 사상적 문화적으로 분위기가 보다 무르익는 그들 한 세대 뒤에 풍속화가 난만하게 개화하는 밑거름이 되었다.

2. 풍속화의 유행

영조대 후반에서 정조대에 걸쳐 조선사상계에는 앞시대의 사상적 주조를 계승하면서도 일면으로 그를 반성하는 움직임이 나타났다. 주자학적 명분론과 주자주의의 표방은 그대로 견지되었지만, 조선사회의 내재적 변화과정이 주자주의적 질서를 변화시키고 있었던 만큼 사상적 모색은 역동적이었다. 그리하여 경 · 향으로의 사회적 분기가 심화되는 가운데 조선사회를 이끄는 위치에 서게 되었던 서울의 경화사족에서부터 새로운 사상적 지향이 나타났다. 경화학계 일각에서는 주자주의적 의리지학(義理之學) 일변도의 학풍을 반성하고 명물지학(名物之學)이나 경제지학(經濟之學)을 추구하게 되었으며, 급변하는 사회경제적 현실을 직시하면서 조선의 문화자존의식을 반성하고 북학론을 주장하는 움직임이 나타나게 되었다.36)

이러한 흐름을 선도하였던 연암일파 지식인들의 '법고창신(法古創新; 옛것을 모범으로 새로운 것을 창안함)' 론은 단순히 문학이론에 그치는 것이 아니라 문화 전반의 새로운 방향성을 제기한 이론이었다. 예컨대 청성 성대중(青城 成大中)과 복헌 김응환(復軒 金應煥) 등이 지금의 예술('今藝')로부터 시와 그림에 옛 법도('古道')를 구현해가야 한다고 하였던 것은37) 법고창신이 시와 그림에 동시에 관철되는 원리였음을 보여준다. 그러므로 법고창신론이 제기되었던 이 시기에는 사실주의와 개성주의를 특징으로 하는 동국진경의 전통화풍을 계승하면서도 사회적, 사상적 변화를 반영하여 그림의 감상태도라든가 작화태도에 상당한 변화가 야기되고 있었다.

표암 강세황(1713~1791)의 경우, 초상화가 실제 인물과 꼭 같아야 하듯이 그런 정도의 사실성('模寫之眞態')을 추구하면서38) 스스로 진경산수를 그림으로써 선배들의 사실주의를 계승하였다. 그러나 이 시기의 사상적 변화를 반영하여 기존의 진경산수화에 대해서는 얼핏 달라진 감상태도를 피력하고 있었다. 그의 문학론과 마찬가지로 아마도 중국으로부터의 새로운 화풍 수용과 관련있어 보이는 그의 진경산수에 대한 평가는, 겸재 진경산수화에 보이는 열마준법(裂麻皴法)의 상투성을 들어 겸재의 사진(寫眞)을 부정적으로 보고, 오히려 겸재를 배웠으나 중국화풍에 보다 경도하였던 현재 심사정의 산수사경(山水寫景)을 높이 평가하고 있었던 것이다.[39] 이는 다음 시기에 보다 본격적으로 북학을 하였던 김조순(金祖淳, 1765~1831)이 겸재보다 오히려 현재의 아치(雅致)를 높이 평가하였던 감상태도로[40] 이어졌다. 영조대 후반 이후 이러한 감상안의 변화는 장차 동국진경의 사실주의와 진경산수화에 대한 평가의 변화를 예고하는 것이었다.

그런데 흥미로운 것은 진경산수화에 대한 평가의 변화가 이렇게 진행되는 가운데서도 사실주의와 개성주의를 지향하는 회화정신은 풍속화 속에서 새로운 영역을 찾아내며 발전하고 있었다는 점이다. 이제 풍속화는 앞시대 이래 동국진경의 전통 속에서 더욱 활발하게 그려지고, 화과(畵科)로서의 위상도 확고해지고 있었다. 『시경(詩經)』을 강론하면서 『시경』 해석의 여러 가능성을 제기하고 있었던 정조조정에서는 자비대령화원(差備待令畵員) 제도를 운용하면서[41] 화원들에게 『시경』에 나타난 시적 경치(‘詩境’)를 ‘인물(人物), 누각(樓閣), 산수(山水), 영모(翎毛), 문방(文房), 속화(俗畵)’ 등의 화과(畵科)로 나누어 그림으로 그리도록 하였다. 이때 『시경』 ‘빈풍칠월’의 ‘헌견우공(獻豜于公)’의 시구(詩句)를 화제(畵題)로 받아 김득신(金得臣)이 풍속화를 그리는 등, 이후 ‘속화’는 정조 조정에서 늘 그려지는 독립적 화과의 하나로 부상하였던 것이다.[42]

풍속을 그렸기에 ‘속화’라 불린 이 시기 풍속화의 본령은 아직 〈빈풍칠월도〉로 대표되는 경직도(耕織圖)였고, 이는 농촌생활과 생산활동에 대한 건전한 관심에서 그려졌던 근로풍속도(勤勞風俗圖)의 범주에 머물러 있었다. 그러나 바로 이 시기에 정조조정에서는 변화된 조선의 현실을 반영하여 도시적 풍정을 풍속화로 그려냄으로써 풍속화의 새로운 영역을 개척하면서 풍속화의 획기적 변화를 이룩하였다.

우선 이 시기 풍속화는 경직도 계열이라 하더라도 그 고전적 정형과는 상당히 달라진 면모를 보여주고 있었다. 이 시기 풍속화는 중국적 상황을 묘사한 경직도 계열 화본풍(畫本風)에서 벗어나 우리의 풍속, 풍물을 사실적으로 그려내고 있으며, 풍속화의 주제인 풍속, 풍물을 배경의 산수로부터 떼어내어 화면의 중심으로 부각시키고 있다. 또한 풍속화의 소재도 사인과 민의 생활모습이 아울러 선택되는 가운데 민의 근로하는 모습이 보다 본격적으로 그려지고 있었다. 예컨대 강희언(姜熙彦)의 풍속화에는 사인의 휘호(揮毫)와 시음(詩吟), 사예(射藝)가 그려진 〈사인삼경도(士人三景圖)〉와 민의 근로모습을 다룬 〈석공도(石工圖)〉가 공존하였으며, 이인상(李麟祥)에게서는 사인풍속인 〈송하수업도(松下授業圖)〉와 행려(行旅)풍속인 〈유천점봉로도(柳川店蓬壚圖)〉가 함께 나타나고 있다. 이러한 점은 연작으로 그려진 김홍도의 『풍속화첩』이나 김득신의 〈풍속팔곡병(風俗八曲屛)〉의 여러 그림에서도 마찬가지였다.

강희언 〈석공도〉 국립중앙박물관

그러나 강세황이 자(字)가 사능(士能)인 김홍도의 이른바 '김사능속화(金士能俗畵)'에 큰 흥미를 느끼면서 그에 등장하는 인물풍속을 '유사지공업(儒士之攻業), 상고지추시(商賈之趨市), 행려(行旅), 규천(閨闡), 농부(農夫), 잠녀(蠶女), 중방(重房), 복호(複戶), 황산야목(荒山野木)'이라고 열거하여 사의 학문활동과 민의 상업, 농업활동 등으로 정리해 보고, 또

이인상 〈송하수업도〉 개인 소장

한 '김사능속화'에 묘사된 상황과 장소를 '인생일용백천운위(人生日用百千云爲)'와 '가로(街路), 진도(津渡), 점방(店坊), 포사(鋪肆), 시원(試院), 희장(戲場)'이라 하여 일상적 삶 가운데서도 도회지의 풍정으로 파악해 냈던 것은[43] 이 시기 풍속화의 특성을 이해하는데 극히 시사적이다. 앞시대의 겸재, 공재, 관아재의 풍속화가 사인적 관심 아래 아회도, 경직도를 변용하여 사인풍속과 근로풍속을 그렸지만 아직 도시적 풍정을 직접 그려내지 못하였던 것과 달리, 이제 이 단계의 풍속화는 여전히 농촌적 소재가 선택되는 가운데 새로이 도시적 풍정과 상공업 활동을 본격적으로 그려내기에 이르렀던 것이다.

이는 서울의 도시적 발달을 호흡하며 등장하였던 경화사족층이 그들의 새로운 생활경험을 사실적으로 형상화하는데서 가능한 일이었다. 조선사회를 실질적으로 이끌게 된 경화사족에 의해 이제 풍속화 속에서 농촌의 풍속 문물만이 아니라 도시적 삶과 풍물이 부각되는 획기적 변화가 일어나고 있었다.

실상 누대의 서울 도시생활을 함으로써 가지게 된 경화사족의 도시생활에 대한 관심은 일찍이 관아재가 중국의 도시풍속화인 〈청명상하도〉에 대해 큰 홍미를 보였던 것에서 드러나고 있었다. 같은 맥락에서 연암 박지원은 적어도 여덟 종 이상의 〈청명상하도〉를 입수하여 검토하며 도시의 발달이라는 현실과 새로운 삶의 양식으로서 도시생활의 원리에 대한 관심을 나타내고 있었다.[44] 그것은 그와 뜻을 같이하던 담헌 홍대용이나 중서층 출신의 문생 박제가, 이덕무에게서도 마찬가지였으며, 더욱이 국왕 정조(1752~1800)에게서도 마찬가지였다. 그리하여 정조조정에서는 농촌풍속화인 〈빈풍칠월도〉나 〈무일도〉가 그려지는 한편, 이제 국왕의 특명에 의해 서울의 도시적 풍정이 화폭에 올려지고 여기에 휘하 지식인들의 제시(題詩)가 곁들여지기에 이르렀다.

박제가가 서울의 도시적 면모를 사생한 풍속화 〈성시전도(城市全圖)〉를 보고 대도회의 이모저모를 극도의 흥미를 가지고 묘사하며 태평문물을 구가하였던 것은 도시적 삶을 살며 그 즐거움을 만끽하던 그에게 동국진경으로서 풍속화가 주었던 감동이 어떤 것이었던가를 짐작케 한다.[45] 더욱이 〈성시전도〉에 대해 이덕무가 그 감흥을 〈청명상하도〉의 감흥에 비기면서 이것으로 〈무일도〉를 대신하자고까지 했던 것은[46] 정조대의 시대적 분위기와 그를 반영하며 변화해가던 풍속화의 전개방향을 극명히 보여주는 것이라고 하겠다.

도시의 풍정을 표현한 풍속화로 중국에 〈청명상하도〉가 있다면 조선에는 〈성시전도〉가 있다는 이덕무의 단언은 그가 조선문화의 독자적 개성을 분명히 인식하고 있었음을 보여준다. 『시경』의 시경(詩境)을 그려낸 〈무일도〉가 농촌사회의 풍물을 그려낸 경직도 계열의 대표적 풍속화라면, 이제 서울의 도시적 풍정을 그린 풍속화 〈성시전도〉에 대한 공감은 경화사족층에게 서울의 도시적 풍정이 특징적으로 인식되고 공감을 불러 일으켰으며 이것이 풍속화의 새로운 영역으로 등장하게 되었음을 분명히 알려주고 있다. 더욱이 이덕무가 이러한 도시풍속도로서 농촌풍속도 〈무일도〉를 대신하자고까지 하였던 것은 이제 농촌사회를 그리는 경직도 류의 풍속화보다 도시사회를 묘사하는 새로운 풍속화를 더욱 중시하게 된 경화사족층의 의식의 변화를 보여준다. 이는 경화사족층에게 서울의 도시적 생활이 〈무일도〉가 표현하는 농촌생활 이상의 현실로 부각되어 있음과 이것이 장차 동국진경 중 풍속화 수요의 한 배경이 되면서 풍속화의 발전을 이끌어가게 될 것임을 시사하고 있다.

한편 풍속화의 소재가 이렇게 확대되었던 이 시기에는 앞시기 사인화가들이 풍속화를 효용론적 관심에서 대하였던 것과는 달리 새로운 태도로 풍속화를 그려내고 풍속화에서 새로운 홍미를 추구함으로써 풍속화의 변화를 초래하기에 이른다. 이 시기에도 풍속화에서는 사실성이 중시되어, 강세황은 「김사능속화」에 대한 비평에서 단원이 사생의 노력에 의해 '교탈천조(巧奪天造)', '곡진물태(曲盡物態)'의 경지에 이른 점을 높이 평가하고 있었다. 아울러 강세황은 단원의 풍속화에서 전혀 새로운 감각의 등장에 주목하고 공감을 나타내기에 이르렀다. 이른바 '색태(色態)'라고 표현된 이 요소들은 단원의 〈행려풍속도(行旅風俗圖)〉 제7도 〈노상풍정(路上風情)〉 화제에서 강세황이 '그림을 보는 사람들로 하여금 포복절도케 한다' 고 하였던 남녀간의 정경에서 나타나고, 『단원풍속화첩』 중 〈노중상봉(路中相逢)〉 등에 반복되어 나타난다.

김홍도 〈노상풍정〉 국립중앙박물관

강희언 〈사인사예〉 개인 소장

실상 풍속화의 이런 면모는 처음에는 풍속화에 첨가된 일각의 해학적 요소로서 등장하였던 것이다. 그러나 『단원풍속화첩』 중 〈빨래터〉 그림에 가면 그림의 주제는 빨래하는 것이지만, 어떤 사인이 빨래하는 여인을 숨어서 훔쳐보는 것으로 색태를 강조하기에 이르렀다. 강희언의 〈사인삼경〉 중 〈사인사예(士人射藝)〉의 원경(遠景)을 확대시킨 것처럼 보이는 단원 풍속화의 이러한 요소들은 뒷시기 신윤복의 〈단오풍정(端午風情)〉에 가게 되면 극도로 증폭되어 화면에 색태가 충만하게 되는 양상까지도 보이게 된다.

다음 시기 극단적 색태의 선구가 되었던 이 시기 풍속화의 속태, 색태는 강세황이 표현한 것처럼 인간사의 해학적 일면으로서 아직은 절제되어 풍속화의 효용론적 성격을 넘어서서 퇴폐적이거나 타락한 양상으로까지 떨어지지는 않았다. 다만 풍속을 그리는 가운데 곁들여진 색태가 점차 강조되면서 감상층이 이를 풍속화의 특징으로 인식해 갈 때, 풍속화 자체가 효용론적 필요에서 벗어나 홍미 위주의 비속한 그림으로 평가될 가능성이 열리고 있었다.

이는 정조조정에서 풍속화의 고수로 높이 평가되었던 김득신(金得臣)의 경우도 마찬가지였다. 『시경』의 시적(詩的) 정경을 묘사한 아취 있는 풍속화로부터 사와 민의 풍류와 행려(行旅), 생산활동의 활기를 그려낸 〈풍속팔곡병〉과 같은 풍속화와, 민의 숨김없는 생활모습으로서 〈성하직구(盛夏織屨)〉, 〈강상회음(江上會飮)〉에 속태가 주로 그려졌지만, 일각에

김득신 〈밀희투전〉 간송미술관

서는 〈밀희투전(密戲鬪錢)〉과 같은 비속한 속태의 풍속화까지 망라하여 그리고 있었던 것이다. 전체적으로 볼 때 아직 비중은 적지만 풍속화의 일각에 등장한 비속한 속태, 색태는 장차 풍속화의 특징적 요소로까지 부상하여 풍속화를 '이속도(俚俗圖)'로 격하시키기에 이른다는 점에서 중요한 의미를 지니고 있었다.

풍속화의 전개과정에서 나타난 이 면모는 앞시기 이래 풍속화가 추구하였던 사실주의의 귀결이었다. 변화하는 세태를 사실적으로 묘사하는 가운데 앞시대 겸재, 공재, 관아재의 풍속화가 견지하였던 효용론적 관심이나 그림에서 고아(古雅)함을 추구하는 태도와는 배치되는 방향으로까지 풍속화가 흘러가게 되었던 것이다. 관아재가 〈청명상하도〉를 보면서 화면 상의 남녀 인물들에 주목하여 그 인물 배치가 남녀유별(男女有別)적인 것이어서 순후(淳厚)한 중화풍속의 증거가 드러난다고 평가하였다면,[47] 색태를 긍정하면서 남녀관계를 화면에 올리고 남녀간의 색정에 흥미를 표하게 되었던 뒷시기 풍속화의 제작과 감상태도는 앞시기의 효용론적이며 일면 교화론적인 선배들의 작화, 감상태도에서 벗어나고 있었다.

물론 〈청명상하도〉를 부지런히 찾아서 보던 이 시기 박지원의 태도는 중화문물을 이해하는 수단으로서 풍속화에 관심을 보이는 것이었으므로 관아재 등 앞시기 사인들의 감상태도를 계승하였다. 또한 『열국지(列國志)』 등 중국 패관소설(稗官小說)의 도상(圖像) 그림을 '거복기용제도(車服器用制度)'를 이해하는 수단으로 보았던 강세황의 태도도 전통적인 효용론적 감상태도를 잇고 있었다.[48] 그러나 풍속화에 대한 전통적 감상태도를 유지하였던 이년에서 이들 스스로가 풍속화에 대해 진에 없었던 파격적인 흥취를 요구하고 있었던 점이 풍속화 변화의 핵심적 요인이었다. 강세황이 단원의 〈행려풍속도〉를 보면서 드러낸 색태에 대한 흥미나, 이

명기(李命基)가 그려온 〈기녀도(妓女圖)〉를 보면서 색태를 선호하였던 취향[49] 등은 이 시기 풍속화가 유행하면서 나타난 새로운 면이었다.

한편 이와 관련하여 주목되는 것은 앞시기와 달리 영조대 후반 이후 주로 직업적인 화원화가에 의해 풍속화가 그려지면서 풍속화의 작화동기(作畵動機)도 바뀌고 이와 함께 새로운 형태의 작가의식(作家意識)이 풍속화에 나타난다는 점이다. 타인의 요구에 부응하여 그를 만족시키기 위해 그림을 그렸던 통상적인 직업화가들과 달리, 화원화가 가운데 일부는 자신의 흥취를 충족시키기 위해 스스로를 그림의 주인공으로 하여 그림을 그리는 새로운 양상을 보이게 되고 그 단초가 풍속화에 드러나고 있었다. 예컨대 화원화가였음에도 김홍도는 〈단원도(檀園圖)〉, 〈포의풍류도(布衣風流圖)〉 등에서 화가 스스로의 필요와 감흥에 따라 스스로의 풍모와 생활을 그려내기에 이르렀다.

실상 이는 사인풍속화의 확산과정이었고 경화사족으로서 소속감을 가지는 계층이 확대되었던 사회변화의 결과이기도 하였다. 기왕에 전통회화의 작화주체로서 화단을 이끌었던 사인화가에게서는 스스로의 감흥을 그림에 싣는 과정에서 스스로가 그림의 주인공으로 등장하여 사인적 아취를 표출하는 경우가 간혹 있었다. 실재하는 소재를 사실주의에 입각하여 직접 그림으로 그려내게 된 동국진경 이후의 일이지만, 겸재는 〈독서여가도(讀書餘暇圖)〉나 〈인곡유거도(仁谷幽居圖)〉와 같은 사인풍속화에 자신의 모습과 생활상을 드러내었으며, 단원을 지도하였던 강세황 역시 여러 점의 자화상은 물론이고 자필의 사인풍속화 〈현정승집도(玄亭勝集圖)〉에서도 여러 동료들과 함께 스스로를 그리고 있었다.

사인 일각의 이러한 화풍은 서울의 변화된 사회분위기에 편승하며 새로이 사인을 자처하고 사의식을 공유하게 된 경화사족에게로 확산되어 갔다. 일찍이 이러한 분위기 속에 역관중인(譯官中人)으로서 화기(畵技)

강희언 〈사인시음〉 개인 소장

를 갖추었던 강희언이 〈사인삼경〉 중 〈사인휘호〉와 〈사인시음〉에 사인들의 아회(雅會)를 묘사하면서 화면 일각에 자신을 그려넣어 스스로 사인을 자처하였던 중인 작화층의 새로운 의식을 보여주었다. 단원은 여기서 한걸음 더 나아가 마치 겸재나 강세황 같은 사인들이 그러했던 것처럼 스스로를 주인공으로 하여 사인적 아취(雅趣)를 주장하는 그림을 그리기에 이르렀다. 풍속화는 경화사족층의 확대라는 새로운 사회적 현실과 작가의식의 출현을 직접적으로 반영하고 있었다.

이는 영·정조대의 변화된 사회 상황 속에서 중서층(中庶層) 등 위항인들이 사회적 진출을 확대하며 실질적으로는 사와 다름없는 생활을 하게 되고 이제는 스스로 사를 자처하게 된 결과였다. 단원과도 교유하였던 중서 출신의 이덕무가 사(士)의 수신서(修身書)인 『사소절(士小節)』을 썼던 것은 그 극명한 증거다. 신분제가 실질적으로 이완되었던 정조대에는 스스로 사로 자처하고 사의식을 가지게 되었던 중서층 지식인들이 보다 적극적으로 사인적 자세를 표명하며 사로서의 사회적 책임을 각성하고 심지어 이를 선도하기도 하는 상황이 전개되었다.

이들이 갖게 된 사의식은 화예(畵藝)에 있어서는 '진정한 사대부의 그림'을 추구했던 선배 사인들의 사실주의적이며 개성주의적인 작화의식을 계승하는 동력이 되면서, 한편으로는 사인화가와 마찬가지로 작화의 주체로서 스스로를 각성하는 작가의식의 발현으로 나아가기도 했다. 이 시기 활발한 활동을 보였던 중서층의 위항시사(委巷詩社) 가운데 송석원시사(松石園詩社)의 일원이었던 호생관 최북(毫生館 崔北)이 권력가의 그림 요구를 거부하면서 자기 눈을 자기 붓으로 찔러버렸던 류의[50] 작화 주체로서의 치열한 각성이 바로 그것이다. 이는 시서화금(詩書畵琴)의 사인적 아취를 즐기면서 그림을 판 돈으로 매화분(梅花盆)을 사놓고 벗들과 '매화음(梅花飮)'을 벌였던 단원류의 풍류와 함께 새로이 사를 자처하고 사인적 생활을 공유하던 부류들의 의식의 궤적을 보여준다.

이덕무와 그 벗들이 작시(作詩)와 묵희(墨戱)를 곁들이면서 벌였던 연음(宴飮)에서의 감흥을 김홍도가 아니면 제대로 표현하지 못하리라고 김홍운(金洪運)이 단정하고 있었던 데에서도 보듯이,[51] 이들이 누리던 사인적 생활과 사인적 풍류는 위항인도 공유하는 것이었고 이에 사인풍속도는 화원화가들의 생활감정을 직접 표현하는 것으로도 나타나게 되었다. 영조대 후반 이후 사인풍속도들이 사인만이 아니라 화원화가들에 의해 생기와 현실감을 가지며 더욱 왕성하게 그려졌던 것은 이러한 배경에서였다.

풍속화의 이러한 양상은 대도시로 활기차게 발전하던 서울을 배경으로 한 것이었으며 서울 경화사족층의 확대와 사의식의 확산을 반영한 것이었다.[52] 단원이 그려내고 강세황이 주목하였던 풍속화의 도시적 풍정은 풍속화의 주요 소재로 부상하고 있었다. 기본적으로 농업사회였던 조선에서 경 · 향의 사회적 분기 현상이 심화되는 가운데 서울에서는 대도시로서의 독특한 사회적 분위기가 나타나고 그를 의식하는 사회계층이 성장하고 있었다. 서울은 인구가 1657년 15,760호에서 1786년 42,786호로 급격히 증가하여서 대도시로 발전하고 있었으며, 국제무역의 융성과 함께 유통경제의 발전이 두드러진 특징이 되었다.

이러한 가운데 서울에서는 경화사족층이 대두하여 그들 나름의 독특한 생활상과 의식을 갖게 되었다. 서울을 높이고 시골을 천시하는 '귀경천향지풍(貴京賤鄕之風)' 이 사회적 풍조가 된 가운데[53] 중서층의 문사 장혼(張混)이 태평한 시대에 서울에서 사는 것을 인생의 여덟 즐거움 가운데 첫 번째와 두 번째로 꼽을 만큼[54] 이들에게 서울생활은 즐겁고도 활기찬 것이었다. 서울의 활기를 묘파하였던 풍속화 〈성시전도〉를 보고 그 성세를 구가하며 지은 제시(題詩)들에서도 보이듯이, 이는 국왕 정조와 규장각의 문사들에게 신분과 계층을 넘어 공통적인 생각으로 자리잡고 있었다. 풍속화는 서울의 도시적 발전과 경화사족층의 확대라는 새로운 시대적 상황이 전개되는 가운데, 경화사족층 일반의 공감대 위에서 유행하게 되었던 것이다.

3. 풍속화의 변모

순조대 이후 조선사회는 영 · 정조대와는 상당히 다른 상황에 직면하게 된다. 정조 사후 탕평정치가 외척 세도정치로 바뀜으로써 조선의 사림정치 전통이 무너지게 되었으며, 주자학적 명분론의 퇴조와 함께 조선의 사회질서가 전면적으로 동요하는 가운데 그에 따른 진통도 커지고 있었다. 경 · 향의 사회적 분기가 심화되면서 서울과 지방, 세도정권과 향촌사회의 유리현상이 심각한 상황에 이르렀으며, 1811년 홍경래난 이래 철종, 고종대의 전국적 민란에 이르기까지 향촌사회에서 민의 저항이 지속적으로 분출되고 여기에 외부로부터 가중된 서세동점의 거대한 충격은 조선사회 전체를 혼란 속으로 몰아넣게 되었다.

이러한 시대적 변화 속에서 조선 지식인들은 다양한 사상적 모색을 보이게 된다. 그 중 조선사회를 이끌었던 서울과 인근의 경화사족 학자들은 의리지학 위주의 정통주자학과 그에 입각한 문화자존의식 및 반청적 북벌대의론을 반성하면서 청조 문물과 학술을 적극적으로 수용해 나가고 있었다. 정조대에 제기된 북학론은 조선 문물의 낙후성과 청조 문물의 우월성을 대비시켜 강조하였고 이에 따라 순조대 이후 조선의 학계와 예원에는 북학(北學)이 본격화되고 특히 서울에서는 청조 문물과 학술, 예술이 풍미하게 되었다.

추사 김정희(1784~1856)는 순조대 이후의 이러한 흐름을 대표하는 학자이자 예술가였다. 그는 청조고증학('漢學')을 집중적으로 연구하고 이를 배경으로 하는 청조 문인화풍과 서풍을 수용하여 학문과 예술이 나아가야 할 새로운 기준을 제시하였다.[55] 이런 가운데 전통주자학은 그 절대성이 부인된 채 '송학(宋學)'으로 상대화되어 위상이 하락하였으며, 조선의 자연과 풍물을 사실주의와 개성주의에 입각하여 그려내던 진경산수화와 풍속화는 새로운 예술론에 의해 비판받으며 점차 퇴조하게 되었다.

그러나 사상과 문화 예술의 기준이 달라지면서 새로이 청조 문인화풍과 관념산수화가 유행하고 중국풍의 고사인물도(故事人物圖) 등이 선호

신윤복 〈쌍검대무〉 간송미술관

되었던 이 시기에도 한쪽에서는 조선의 풍물과 풍속을 소재로 한 풍속화가 여전히 그려졌다. 사회적 분위기와 사회상의 변화에 따라 풍속화의 성격도 변화하였지만 중요한 것은 이러한 풍속화에 공감하고 이를 수용하는 사회계층이 여전히 존재하였기 때문이다.

이 시기 풍속화에도 앞시기 이래 사실주의와 개성주의적 표현은 의연히 지속되었다. 이는 신윤복이 그린 『혜원전신첩(蕙園傳神帖)』의 여러 그림에서 여실히 확인된다. 앞시기 박제가에 의해 극히 사실적으로 묘사되었던 기생검무(妓生劍舞)의 생생한 현장감이[56] 신윤복의 〈쌍검대무(雙劍對舞)〉 그림에 그대로 구현된 데서 보듯이, 동국진경의 사실주의적 표현은 이 시기의 풍속화에 여전히 이어지고 있었다. 문화자존의식에 뒷받침되었던 동국진경의 우리 문물 풍속은 여전히 풍속화의 소재로 선택

신윤복 〈청금상련〉 간송미술관

되었고 문화자존의식이 쇠퇴한 순조대 이후로도 나름의 개성적인 화풍은 지속되었다.

그러나 이러한 풍속화의 화풍을 통하여 화가가 표현하고자 하는 것과 감상자들이 추구하는 관심과 흥미는 앞시기와 달라져 있었다. 단원 풍속화에서 보이던 은근한 색태가 〈단오풍정(端午風情)〉에서는 여체(女體)의 적나라한 묘사에 이르는 가히 극단적 양상으로 전개되고, 〈기방무사(妓房無事)〉 등에서는 남녀성속(男女性俗)까지도 그대로 묘사되는 퇴폐적 면모를 드러내기에 이르렀다. 이제 동국진경의 사실주의와 개성주의는 극단으로 치달아 속태, 색태의 통속성이 풍속화의 특징으로 확연히 부각되고 있었다.

실상 신윤복은 그 스스로 색태를 긍정하였기에 색태 묘사에 과감하였고 이것은 변화된 사회상 속에서 가능하였다. 예컨대 〈청금상련(聽琴賞蓮)〉, 〈주유청강(舟遊淸江)〉, 〈월하정인(月下情人)〉 등에 묘사된 사(士)의 색정적 풍류와 남녀간의 풍정에서는 주자학적 명분론이나 유교적 도덕률에 얽매이지 않는 색태의 자유분방함이 드러나고 있으며, 이를 요구하는 경화사족 일각의 취향에 부응하여 그를 화폭에 올림으로써 풍속화의 새로운 성격이 형성되었던 것이다.

이 시기 조선문화 일각에서의 색태 추구는 시대적 흐름이었기에 그것은 문학에도 그대로 나타나고 있었다. 일찍이 이덕무에 의해 '남녀풍정(男女風情) 여항비언(閭巷鄙諺)'으로 그 요체가 요약되었던 소설(小說)과 소품문(小品文)의 유행,[57] 사람을 살피는데 남녀의 정(情)을 살피는 것보다 더 진실된 것은 없다고 하였던 이옥(李鈺) 등의 시작(詩作),[58] 게다가 이 시기 유행하던 사설시조의 노골적 남녀관계 묘사는 여항의 도시적 삶과 남녀풍정을 부각시키던 당시 풍속화의 경향에 그대로 조응하였다.

그러므로 이러한 취향과 공감대에 부응하였던 신윤복의 풍속화에는 앞 시기 풍속화에 드러난 사와 민의 생활과는 사뭇 다른 새로운 생활방식과 인간관계가 나타나게 되었다. 예컨대 사인풍속도라 하더라도 그 소재는 건전한 사의 일상생활이 아니라 〈주유청강〉이나 〈청금상련〉에 보이듯이 기생과의 색정적 풍류가 묘사되는 것으로 변화하였다. 앞시기 근로풍속도가 민의 생활과 생산활동에 대한 사의 관심을 표현한 것이었다면, 이제 그에 대신하여 달라진 위상을 가지게 된 사와 민이 뒤섞여 도시 뒷골목과 주점, 기방에서 벌이는 생활과 행태들이 해학적으로 그려졌다.

그런가 하면 농촌과 농업을 배경으로 한 풍속화보다 서울 등 도시를 배경으로 한 풍속화가 즐겨 그려졌던 것도 이 시기의 특징이었다. 경향의 사회적 분기가 심화되는 속에 생활 무대가 서울에 국한되었던 신윤복 등 풍속화가들은 대도시 서울의 도시적 양상과 도시의 뒷골목에서 벌어지는 속태와 색태에 흥미를 느끼며 이를 화폭에 담아내었다. 따라서 이제 이 시기의 풍속화는 앞시기 〈무일도〉나 〈빈풍칠월도〉 류의 농촌을 무대로 하는 풍속화와는 달라진 성격을 가지게 되었다. 민의 생산활동에 대한 관심은 점차 사라지고 유흥과 색정적 풍류를 추구하게 되었던 신윤복의 풍속화에서 주자학의 효용론적 회화관이 자리잡을 여지는 없어져 버렸다. 이는 이 시기 사(士), 특히 서울 경화사족의 위상이 변화하면서 그들의 자아의식과 현실인식이 달라졌으며 여기에 소속감을 가지며 생활하고 그들의 취향과 공감대에 부응하여 그림을 그리던 화가들의 작화의식이 변화한 결과였다.

순조대 이후 서울에서는 명분론적 신분관과 신분질서가 붕괴하여 경제력이 사회적 행세의 주된 기준이 된 가운데, 이미 도시민의 다수가 양반 행세를 하여 사와 민의 구별이 무의미해져 가고 있었다. 신윤복이 속하였던 확대된 범위의 사는 그 속에 세도가와 경화거족(京華巨族)에서부터 중서층과 일반 시민에 이르기까지 다양한 계층을 포괄하고 있었다. 소수의 경화거족을 제한다면 이미 이들 다수는 사라 할지라도 특권계층은 아니었으며, 사를 자처하지만 일반민과 근본적인 면에서 차이가 없이 서울 도시민으로서의 공감대를 가질 뿐이었다.

전통적인 주자학적 질서가 이미 무너지고 있는 상황에서 경화거족을 중심으로 일각에서 전통적 가치관의 복구와 변용이 모색되었지만, 다수의 정신세계는 아직 확고한 정신적 기준이 없이 혼란 속에 표류하였다. 그러므로 전통적 가치관이 무너져 가는 상황 속에서 그들을 자유롭게 한 새로운 사회조건, 곧 도시적 상황과 그 속에서의 자유분방한 생활과 유흥이 그들의 감각적인 흥미를 자극하고 이를 풍속화가 포착함으로써 공감을 불러일으켰던 것이다.

그런 면에서 신윤복 등의 그림이 추구하는 속태와 색태는 이러한 상황 속에서 풍속화가 나아가던 변화의 방향성을 보여줄 뿐만 아니라, 주자학적 명분론과 윤리론이 무너지던 이 시기 서울의 사와 민이 겪었던 의식의 변화와 그들이 빠져들던 취향이 어떤 것이었던지를 시사하고 있다. 청조 문인화풍에 입각한 관념적 그림이 철저하게 사인적 의식 하에 사인적 정서를 표현함으로써 당시 일부 경화사족, 위항인의 그림으로 자리잡았다면, 이 시기 풍속화는 서울 도시민으로서의 공감대를 가지던 또다른 경화사족, 위항인층의 수요에 부응하여 그들의 일원이었던 화가들에 의해 주로 그려졌다. 순조대 이후 신윤복, 유숙(劉淑), 유운홍(劉運弘), 백은배(白殷培) 등에 의해 그려진 풍속화가 그것이다. 이들의 풍속화는 서유구(徐有榘)가 전하듯이 이미 김홍도의 단계에서부터 여항의 비속한 장면을 묘사하여 아녀자들('婦孺童孩')까지도 공감할 수 있는 그림이 되고 있었다.

사회신분제의 혼란 속에 이루어진 사의 확대와 사와 민의 생활감정의 접근 추세는 전통체제 붕괴의 결과였지만 이는 새로운 체제가 수립할 수 있는 기반이 되는 것으로 그 자체가 역사적 발전의 산물이었다. 이는 속태, 색태의 통속성과 해학을 특징으로 하였던 이 시기 풍속화가 존속할 수 있는 사회적 기반이 되었고 풍속화는 도시의 대중 속에 새로운 공감대를 형성하였던 것이다. 그러나 풍속화의 통속성이 퇴폐적인 것으로만 흘러가고 대중성 속에서 보다 차원 높은 윤리성을 확보하지 못한다면 그 발전은 제한될 수밖에 없다.

그러므로 사실주의적 표현으로 속태, 색태의 통속성을 추구하던 이 시기의 풍속화는 사의적(寫意的) 표현으로 아취(雅趣)와 격조(格調)를 추구하던 외래의 청조문인화풍과 그 예술론에 의해 비판받고 있었다. 경화사족 내에서도 세도가 등 경화거족적 위치에 있었던 부류들을 중심으로 김정희의 〈세한도(歲寒圖)〉와 〈지란병분(芝蘭竝芬)〉 등이 보여주는 사의

김정희 〈지란병분〉 간송미술관

성과 이상주의적 경향이 시서화에서 추구되었으며, 중서층으로 여기에 공감하였던 김정희의 문인 조희룡(趙熙龍)은 당시 시문서화(詩文書畵)의 속(俗)됨을 제거할 것을 시대적 과제로 제기하였다.[59] 김정희 등의 청조 문인화풍과 관념산수화가 사인의 아취와 근엄한 품격을 중국적 자연과 풍물을 빌려 표현하면서 국제적 세련을 추구하였던 반면, 동국진경의 사실주의와 개성주의를 계승하며 우리나라 사와 민의 풍속과 풍물을 해학적으로 묘사하였던 풍속화의 전개는 극도의 대조를 보이고 있었다.

사실 이 양자는 태반이 바로 앞 세대 경화사족층의 사상과 그들이 호흡하던 서울의 사회적 조건이었다. 앞시기 풍속화에 포착되기 시작하였던 도시적 풍정이나 속태, 색태의 통속성은 경화사족 일각의 관심사였다. 박지원의 〈청명상하도〉에 대한 관심, 박제가가 〈성시전도〉에서 느꼈던 흥미, 더욱이 강세황과 신위(申緯)의 〈기녀도(妓女圖)〉와 여속(女俗)의 색태에 대한 추구는[60] 그들의 그림에 대한 효용론적 태도 및 고아한 외래화풍의 추구 노력과 공존하였던 것이다.

그러나 전사회적 변동을 맞았던 순조대 이후 주자학적 명분론의 사회적 영향력이 퇴조하고 사회적 주체로서 사의 위상이 달라졌으며, 북학의 본격적 수용으로 예술적 취향이 변화하면서 화풍과 작화의식, 감상태도 등을 놓고 경화사족 사이에 갈등이 야기되었다. 일찍이 영·정조대에 사인들이 동국진경의 소재로서 즐겨 선호하였던 우리의 경치, 풍물, 풍속은 북학에 경도할수록 중국의 것에 비해 낙후되어 고루한 것으로 치부되었으며, 동국진경의 사실주의적이며 개성주의적 경향 역시 사의적인 청조 화풍에 의해 위축이 불가피하였다.

이는 북학에 열중하였던 부류들이 동국진경에 대해 점차 소극적 평가를 내리게 되었던 감상안의 변화에서부터 조짐이 나타났다. 동국진경에서 '아치(雅致)'를 기준으로 겸재보다 현재를 높이 평가한 김조순의 태도와,[61] 그림에서 '유기(儒氣)'를 중시하여 그 점에서 겸재보다도 강세황을 높이 평가하고 있었던 신위의 태도는[62] 이들이 겸재 정선으로 대표되는 진경산수화에 더이상 최고의 가치를 부여하지 않음을 보여준다. 이는 새로운 감상안을 제시하던 이들이 조선의 예원에서 영향력을 키워 갈수록 동국진경의 퇴조가 불가피함을 예견케 하는 것이었다.

풍속화의 경우도 이런 추세에 따라 앞시기 관아재가 제시한 '문물제도(文物制度)' 를 이해하기 위한 유용한 기예('有用之技')로서 풍속화의 위상은 쇠퇴하고 그 평가도 상당히 달라지게 되었다. 정조대에 이덕무(1741~1793)가 민이 일하는 모습을 담은 관아재의 근로풍속도('俗畵')를 보면서 거기에 사실적으로 표현된 속태('通俗')를 비속하다('俚俗')고 배척해서는 안 되며 문인재사(文人才士)라면 불가불 알아야 할 일들이라고 한 것은[63] 관아재의 풍속화관을 충실히 수용한 것이었다. 그러나 뒷시기의 서유구(1764~1845)는 단원의 풍속화를 보면서 그 사실성을 인정하는 반면에 이를 도시 여항의 비속한 일을 그린 해학적 그림 정도로 보아 '단원이속도(檀園俚俗圖)' 라 규정하고 있었다.[64] 이제 풍속화는 속

〈강세황 자화상〉 개인 소장

태를 그린다는 면에서 '속화(俗畵)'로 파악되기보다는 도시 여항의 비속한 일을 그린다는 '이속도(俚俗圖)'로 달리 파악되게 되었다.

서유구의 이러한 풍속화 이해는 같은 단원의 풍속화라 할지라도 그 소재부터 강세황이 파악하였던 것과 다른 관점에서 파악하게 된 서유구의 감상안의 변화에서 비롯되었다. 물론 단원 풍속화에 대한 감상안의 차이는 단원의 풍속화에만 국한되는 것은 아니었으며, 이는 단원으로 대표되는 풍속화 전반에 대한 평가의 변화를 시사하는 것이었다. 정조대와 순조대 학계와 예원에서 강세황과 서유구의 위상을 감안한다면, 이는 풍속화를 바라보는 정조대 지식인과 순조대 지식인의 관심범위와 사회의식의 변화를 반영하였다고 생각된다. 단원을 키웠던 강세황은 말할 것도 없고 단원의 풍속화 전반의 성격을 규정할 만큼 단원을 알고 있었던 서유구였지만 이들의 사회의식과 관심의 차이에 따라 단원의 풍속화에서 추출해내는 내용도 큰 차이를 보이게 되었던 것이다.

예컨대 강세황은 '교탈천조(巧奪天造)', '곡진물태(曲盡物態)' 의 사실적 표현에 공감하며 '김사능속화(金士能俗畵)' 에서 사인의 학문활동과 민의 상업, 농업 등 생산활동에 주목하고 '가로(街路), 진도(津渡), 점방(店坊), 포사(鋪肆), 시원(試院), 희장(戲場)'이라 하여 도시적 풍정을 풍속화의 배경으로 정리해 내고 있었다.[65] 그러나 서유구는 단원 풍속화를 '시정(市井), 협사(狹斜), 역원(逆猿), 행장(行裝), 판신(販薪), 매과(賣瓜), 승니(僧尼), 우바(優婆), 담등(担簦), 행걸(行乞)' 등의 '여항이속지사(閭巷俚俗之事)' 를 묘사한 것으로 정리하고 이런 견지에서 단원의 풍속화를 '이속도(俚俗圖)' 라 규정하였다.[66] 서유구는 강세황과 달리 단원의 풍속화에서 새로이 '협사' 등 색주가와 '승니, 우바' 의 승려, '행걸' 의 유랑걸식인의 존재를 주목해 보고 이를 열거하면서 전반적으론 위항인의 생활을 중심으로 도시적 풍정을 부각시켜 보고 있다. 또한 여기서는 강세황이 추출하였던 '유사지공업(儒士之攻業)' 이나 '시원(試院)' 쯤에 해당되는 사인풍속적 요소와 '농부(農夫), 잠부(蠶婦)' 의 농촌적 근로풍속이 언급되지 않아서 단원 풍속화가 정조대와 순조대에 그들 각각에게 다르게 인식되었음을 심작하게 한나.

물론 이들 사이에는 그들 각각의 회화적 취향의 차이가 있었을 것이며 그들이 볼 수 있었던 단원 그림도 일치하지는 않았을 것이므로 거기서 느끼는 그들의 감흥과 흥미가 다를 수 있었다. 그러나 그것보다는 오히려 그들이 살고 있던 시대적 분위기와 그에 대한 문제의식에 따라 그들이 주의를 기울이게 되었던 소재가 변화하였으리라 짐작되므로 이는 그들 사회인식의 차이와 더욱 깊은 관련이 있었던 것으로 생각된다.

사실 서유구가 단원 풍속화에서 유독 주목하였던 것은 이 시기 농촌사회의 동요와 그로 말미암아 농촌에서 방출된 다수 유랑민의 존재, 유통경제의 발달로 인한 행상 등 소상인의 증가추세, 도시생활의 난만한 전개 등이었다. 이는 단원이 자기 사회의 문제를 나름대로 파악하여 그림으로 표현한 것에 서유구가 공감한 것이었다. 서유구는 사회적 문제를 사실적으로 파악하고자 하는 효용론적인 감상태도를 견지하면서 풍속화를 봄으로써 단원 풍속화에 포착된 자기 시대의 새로운 면모를 발견하고 이를 특기하게 되었던 것이다.

그러나 이런 파악에도 불구하고 서유구가 단원 풍속화에서 사인풍속적 요소와 민의 근로풍속적 요소를 간과하였던 것은 서유구가 본 단원 풍속화에 이런 요소가 없어서라기보다는, 순조대 이후 가속화된 사회명분론의 붕괴 추세에 따라 사의 범위가 크게 확대되면서 사와 민이 혼효되고, 점차 사와 민의 구분까지도 무의미해졌던 사회적 분위기 때문이었다고 생각된다. 그러므로 이 시대에는 풍속화를 사인풍속과 민의 근로풍속으로 나누어 보는 파악 방식 자체가 무의미해지고, 이제 서유구에게 있어 단원 풍속화는 사와 민 일반의 도시적 삶을 그리면서, 한편으로는 아녀자들('婦孺童孩')에게까지 웃음을 줄 수 있는 대중적 그림으로 평가되기에 이른 것이다. 그가 풍속화를 '이속도'라 하였던 것은 이제 '속화(俗畵)'의 '속(俗)'을 풍속이라기보다는 비속하다는 의미 쯤으로 이해하게 된 순조대 이후의 상황을 보여주는 것이라 하겠다.

그런데 이러한 '이속도'로서의 풍속화는 김정희 류의 청조문인화론에 의해서도 비판받았지만, 서유구에게서도 근본적으로는 긍정되지 못하였던 것으로 추론된다. 사의식과 사회적 책임의식을 환기하며 북학사상을 수용하고 경제지학과 고증학에서 새로운 학문적 영역을 발견하고 있었던 그로서는 당시 도시생활에 젖어들어 유식자(游食者: 놀고 먹는 사람)화하고 생산활동과 유리되었던 사의 무기력을 비판하고 사의 위상 재정립을 도모하고 있었기 때문이다.[67] 속태와 색태를 그림으로써 대중적 흥미를 충족시키는 통속적 그림으로 격하되어 이해된 풍속화는 바로 이런 면 때문에 그의 사회의식과 예술적 지향에 부응하기 어려웠다고 생각된다.

결국 이 시기에 와서 도시적 풍정을 묘사하며 통속성을 추구하게 되었던 풍속화의 변모는 풍속화 발전상의 중요한 한 고비가 되었다. 외래화풍에 의해 위축되면서도 풍속화는 동국진경의 사실주의와 개성주의적 전통을 의연히 계승하여 대중적 공감을 확보하기에 이른다는 면에서 우리나라 회화 발달사에서 중요한 위치를 차지하고 있다. 풍속화에 표출된 도시적 삶의 활기와 사와 민이 혼효된 도시민의 새로운 사회관계, 그리고 색태의 긍정에 이르는 새로운 공감대와 의식 등은 전통적인 주자학적 틀을 깨고 장차 개항 이후의 새로운 시대로 이월되는 생명력을 가지게 되었다.

그러나 도시적 풍정에 노골화된 색태와 통속적 흥미가 앞시기 풍속화에 나타났던 진정한 사대부 그림('眞正士大夫畵')으로서의 사회적 책임의식이나 관심, '고아(高雅)' 한 아취와 도덕성을 대치하게 되었던 데에서는 풍속화 발전의 한계를 실감하게 된다. 사의 확산과 함께 사의 위상이 바뀌고 사와 민이 혼효되었던 사회적 변화, 그리고 주자학적 명분론과 문화자존의식이 사회적 지도력을 잃어가던 19세기 조선의 사상적 변화 속에 사의 그림인 동국진경의 변모도 불가피했다. 이 과정에서 한계를 드러낸 풍속화는 그 대극에서 나타났던 새로운 경향성과의 절충을 통하여 차원을 높임으로써 새로운 단계로 나아가야 한다는 시대적 과제를 안게 되었던 것이다.

제3장 | 서예의 흐름 – 정조시대 명필과 명비[68]

진경문화가 찬란하게 꽃피면서 그 이면에서 새로운 문화가 등장한 정조시대(1776~1800)는 우리 역사에 있어 극적 변화의 시기였다. '법고창신(法古創新)'의 문화적 지향성을 내세워 전통문화의 계승과 새로운 문화의 건설을 지향했던 이 시기는 정조(1752~1800)와 그 휘하 재재다사들에 의해 새로운 시대를 향한 치열한 모색이 전개되었다. 이 시대 문화유산과 자료에 드러난 혁신의 열정과 노력은 200년의 시간을 넘어 우리들에게 큰 감동으로 다가오곤 한다.

정조시대를 조망할 때 드러나는 정조를 위시한 지식인들의 파란만장한 삶과 다양한 정치행로, 그리고 그 위에서 벌어졌던 정치적 · 문화적 격동은 정조 사후 벌어진 정치적 · 사회문화적 급변과 대비되면서 우리 역사에 더욱 선명한 자취를 남기게 되었다. 그러므로 현재 우리 문화의 방향성을 진지하게 생각할 때 그 출발점으로서 정조시대의 역사와 문화는 심대한 의미를 지니게 된다. 오늘날 세계문화유산으로 인정받기에 이른 창덕궁(昌德宮)과 화성(華城) 등 전통문화의 산물들은 물론이고 시서화(詩書畵)의 방대한 예술유산들은 진경시대의 대미(大尾)를 장식한 빛나는 성과물이다.

그중에서도 정조시대의 서예(書藝) 작품들은 당대의 지식인들이 빚어낸 수준 높은 예술창작물들로서 진경시대 문화예술의 특질과 방향성을 명확히 보여준다. 정조를 위시한 당대 지식인들은 학문정치(學問政治)의 이념 아래 정치인이자 학자, 예술가를 동시에 지향하였으며, 시문(詩文)과 그림 글씨를 통해 그들의 정신세계를 표현하였다. 특히 그들이 심혈을 기울여 글을 짓고 아름다운 글씨를 써서 새겨 만든 비석들은 당대는 물론 후대의 감상안까지도 고려한 가장 의식적인 예술 창작행위의 성과물이었다. 이는 당대 지식인들의 미감과 정신적 자세, 문화적 지향성을 반영하고 있으므로, 진경시대 서예의 흐름은 물론 전통 문화예술 일반의 특징과 변화상을 단적으로 보여주고 있다.

1. 정조의 어제(御製) 어필비(御筆碑)

정조는 1762년 사도세자(思悼世子)의 비참한 죽음 이후 1776년 즉위하기까지 정적들의 위협 아래 왕세손으로서 어려운 시절을 보냈다. 이 시기 정조는 학문정치 국가인 조선의 군주가 되기 위해 신료들을 능가하는 실력을 갖추는 것이 필요한 일임을 인지하여 각고의 노력을 기울였고, 그 결과 그는 학문과 문예는 물론 서예에서도 뛰어난 능력을 갖추게 되었다.

즉위 직후 '우현좌척'(右賢左戚; 척족을 물리치고 사림을 등용함)과 '우문지치(右文之治)', 곧 학문정치의 이념을 천명하면서 그는 규장각(奎章閣)을 설치하고 초계문신(抄啓文臣)제도를 실시하여 청론사류(淸論士類)의 신진학자들을 대거 등용하였다. 그는 이들과 학문과 문예에 관한 토론을 통해 다양한 학문적 관심을 피력하고 풍부한 학문적 성과를 이루어 갔다. 이 결과 정조는 훗날 184권 100책의 『홍재전서(弘齋全書)』를 남기게 되었으며, 휘하의 신료들을 이끌어 평생 150여 종, 4천 권에 이르는 방대한 서적편찬사업을 수행함으로써 학문군주로서 불세출의 업적을 쌓기에 이른다.

단순히 정치적 지도자로서가 아니라 학문과 문예의 지도자로서 '군사(君師)' 가 되고자 하였던 정조는 휘하에 뛰어난 학자와 문사, 예술가를 거느려 이들의 학예를 장려하고 스스로 이들과 함께 학예활동을 하며 때로는 이들을 제어하기도 하는 등 다양한 문예정책을 펴나갔다. 그의 후원에 의해 당대의 지식인들은 정조 측근에 집결하여 학문 연구와 창의적 문예활동을 전개하였으며 정조시대의 문화와 예술은 자유분방함과 다양성 속에 극도의 융성을 구가하였다.

그러나 이는 한 시대를 이끌어 가던 지도적 지식인들 간의 갈등의 산물이기도 했다. 문체반정(文體反正) 사건에서 드러났던 것처럼 정조는 박지원(朴趾源, 1737~1805)을 위시하여 박제가(朴齊家, 1750~1805), 이덕무(李德懋, 1741~1793), 이서구(李書九, 1754~1825), 김조순(金祖淳, 1765~1832), 남공철(南公轍, 1760~1840), 심상규(沈象奎, 1766~1838), 이상황(李相璜, 1763~1840) 등 측근 신료들의 분방한 신문풍(新文風)을 비판하고 육경고문(六經古文)에 입각한 순정전아(醇正典雅)한 문풍을 요구하였으며, 이가환(李家煥, 1742~1801), 정약용(丁若鏞, 1762~1836), 이승훈(李承薰, 1756~1801) 등 또다른 경향을 추구하던 측근 학자들에게는 서학(西學)을 배제한 순정한 학문과 사상을 요구하는 등 제동을 걸고 있었다. 문화예술의 융성 이면에 내재하였던 임금과 신하, 그리고 신료 간의 갈등은 역동적 변화를 지향하였던 당시 시대상에서 시대조류의 일면이었고 그런 면에서 이는 이 시대의 서예에 있어서도 마찬가지로 나타났다.

정조는 국초 이래의 서풍을 두 단계로 구분하여 보았다. 안평대군 이용(安平大君 李瑢, 1418~1453)과 한석봉(韓石峯, 1543~1605) 이래 순박했던 전통적 서풍과 당대의 분방한 서풍을 확연히 구별하면서 정조는

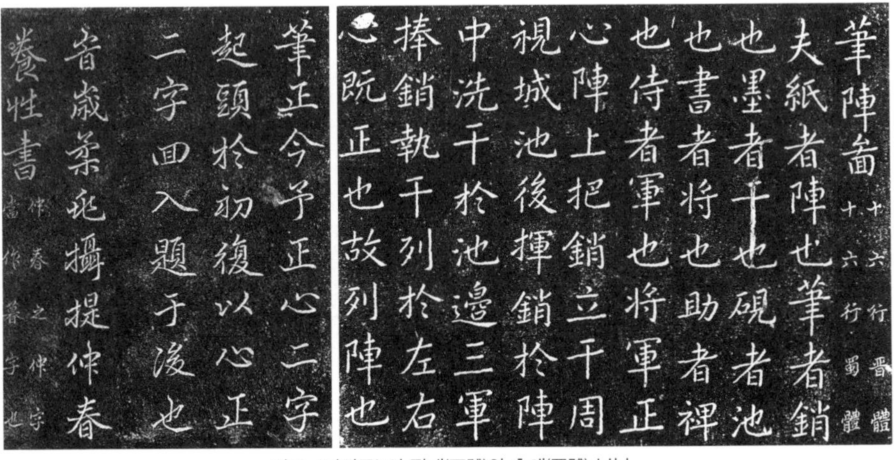

영조 〈필진도〉의 진체(晉體)와 촉체(蜀體) 부분

백하 윤순(白下 尹淳, 1680~1741) 이후 야기된 큰 변화('一大變')를 지적하고 그 광정을 요구하였다. 정조는 순박한 서풍(書風)으로 돌아가야 한다고 하면서 휘하의 지식인들에게 글씨 수련 과정에서 먼저 전통적인 '촉체(蜀體)'를 익힐 것을 주문하고 있었다.[69] 촉체는 고려말 조선초 이래 조맹부(趙孟頫)의 송설체(松雪體)가 유행하면서 숙종 · 영조에 이르기까지 조선 왕실과 일부 사대부가를 중심으로 면면히 계승되어 온 전통적 서체였다.

당시에 유행하게 된 윤순 이래의 서체는 시류(時流)를 타고 새로이 유행하게 되었다고 해서 '시체(時體)' 라 불리고 있었다. 정조는 윤순 이래 이른바 '시체'를 방종한 서풍이라 보아 그 유행을 우려하면서 국초 이래의 전통적 서풍을 회복할 것을 강조하였으며 서예에서 '심정(心正)' 의 방정한 정신과 '고법(古法)' 을 강조하고 있었다.[70] 이는 그의 문예정책에서 일관된 입장으로써 자유분방한 창작활동이 '법고(法古)' 가 무시된 채 '창신(創新)' 으로만 흘러 자칫 방종한 것으로 떨어질 것을 우려한 경고적 성격을 가지는 것이었다.

엄격한 수양을 통해 그 스스로 명필의 경지에 이르렀던 정조는 역대 군주 중 가장 많은 어필(御筆)을 남긴 임금이었다. 특히 영조(英祖)와 정성왕후(貞聖王后), 진종(眞宗)과 사도세자(思悼世子) 등 왕실 선조와 신료들을 위한 비지(碑誌) 문자와 공적 문서를 짓고 쓰는 등 정사 수행과정에서 친히 붓을 잡아 많은 글을 남기게 된다. 임금이자 스승, 곧 '군사'를 지향하였던 정조가 이처럼 자신이 글을 짓고 썼던 것은 우문군주(右文君主)로서 불가피한 정치적 행위였으며 그의 문예정책의 일환이었다.

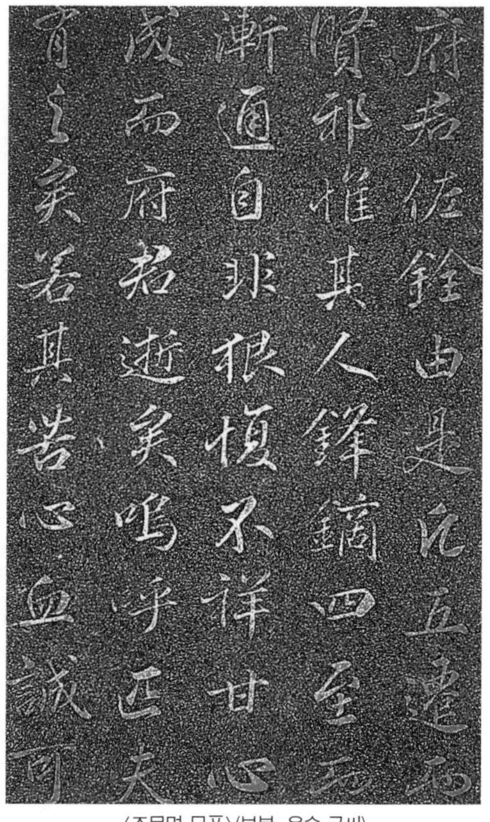
〈조문명 묘표〉(부분, 윤순 글씨)

그는 글씨와 인격을 동일시하여 보았다. 그러므로 충무공 이순신을 위해 「상충정무지비(尙忠旌武之碑)」를 친히 짓고는 "충신의 비문은 마땅히 충신의 글씨로 써야 한다"고 하면서 당나라의 충신 안진경(顔眞卿)의 질박한 글씨를 집자(集字)하여 비석을 세우도록 하였으며[71] 만고의 충신인 사육신(死六臣) 묘비 역시 안진경의 글씨를 집자하여 세우도록 하였다. 사도세자 묘소 이전을 발의하여 자신의 한을 풀 수 있도록 도와준 금성위 박명원(錦城尉 朴明源, 1725~1790)이 죽자 그의 신도비문(神道碑文)

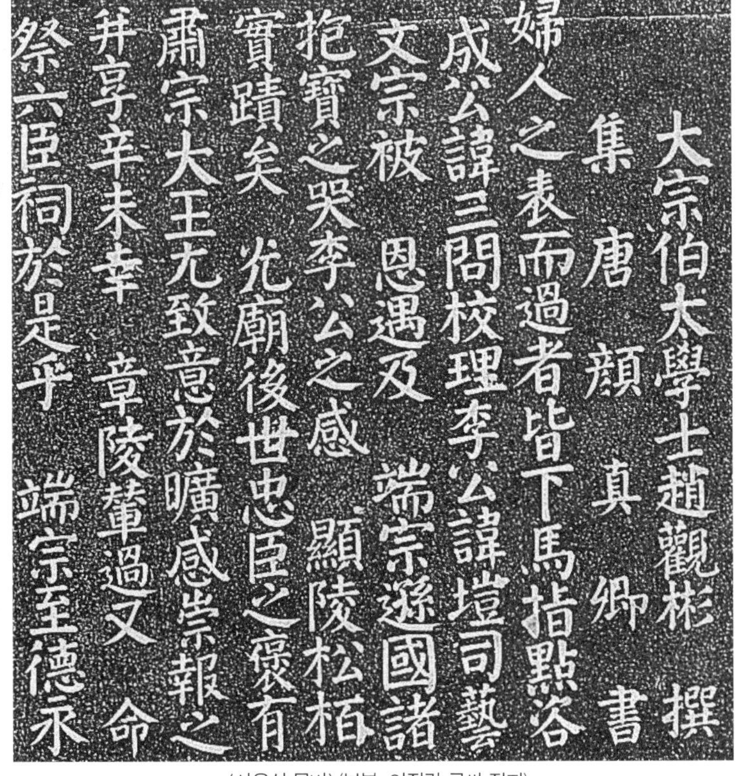
大宗伯大學士趙觀彬 撰
集 唐 顔 真 卿 書
婦人之表而過者皆下馬指點洛
成公諱三問校理李公諱塏司藝
文宗被 恩遇及 端宗遜國諸
抱寶之哭李公之感 顯陵松栢
實蹟矣 先廟後世忠臣之褒有
肅宗大王尤致意於曠感崇報之
幷享辛未幸 章陵輦過又 命
祭六臣祠於是乎 端宗至德永

〈사육신 묘비〉(부분, 안진경 글씨 집자)

을 정조는 직접 지었으며, 이를 안진경의 글씨로 집자하도록 함으로써 자신에게 충성을 다한 박명원에 대한 고마운 마음을 표현하였다. 정조가 흠모하였던 송시열의 신도비 역시 원래 1779년 정조가 비문을 친히 지어서 전면 대자(大字) 글씨를 직접 질박하게 써내었다. 후면의 비문은 처음에 정조의 최측근인 홍국영(洪國榮)이 썼으나, 홍국영이 정계에서 축출되자 그의 글씨를 갈아내고 역시 안진경의 글씨를 집자하여 새기게 된다. 이런 방식으로 정조는 안진경체를 위시한 고전적 제 서체의 전통을 계승하도록 함으로써 시체로부터의 변화를 선도하고 서풍의 교정을 지향하였

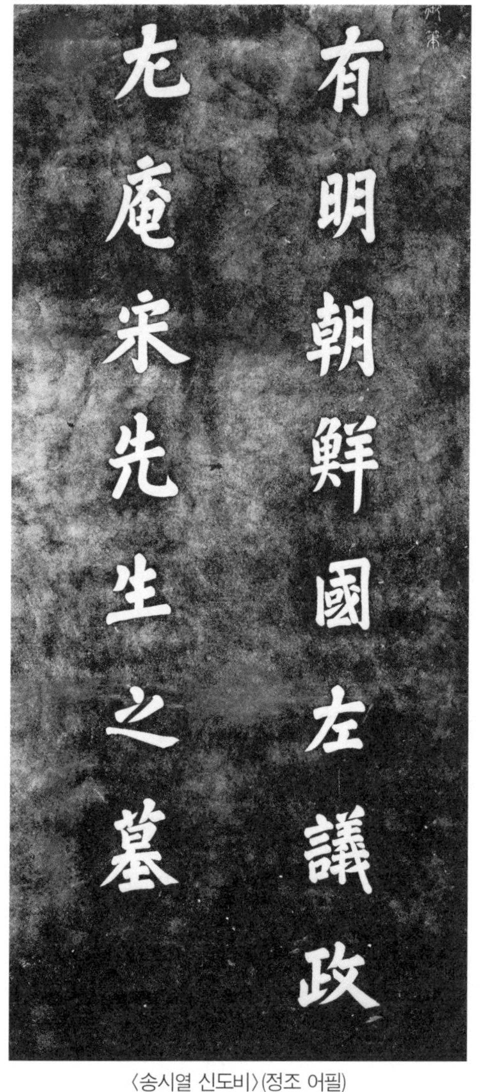

〈송시열 신도비〉(정조 어필)

다. 이러한 정조의 조치와 여기에 드러난 정조의 서예관은 정조시대를 통하여 집자비(集字碑) 유행을 더욱 촉진하는 계기가 되었다.

한편 『홍재전서』 권15에 실린 24종의 정조 어제 비문은 역대 인물에 대한 정조의 추모 성향을 짐작케 하는 자료이다. 여기에는 태조(太祖), 영조와 진종(眞宗: 일찍 죽은 사도세자의 이복형. 정조는 죄인인 사도세자의 아들이 아니라 진종의 양자가 되어 그 자격으로 왕위에 오른다), 은신군(恩信君: 정조의 이복동생)과 그가 사랑한 의빈성씨(宜嬪成氏) 등 왕실 일족의 비문, 그리고 기적비문(紀蹟碑文) 외에 사도세자를 추모하기 위한 영우원표(永祐園表)와 무안왕묘비(武安王廟碑), 현륭원표(顯隆園表), 영괴대비(靈槐臺碑) 등 4종이 실려 있다. 또한 일반 신료를 위한 비문으로 정조가 지은 글로 송시열(宋時烈) 신도비와 대로사비(大老祠碑)

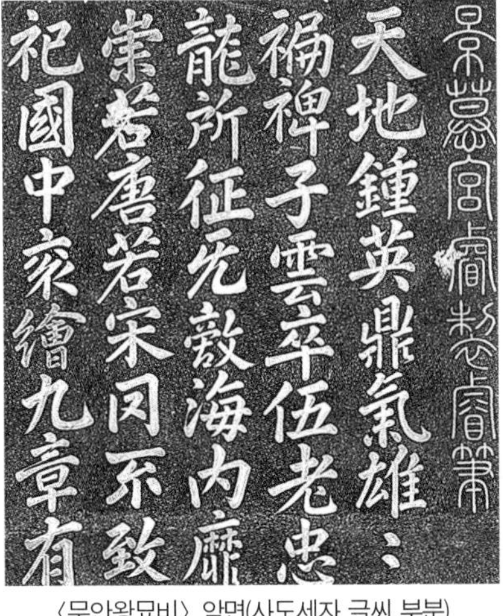

〈무안왕묘비〉 앞면(사도세자 글씨 부분)

〈무안왕묘비〉 뒷면(정조 글씨 부분)

2종과, 임경업(林慶業)을 위한 달천 충렬사비(忠烈祠碑), 박명원 신도비와 이순신(李舜臣) 신도비가 실려 있다.

이 중 영조의 애민정신과 덕망을 구체적 사례를 들어 칭송한 검암기적비문(黔巖紀蹟碑文)과 사도세자에 대한 깊은 추모의 정을 담은 비문들은 영조의 정치를 계승하면서 사도세자의 추숭을 추구하던 정조의 정치적 지향을 잘 보여주는 자료들이다.

정조 9년(1785) 서울 동대문 밖 동묘(東廟) 구내에 사도세자의 글씨와 자신의 글씨를 앞 뒷면에 새겨서 세운 무안왕묘비는 정조에게는 남다른 의미를 지니는 비석이었다. 살아 있었다면 만 50세(우리 나이 51세)가 되었을 아버지 사도세자를 위하여, 숙종과 영조 글씨를 앞뒤로 새긴 비석 바로 옆에 사도세자와 정조 자신의 글씨를 앞뒤로 새긴 비석을 세움으로써 정조는 숙종 이후 자신에세까지 이어져 온 조선왕통의 계보에 죄인으로 죽은 사도세자가 확고히 자리잡도록 하여 이를 대내외에 선포하는 효과를 거두었다.

〈무안왕묘비〉의 전면은 정조를 낳던 해인 1752년 18세의 사도세자가 지은 글에 그의 글씨를 집자(集字)하여 새긴 것으로 젊은 왕세자의 웅혼한 기상과 역량을 유감없이 과시하고 있다. 여기에는 비록 죄인으로 죽었지만 사도세자에게 어떤 하자도 없었음은 물론 그의 기상이 남달랐음을 주장하려던 정조의 의도가 여실히 드러난다. 또한 뒷면에 실린 한 점의 흐트러짐도 없는 엄격방정한 정조의 글씨는 모든 면에서 일세의 모범이 되고 이를 통해 사도세자 추숭과 왕권 강화를 추구하던 정조의 비원(悲願)과 정치적 의지를 드러낸 작품이었다.

〈영괴대비〉 전면(정조 글씨)

사도세자의 추존을 위한 정조의 노력은 이후로도 10년 간격으로 계속되었으며 대대적 행사와 함께 사도세자를 추모하는 의미의 특별한 비석도 세워졌다. 동갑이었던 사도세자와 혜경궁이 61세 회갑이 되는 1795년에는 을묘원행(乙卯園幸)을 통해 사도세자 묘소가 있는 수원에 신료들을 데리고 성묘 가서 머리를 조아리게 했다. 정조는 그곳에서 혜경궁의 회갑잔치를 거국적 행사로 치루었던가 하면, 사도세자의 온양온천 행차와 선정(善政)을 기려 온양 행궁(行宮)에 〈영괴대비〉라는 기념비를 건립한다. 또한 사도세자와 혜경궁이 함께 칠순(七旬)이 되는 1804년 갑자년에는 왕위를 전위하고 수원으로 내려가 노후를 보내려는 계획(이른바 '甲子年構想')을 입안하고 그 실현을 위해 1800년 서거할 때까지도 사업을 꾸준히 추

〈대로사비〉 전 · 측면(정조 어제 어필)

진했다.

〈영괴대비〉는 1760년(영조 36년) 사도세자가 온양에 온천욕을 하러 가서 괴목(槐木)을 심는 등 선정을 베푼 것을 기념하여 세운 것으로 사도세자의 행적을 현창하는 비석이었다. 이는 당시 대리청정 중이었던 사도세자에게 임금의 자질이 있었음을 분명히 하여 장차 국왕으로 추존을 용이하게 하려는 정조의 정치적 목적에 따라 세워졌다고 할 수 있다. 그러므로 정조는 자신이 직접 사도세자에 대한 추모의 마음을 담아 전면대자를 장중하게 썼고, 사도세자 온천행 당시의 지방관이었던 윤염(尹琰)의 아들로서 그의 총신이었던 윤행임(尹行恁)으로 하여금 음기(陰記)를 쓰도록 해서 기념비를 건립했던 것이다.

한편, 신료들을 추모하는 다섯 편의 글은 정조가 역대 인물 가운데 송시열·임경업·박명원·이순신 등을 얼마나 추앙했는지 짐작케 한다. 특히 송시열을 추모하는 어제어필의 두 비석, 〈송시열 신도비〉와 〈대로사비〉는 노론·소론·남인 삼당을 고루 등용하였던 정조의 이른바 '의리탕평론(義理蕩平論)'의 전제로서 정조가 송시열 이래 노론의 명분론을 매우 중시한다는 점을 내외에 과시하는 정치적 의미가 컸다고 생각된다. 특히 효종(孝宗)의 능침이 있는 경기도 여주에 효종의 충신이었던 송시열의 사당인 대로사(大老祠)를 설치하여 제사지내고, 송시열(1607~1689) 탄생 3주갑(周甲)을 기념하여 〈대로사비〉를 세웠던 것은, 송시열의 충절을 드높이는 동시에 그를 모범으로 신하들에게 송시열이 효종에게 그랬던 것처럼 자신에 대해 충성을 다할 것을 강조하는 의미도 지닌다. 이런 방법을 통해 신료들의 마음을 얻어 왕권을 강화하고자 부심하던 정조가 친히 쓴 〈송시열 신도비〉의 질박하면서도 웅혼한 전면 대자 글씨와, 심혈을 기울여 전면에 전서(篆書) 대자와 후면 해서(楷書)를 모두 장중하면서도 화려하게 써낸 〈대로사비〉 글씨야말로 정조의 서예를 대표하는 걸작이었다고 하겠다.

사실 군주로서 정조가 글을 짓고 글씨를 쓰는 일은 어쩔 수 없이 특별한 정치적 행위가 되곤 했다. 때때로 신료들을 동참하도록 하는 경우는 더욱 그러하였다. 경우에 따라 그는 비문과 현판 등의 성격을 고려하여 그에 적합한 휘하의 신료와 명필을 탕평책(蕩平策)에서 적용하던 호대(互對)의 원리에 따라 각 붕당에서 선발하여 그들로 하여금 서사(書寫)를 분담하도록 하였다. 〈현륭원표〉는 정조 13년(1789) 사도세자의 묘소를 수원의 천하명당 자리에 이전한 후 세워진 비석으로서 그 정치적 의미는 매우 컸다. 그러므로 이 비문은 정조 자신이 지었지만 글씨는 당대의 명필인 소론의 윤

〈현륭원표〉 전면(윤동섬 글씨)

동섬(尹東暹)과, '기절(氣節)'로 이름났던 노론의 조돈(趙暾)으로 하여금 정조 자신의 마음을 담아 함께 쓰도록 조치하였다.

정조는 자신이 아끼던 신료들의 죽음에 대하여는 은졸교(隱卒敎)를 지어 내리고 어필 비문을 내리기도 하였다. 〈채제공(蔡濟恭) 뇌문비(誄文

碑)〉와 〈정민시(鄭民始) 묘표〉 등이 그 일례로서 이는 남인과 소론 정치인에 있어 사후까지도 그들 충절에 대한 확고한 보증이 되었다. 정조가 대로사비를 친히 짓고 썼던 것과 임경업을 위해 충렬사 비문을 지었던 것은 송시열과 임경업의 정치행로를 충절로 인정한 것이면서 조선의 전통적 명분론인 북벌대의론(北伐大義論)과 대명의리론(大明義理論)에 대한 확고부동한 의지를 과시한 것이었다.

〈정민시 묘표〉 전면(정조 글씨)

결국 정조에게 있어 어제 어필의 비석을 세우는 일은 정조의 정치적 지향을 제시하고 신료와 백성의 추종을 유도하는 정치적 행위였다. 그런 까닭에 정조는 비문의 문장은 물론 서풍까지도 문제삼으며 이를 문예정책의 일환으로 다루었다. 스스로 직접 글을 짓고 쓸 경우에는 세세한 부분에까지 특별한 의미를 부여하고 신료들의 모범이 되고자 심혈을 기울였다. 지금까지 유존한 정조의 어제 어필들에서 우리는 '법고창신(法古創新)'의 시대적 과제 앞에 고민하면서 변화를 추구하던 정조의 사상적 지향성과 더불어 그의 정치적 의지까지도 느끼게 되고 그 결정체인 문장과 필적을 보며 또 다른 감회에 잠기게 된다.

2. 명신(名臣) 명필(名筆)의 명비(名碑)

정조는 그 스스로가 뛰어난 명필이었으며 높은 안목을 갖고 측근에 명필들을 두어 당대의 서원(書苑)을 이끌었다. 물론 일반적인 공문서들은 사자관(寫字官)이 썼지만, 글씨에서 정신적 기품을 중시하였던 이 시대에는 특별히 글씨를 쓸 일이 있으면 그때마다 서사(書寫)의 성격을 고려하여 그에 적합한 명필을 선발한 후 글씨를 쓰도록 하고 있었다.

정조는 유명 서가(書家)들의 서풍(書風)을 정확히 파악하였을 뿐 아니라 휘하 관료 지식인들의 서풍과 필체의 특징도 훤히 파악하고 있었다. 정조는 '심획(心劃)이 진실한' 글씨로 이만수(李晩秀, 1752~1820)의 글씨를 높이 평가하였고,[72] 서유방(徐有防, 1741~1798)의 글씨를 '임리유생기(淋漓有生氣)', 남공철(南公轍)의 글씨를 '소산유아치(瀟散有雅致)'라고 각기 평가하고 있었다.[73] 이규상(李奎象, 1727~1799)의 「병세재언록(幷世才彦錄)」[74]에서 보듯이 당시 서울 경화(京華)학계와 문원(文苑), 예원(藝苑)에서는 당대 명필은 물론 명사들 글씨에 대한 일정한 평판이 형성되어 있었다.

정조시대에 크게 유행하였던 서체는 옥동 이서(玉洞 李漵; 星湖 李瀷의 兄 1662~1723) 이래 백하 윤순(1680~1741), 원교 이광사(員嶠 李匡師, 1705~1777)를 거쳐 백하의 사위인 송하 조윤형(松下 曺允亨, 1725~1799)으로 이어진 동국진체(東國眞體)였다. 이는 '시체(時體)'라 불리면서 조선의 서예를 주도하고 나름의 변화와 발전을 도모하고 있었다. 그러나 정조대의 융성한 문화계 분위기 속에서 여러 필가(筆家)들은 역대 서법의 연구를 통하여 시체와 다른 개성적인 필체들을 제시하기도 하였다. 여기에는 그들의 자(字), 호(號) 등을 딴 이름이 붙게 되고 대개 이는

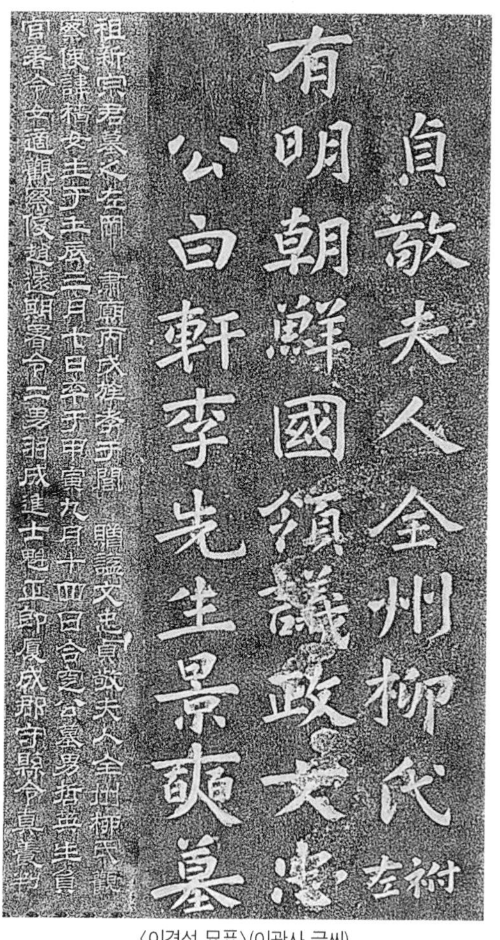

〈이경석 묘표〉(이광사 글씨)

가학(家學)으로 전승되면서 조선의 서단(書壇)을 풍성하게 장식하였다.

퇴어 김진상(退漁 金鎭商; 沙溪 金長生의 현손 1684~1755)의 문하에서 문곡 김수항(文谷 金壽恒, 1629~1689)과 곡운 김수증(谷雲 金壽增, 1624~1701) 이래 전서(篆書)와 예서(隷書)의 전통을 계승한 이인상(李麟祥, 1710~1760)의 개성적 필법은 그의 자(字)를 따서 원령체(元靈體)

〈송병원 묘 망주석 각자〉(이제 뇌문, 이인상 글씨)

라 불리웠다. 그의 서예는 양송체(兩宋體)의 원조인 송준길(宋浚吉)의 현손으로서 역시 일가를 이루었던 송문흠(宋文欽, 1710~1752)의 예서, 유척기(兪拓基, 1691~1767)의 전서와 함께 김종수(金鍾秀, 1728~1799), 유언호(兪彦鎬, 1730~1796) 등 후배 필가의 추앙을 받았으며 명필 유한지(兪漢芝, 1760~1834)에게로 전통이 이어졌다.

또한, 종요체(鍾繇體)를 본격적으로 연구하였던 김상숙(金相肅, 1717~1792)의 필법은 직하체(稷下體)라 불리웠고, 촉체를 근간으로 형성된 남용익(南龍翼, 1628~1692)의 글씨는 호곡체(壺谷體)라 불리우면서 남한기(南漢紀, 1675~1746), 남유용(南有容, 1698~1773), 남공철 등 후손들에게 계승되었다.

이 외에도, 이왕(二王)의 서법을 연구하여 윤순과 명성을 다투었던 서명균(徐命均, 1680~1745)의 글씨는 아들 서무수(徐懋修, 1716~?)에게로 계승되어 정조시대까지 이름을 날렸으며, 낭선군 이우(朗善君 李俁, 1637~1693)의 서예 연구 성과와 서풍은 그 현손인 이서구(李書九, 1754~1825)에게로 계승되었다. 이운영(李運永, 1722~1794), 홍양호(洪良

〈신흥사사적비〉(부분, 김상숙 글씨)

〈용암당대선사비〉(부분, 강세황 글씨)

浩, 1724~1802), 서명응(徐命膺, 1716~1787), 강세황(姜世晃, 1713~1791), 이가환(李家煥, 1742~1801) 등 명인들의 글씨와 이한진(李漢鎭, 1732~?), 마성린(馬聖麟, 1727~1798) 등 중서층 출신 명필의 개성적 서예 또한 정조대 서단의 이채(異彩)로서 널리 애호되었다.

이런 가운데 정조로부터 가장 총애받았던 명필은 송하 조윤형이었고, 특히 전서와 예서로는 윤동섬(尹東暹, 1710~1795)과 유한지 등이었다고 할 수 있다. 특히 조윤형은 정조가 화가로서 김홍도(金弘道)를 가장 총애했다면 서예가로는 그를 가장 아꼈다고 할 정도로 정조시대를

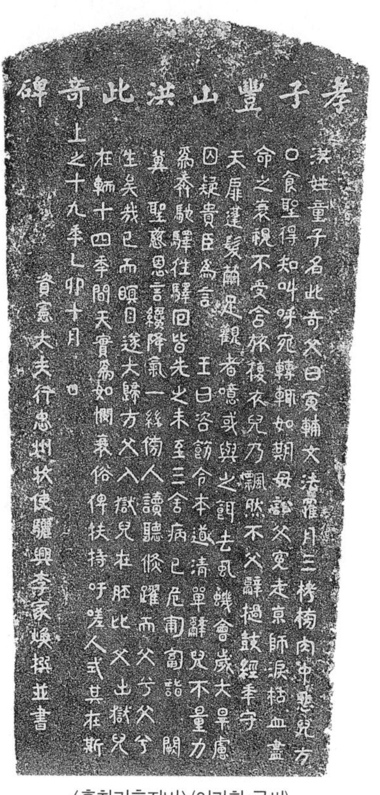
〈홍차기효자비〉(이가환 글씨)

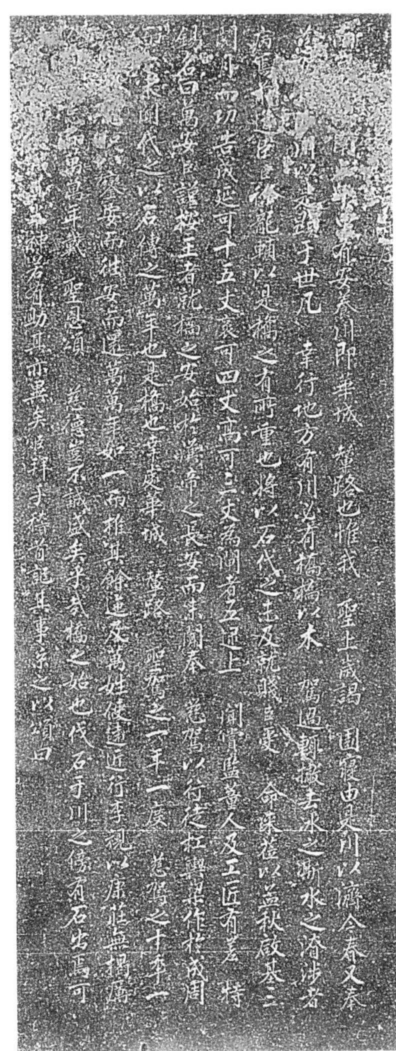
〈만안교비〉 후면(조윤형 글씨)

〈만안교비〉 전면(유한지 글씨)

대표하는 명필이었고, 유한지는 곡운 김수증의 사위이자 제자인 유명건(兪命健, 1664~1724) 이래 조선 예서의 맥락을 가학으로 계승하여 발전시킨 인물이었다. 이들은 정조시대 중요한 금석문자의 서사를 맡아 그들의 능력을 유감없이 발휘하였다. 사도세자의 묘소를 수원으로 이전하면서 현릉원의 비문을 지은 정조는 비석 전면의 대전(大篆)을 윤동섬에게 맡겼으며, 어머님 혜경궁 홍씨의 회갑잔치를 즈음하여 시흥으로 신작로(新作路)를 내며 건설한 안양 만안교(萬安橋) 비석은 전면에 유한지의 웅장한 대예(大隷)를 내세우고 음기에는 조윤형의 활달한 글씨를 써서 세우도록 조치하였다.

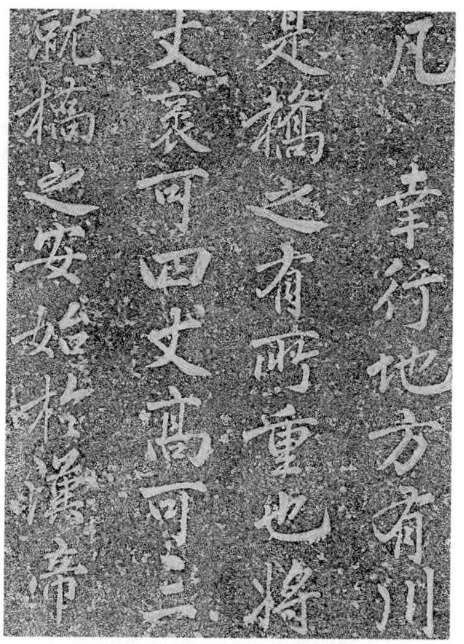
〈만안교비〉(후면 부분, 조윤형 글씨)

정조 18년(1794)부터 화성(華城) 신도시를 건설하면서 많은 현판 글씨와 비문이 일거에 쓰여진 것은 정조시대 다양한 서풍이 화려하게 꽃피는 계기가 되었다. 남아 있는 것만으로도 정조 친필인 수원 화성행궁(華城行宮) 현판 글씨와 채제공의 화서문(華西門) 현판 글씨, 그리고 유한지의 화홍문(華虹門) 현판 글씨와 조윤형의 화성행궁 낙남헌(洛南軒) 현판 글씨, 기타 축만제(祝萬堤), 괴목정교(槐木亭橋) 같은 여러 표석의 글씨 등 다양한 서풍의 수많은 서예작품들은 그 의미는 물론, 놓이는 위치와 기능을 고려하여 쓰여진 명품들이었다. 심지어는 주변 경관과의 조화까지도 고려하면서 그에 맞는 필가(筆家)와 필법(筆法)을 가려 글씨를 쓰도록 한 세심한 배려에서 정조대의 높은 서예 안목을 실감하게 된다.

여러 필가들의 여러 필법을 조화시키고자 꾀하였던 정조대의 이러한 경향성은 앞시기부터 진행되어 온 역대 서법에 대한 깊은 연구를 토대로 한 것이었다. 영·정조대에 집중적으로 나타나는 집자비(集字碑)의 유행

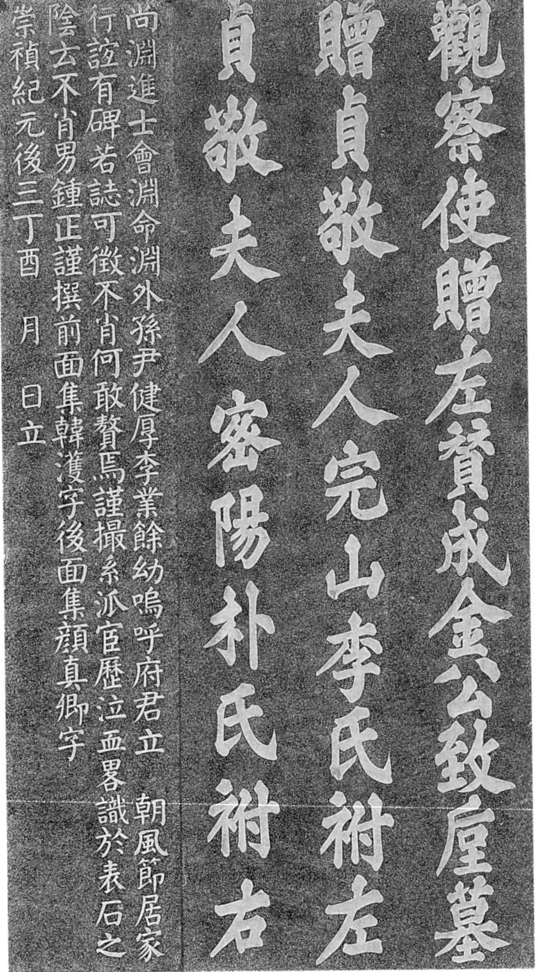

〈김치후 묘표〉 측면(안진경 집자) 〈김치후 묘표〉 전면(한석봉 집자)

은 역대 명필의 글씨에 대한 이들의 선호 경향을 보여주는 것이면서, 이들의 서예가 당시 문예일반이 걸었던 법고창신(法古創新)의 경향성 위에서 함께 발전해 가고 있음을 보여 준다.75) 이들은 중국 역대 서예가 가운데 전서(篆書)로는 주로 이양빙(李陽氷)의 글씨를 선호하여 비석의 전액(篆額)으로 이를 집자하고, 비문으로는 주로 안진경(顏眞卿), 유공권(柳公權), 소동파(蘇東坡) 등 중국 명필의 해서(楷書)를 집자하는 경향을 보였다.

이들은 중국 역대 명필의 글씨만을 중시하지 않고, 언제나 우리나라 역대 명필 글씨와의 조화를 추구하고 이들에 대한 연구를 함께 진행하였다. 신라시대 김생(金生)의 글씨가 소중히 여겨져 집자되었으며, 특히 한석봉의 웅건한 글씨를 특별히 선호하여 비석 전면 대자(大字)로는 석봉체(石峯體)를 내세우고 음기에 중국 명필들의 글씨를 집자하는 경우도 많았다. 송시열·송준길의 양송체(兩宋體)도 꾸준히 선호되었다. 윤행임(尹行恁)이 자기 가문의 비석을 세우는 과정에서 드러난 것처럼[76] 집자비의 유행은 비석을 세울 때 부족한 글자를 임모(臨模)하여 써 넣는 방식과 병행하여 행해지면서 조선의 서예를 더욱 풍성하게 만들었다.

역대 서법의 연구와 함께 다양하게 전개되었던 정조시대의 서풍은 정조시대 이후 학풍·문풍의 변화와 함께 급격한 변화를 겪게 된다. 정조대를 통하여 서울에서부터 새 시대를 향한 사상적 갈등이 노골화하고, 조선 전통문화의 다양한 경향성이 자체 내에서 충돌하는 가운데 이를 극복하기 위한 주체적 노력이 여러 형태로 전개되었다.

극점에 달한 조선 전통문화가 나름의 새로운 방향성을 모색하는 가운데 그 해결 방안으로 박지원·홍대용·이덕무·박제가·이서구 등에 의해 북학론(北學論)이 고창되고, 이가환·정약용 등에 의해 서학(西學)과 서교(西敎: 천주교)의 수용이 추진되었던 것은 정조시대의 사상적 자유와 분방한 문예활동이 도달한 귀결점이었다. 이들은 서학을 포함한 청조 문물의 수용을 통하여 조선의 문화에 국제적 세련과 다양성을 가하고자 하였고, 청조 학술과 문예의 수용을 통하여 중국 역대 문화의 연구를 더욱 심화시킴으로써 새로운 방향을 모색하였다.

그러나 이러한 시도가 순탄할 수만은 없었다. '법고창신(法古創新)'의 원론에는 일치하였지만 실제적 각론에 있어서 '창신(創新)'을 추구하는 과정에서는 의견이 다르고 지향성의 차이가 드러나 때로는 그들 간의 논란과 반목을 불러일으키기도 했던 것이다. 정조에 의해 등용되고 후원을 받았던 청론사류(淸論士類) 학자들 사이에서 시파·벽파의 정치적 대립이 야기되고 전통적인 노론·소론·남인·북인 네 붕당 간의 대립이 재

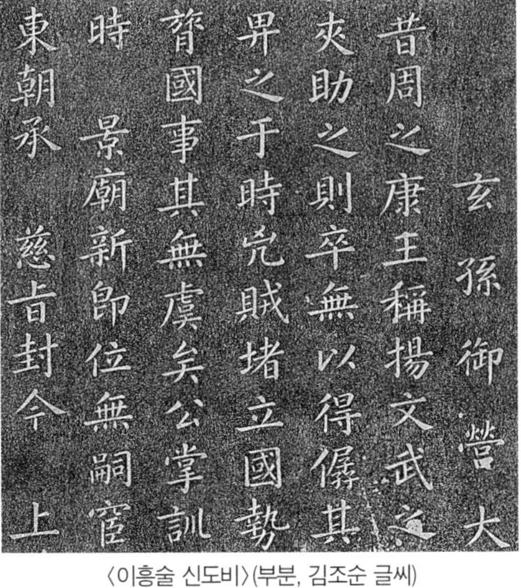
〈이흥술 신도비〉(부분, 김조순 글씨)

연되면서 정국 불안이 야기되자 이를 봉합하기 위해 정조는 임기응변 조치를 취하였다.

정조는 박지원 · 이서구 · 남공철 · 김조순 · 심상규 · 이상황 등 노론 소론 측근학자들에게는 문체반정(文體反正)의 조치를 내리고, 이가환 · 정약용 등 남인 학자들에게는 서학금단(西學禁斷)의 조치를 동시에 내리게 된다. 순정한 서풍(書風)으로의 회귀(回歸)를 강조하며 서체반정(書體反正)을 시도했던 것도 이때의 일이다. "문체를 교정하고 필법을 바로잡는다(矯文體 正筆法)"고 하는[77] 정조의 문예정책을 둘러싼 측근 학자들 간의 대립으로 정조시대의 자유분방한 학예(學藝)의 분위기는 자칫 위기에 직면하였으며 이들의 다양한 학풍과 문풍, 서풍은 갈등 속에 변화를 맞게 된다.

곧이어 1800년 6월 정조가 서거하고, 1806년 이후 정조가 길러낸 청론사류(淸論士類) 일각의 시파(時派) 지식인들이 정권을 장악하여 세도정치를 해나가게 되었던 것은 정조시대의 새로운 시도가 대세로 등장하는 계기가 되었다. 60년 안동김씨 세도를 열었던 김조순은 물론이고 그와 동지로서 세도가가 된 심상규 · 남공철 등이야말로 그 분방한 문풍과 학풍 때문에 문체반정의 대상자가 되어 정조에게 반성문을 제출하기까지 했던 지식인들이었다. 이제 이들의 집권으로 조선의 학계와 문원, 서원은 정조대와도 다른 새로운 분위기를 맞이했던 것이다.

3. 정조 사후의 서예

1800년 정조가 서거하자 일시적으로 노론 벽파(僻派)가 집권하였지만 1806년 병인경화(丙寅更化)를 거치면서 안동김씨와 반남박씨 등 외척과 정조가 길러냈던 시파의 측근세력 가운데 일부가 세도가(勢道家)가 되어 장기간에 걸친 외척 세도정치를 열어가게 된다. 그러나 이들이 조선의 학계와 문원을 주도하게 됨으로써 정조가 문체반정 등을 통해 억제하고자 했던 신학풍과 신문풍이 오히려 확산되었던 것은 조선 전통문화의 전개 과정에서 대단히 흥미로운 현상이다.

세도정치(勢道政治)는 서울의 소수 경화거족(京華巨族)의 과두(寡頭) 독재체제였으므로 실상 세도정치기의 핵심세력은 정조 조정에 진출했던 청론사류 학자 가운데서도 일부였다고 할 수 있다. 청론사류는 외척의 배제를 명분으로 하였기에 정조 사후 외척세도정권이 그들 일부에 의해 성립하자 그들 간의 갈등은 노골화되었다.

외척세도를 반대하다가 윤행임(尹行恁, 1762~1801)은 정계에서 축출되어 죽음을 당하기에 이르렀으며, 청론사류의 상징적 인물로서 외척세도를 비판했던 이서구(李書九, 1854~1825)는 연암 박지원 문하의 동문으로서 세도정권의 핵심인물이었던 남공철(南公轍)에 의해 탄핵을 받기에 이른다.[78] 이미 고인이었던 이서구가 탄핵을 받게 되자 이서구의 후손들은 남공철이 짓고 한용귀(韓用龜)가 쓴 이서구의 비석을 땅에 묻어 버리게 되었다. 훗날 발굴되어 다시 서게 된 이 비석은 정조 사후 청론사류의 분열과 대립을 상징적으로 보여준다. 이는 청론사류의 분열 이후 그들 일부에 의해 계승된 정조대의 문예가 왜곡될 수밖에 없었던 사정을 알려주는 증거물로서 남아 있다.

한편 정조대에 새로운 흐름으로 등장한 북학의 토대 위에 청조 문물과 학술이 본격적으로 수용되었으므로, 학풍·문풍의 변화와 함께 서풍의 변화도 동시에 진행되게 된다. 서울을 중심으로 북학(北學)이 풍미하는 가운데 청나라의 금석고증학과 학예 이론이 수용되어 조선 서풍의 변화에 심대한 영향을 끼치게 되었다. 옹방강(翁方綱)과 완원(阮元)의 학예를 직접 계승하고 그 서학(書學) 이론으로 무장한 추사 김정희(秋史 金正喜, 1786~1856)의 등장과 추사체(秋史體)의 대두에 의해 조선의 서예는 새로운 시대를 열게 된다.[79)]

이 시대에 오면 앞시기 명필들의 후예들에게서부터 새로운 서풍을 지향하고 새로운 필체를 구사하는 변화가 급속히 나타나게 되었다. 추사는 가학(家學)으로 선조들의 글씨를 익혔지만 그 기반 위에서 북학을 통해 청조의 서풍을 받아들여 새로운 필체와 필법을 구사하였다. 그는 백하(白下), 원교(員嶠) 이래의 전통적 서풍을 비판하고 『원교필결(員嶠筆訣)』을 조목조목 비판함으로써[80)] 북학적 서풍을 정통의 위치에 올려놓게 되고 그 제자인 신헌(申櫶, 1810~1884)과 홍선대원군(興宣大院君, 1820~1898)에 이르기까지 후대 서풍에 깊은 영향을 미치게 된다. 이는 북학을 통하여 진경문화(眞景文化)의 한계를 극복해 가던 시대 조류의 일 단면이었다.

그러므로 조윤형의 사위이자 강세황의 제자로서 시서화(詩書畵) 삼절(三絶)로 문원과 예원에 군림하던 자하 신위(紫霞 申緯, 1769~1845)조차 이제는 북학을 수용하면서 후배였던 추사의 서풍을 따라가려는 경향을 보이고 있었다. 그 핵심적 계승자로부터 북학적 시풍에 기울며 국제적 세련을 추구함으로써 전통서체인 동국진체(東國眞體)는 급속히 약화되어 갔다.

서유구(徐有榘; 徐命膺의 손자 1764~1845), 홍경모(洪敬謨; 洪良浩의

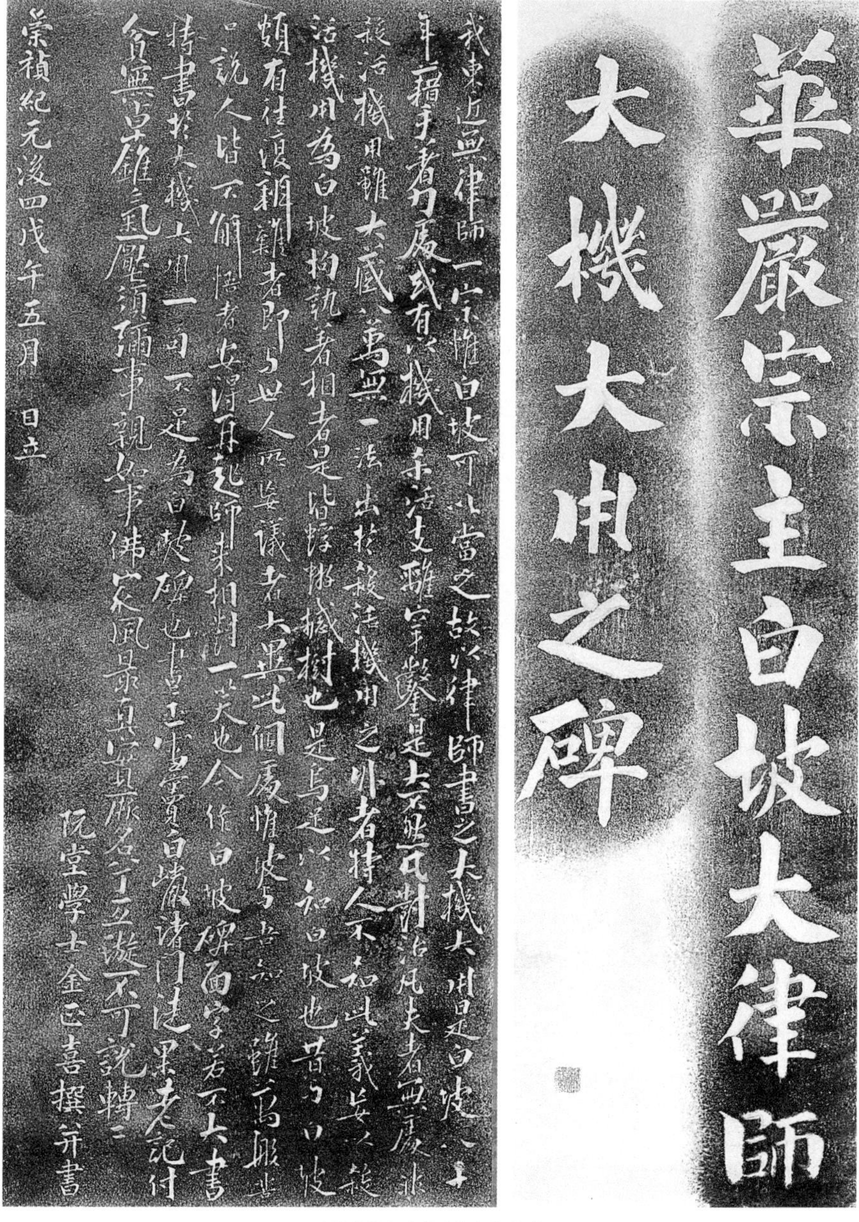

〈백파대율사비〉(김정희 글씨)

〈김좌근 묘표〉(흥선대원군 글씨)

손자 1774~1851), 성해응(成海應; 成大中의 아들 1760~1839), 이규경(李圭景; 李德懋의 손자 1788~?) 등도 가학을 계승한 방대한 고증학적 작업을 통하여 학문연구를 진행함으로써 전통적 주자학에서 벗어난 것은 물론, 북학에 입각한 새로운 서풍을 추구하게 되었다. 신작(申綽, 1760~1828)과 이조원(李肇源, 1758~1832) 역시 청조 금석고증학을 익히고 청조의 예서(隸書) 연구를 토대로 새로운 서풍을 선보였다. 남공철도 선조들의 서체에서 벗어나 새로운 서체를 구사하게 되었으며, 윤행임의 자제 윤정현(尹定鉉, 1793~1874) 역시 이제는 추사서파(秋史書派)로 자리하게 되었다.

백하 윤순, 원교 이광사, 송하 조윤형으로 계승되면서 서원(書苑)을 풍미했던 동국진체의 서예는 다양한 여러 서풍의 중심에 서서 정조대 문화적 전성의 일각을 담당하였지만, 시대 조류의 변화와 함께 급속히 쇠퇴하게 된다. 그를 정통으로 계승하였던 직계 후예들까지도 새로운 흐름에 편승하여 북학적 서풍에 경도하면서 결국 서단의 주류자리도 새로운 서풍이 차지하기에 이르렀다. 정조시대 이래 법고창신의 문화적 지향은 북학의 유행을 가져왔으며 이와 함께 조선 전통서에도 외래의 북학적 서풍으로 변화를 모색하면서 보다 다양하고 세련된 것으로 일단의 발전을 이루어 나갔던 것이다.

제3부 '통설', '속설'의 오류와 반성

제1장 | 국사 교과서의 오류와 조선후기 문화사 서술

제2장 | 대중역사서의 오류와 조선후기 정치사 연구

제3장 | 한국사에서의 '중화주의' 재인식

〈윤두서 자화상〉

제1장 | 국사 교과서의 오류와 조선후기 문화사 서술[1)]

현재까지의 한국 역사 교육에서 '국정' 국사 교과서는 거의 유일의 절대적 권위를 가지고 있다. 교과서에 실린 한국사 지식과 역사관은 흔히 '통설' 로 간주되며, 우리나라 내에서는 물론 대외적으로도 큰 권위를 갖게 된다. 특히 고등학교 과정의 국사 교과서는 미구에 성인으로서 사회의 정규 구성원이 될 고등학생들에게 보편적이고 기초적인 한국사 교육을 최종적으로 담당함으로써, 그 지식이 곧 국민 일반의 역사관과 역사의식 형성에 결정적 영향을 미친다.

역사의식은 현실과 미래에 대한 인식과 직결되기 때문에 올바른 역사 교육은 매우 중요한 사안이라고 할 수 있다. 그런 만큼 국사 교과서의 내용과 서술 방향은 현 시대의 역사 인식과 역사 연구의 수준을 적절히 반영하면서 여러 분야와 시각, 수준에서 면밀히 검토되어 올바른 방향성을 잡지 않으면 안 된다.

그러나 근래까지 고등학교 과정에서 국정 교과서를 통해 진행된 한국 역사와 전통문화에 대한 교육은 많은 문제점을 드러내 왔다. 우선, 국정 국사 교과서 서술이 시대의 변화에 따른 새로운 역사 인식과 연구 성과들을 제대로 반영하지 못한 채, 이전 교과서에 실렸던 수십년된 '통설' 들을 답습하면서 많은 오류를 노출하였다. 특히 일제 침략의 직전시기로서 식민사관에 의해 크게 왜곡되었던 조선시대 역사, 그중에서도 조선후기 문화사 부분은 역사관 및 서술의 방향과 수준에서 과거의 왜곡으로부터 벗어나지 못하여 다수의 부적절하고 때로는 잘못된 서술을 하고 있다.

그 실상을 파악하기 위하여 여기서는 2002년 이래 2012년 현재까지 고등학교에서 사용하고 있는 제7차 교육과정에 의한 국정 국사 교과서 조선후기 문화사 부분 서술을 검토하고자 한다. 교과서에 실린 조선후기 문화사의 이른바 '통설'의 적절성을 '사실'과 '해석'의 두 방향에서 검토하고, 현재의 한국사 연구 수준에서 가능한 조선시대 문화사의 올바른 서술 내용과 방향을 모색해 보고자 하는 것이다.

제7차 교육과정에서부터 고등학교 국정 국사 교과서는 정치·경제·사회·문화라는 분류사 형식을 채택하였다. 다른 부분도 마찬가지이지만 문화사 부분 서술도 매년 조금씩 수정을 거쳤으므로 여기서는 편의상 2002년에 나온 최초의 제7차 교육과정 국사 교과서와 2006년 수정된 국사 교과서를 비교하면서 문화사 부분 서술을 구체적으로 검토하였다.

'국정' 국사 교과서의 분석을 통해 그 오류를 드러내고 비판하는 것은, 차후 국사 교과서가 바로되기를 바라서이다. 국사 교과서가 '국정'의 틀을 깨고 '검인정'으로 바뀌고 있지만 근본적 반성 없이는 기왕의 국정 국사 교과서의 문제점은 다시 반복될 가능성이 크다. 고등학교 국사 교과서의 지식은 '통설'로서 국민들의 우리 역사 이해에 결정적 영향을 미치게 되므로 그 파급효과 또한 매우 크다. 우리 현실의 급격한 변화는 학계의 연구와 역사 인식에도 많은 변화를 가져왔으며 '통설'도 많이 바뀐 만큼, 국사 교과서 개정과정에서는 구태의연한 서술 방식과 오류를 불식하고, 학계의 새로운 연구 성과를 적절히 수용하여 조선후기 전통문화의 실상과 이후의 전개과정이 올바로 서술되기 바란다.

1. '목차'와 '개관', 참고 자료

2002년 이후 사용되어 온 제7차 교육과정에 의한 국정 국사 교과서는 제6차 교육과정 국사 교과서에 비해 외형적으로는 큰 변화를 보여주었다. 풍부한 원색 도판과 참고 자료, 그리고 무엇보다 분류사 형식의 역사 서술과 배열은 기존과는 전혀 다른 교과서라는 느낌까지 준다. 그러나 내용을 구체적으로 검토해 보면 각 시대별 서술 내용을 분야별로 쪼개 놓았지만, 서술하고 있는 역사 지식과 내용의 줄거리가 크게 바뀌지는 않았다.

조선시대 문화사 부분의 서술도 그러한데, 얼핏 보기엔 그런대로 무난한 서술을 하고 있다. 이는 기존의 교과서 서술과 오래된 통설들을 대체로 그대로 수용하였기 때문이다. 그러나 현실 상황의 변화는 역사 인식의 변화를 가져오게 마련이다. 역사 연구의 진전에 따라 기존의 통설적 설명은 오류와 논리적 모순을 드러내게 되고 국사 교과서에서도 마찬가지 양상이 나타나게 된다.

우선 2006년 수정판 국사 교과서의 조선시대 문화사 부분 목차 구성을 살펴보기로 하자. 2002년판 교과서의 목차를 수정하거나 첨삭한 부분은 고딕체로 표시하였다.[2)]

> 3. 근세의 문화
>
> 1. 민족문화의 융성
>
> – 발달 배경/한글 창제/**교육기관**/역사서의 편찬/지리서의 편찬/윤

리 의례서와 법전의 편찬

2. 성리학의 발달
   - 성리학의 정착/성리학의 융성/학파의 형성과 예학의 발달
3. 불교와 민간신앙
   - 불교의 정비/도교와 민간 신앙
4. 과학기술의 발달
   - 천문 역법과 의학/활자 인쇄술과 제지술/병서 편찬과 무기 제조
5. 건축과 예술
   - 왕실과 양반의 건축/분청사기, 백자와 공예/그림과 글씨/음악과 무용

4. 근대 태동기의 문화

1. 성리학의 변화
   - 성리학의 절대화 경향/양명학의 수용
2. 실학의 발달
   - 실학의 등장/농업 중심의 개혁론/상공업 중심의 개혁론/국학 연구의 확대
3. 과학기술의 발달
   - 서양 문물의 수용/천문학과 지도 제작 기술의 발달/의학, 농학의 발달과 기술 개발
4. 문화의 새 경향
   - 서민 문화의 발달/판소리와 탈놀이/한글 소설과 사설시조/진경 산수화와 풍속화/건축의 변화/백자와 생활 공예, 음아

1) 서술의 기본 골격

이상의 국사 교과서 목차 설정에서 '근세'의 개념이라든가 '근대'의 기점 문제 등 명확하지 않은 점이 있지만, 이는 국사 교과서 서술 전체의 문제로서 별도의 논의가 필요하므로 시대 구분의 문제는 여기서는 일단 논외로 한다.

다만 국사 교과서의 '근세'는 조선시대로서 조선 건국 이래 1860년대 흥선대원군 집권과 1876년 개항 이전까지를 포괄하고 있으며, '조선후기'는 '양란 이후' 17, 18, 19세기로 설정하였다.

그러나 목차에서 보면 조선전기의 '2. 성리학의 발달'에서 조선후기인 17세기 '학파의 형성'과 '예학의 발달'이 다루어진 점 등 조선전기와 후기의 내용이 뒤섞이는 경우가 있고, 특히 조선후기 문화사 서술에서는 양란 이후 300년간의 단계적 변화 과정이 불분명하게 서술된 점이 눈에 띈다. 이 점은 국사 교과서 전체에서 연대(年代)의 제시가 불충분한 것과 함께 학생들의 한국사 이해에 혼란을 야기한다. 역사적 사실들을 역사 발전의 특정한 단계적 상황과 종횡으로 연관시키면서 종합적으로 설명하지 못함으로써, 학생들은 교과서에서 제시한 역사 사실들을 역사적 흐름과 유리된 채 파편적인 것으로 받아들이게 되는 것이다.

또한 조선후기 문화사 서술에서 강조하는 '새 기운'과 '새 경향'이 거의 17, 18세기로 국한되어, 19세기 이후의 변화가 상대적으로 너무나 소략한 점도 균형을 잃은 서술이다.[3] '양란 이후 새로운 기운'(4장 개관, 300쪽)이 17, 18세기를 거쳐 19세기에는 어떻게 되었는지, 19세기 조선의 사상적 발전과 문화의 새로운 면모를 구체적 사실로서 부각시켜 보여주는 것이 필요하다. 이를 위해 19세기 문화사 서술에서 배제되어 있는 동학사상과 북학 및 서학사상, 김정희와 최한기, 최제우의 사상사·문화사적 위상을 최근의 연구성과를 반영하여 보충해서 서술하는 것이 필요하다. 이들을 정약용, 서유구, 이항로, 박규수, 흥선대원군으로 대표되는 19세기의 여러 사상적 흐름과 대비시키고, 민화, 판소리, 한글문학, 사설시조, 산조(散調)음악 등 문화예술 요소들과의 상호 연관성 속에서 서술한다면, 학생들은 19세기 사상사와 문화사를 새롭게 인식하고 조선후기 문화의 '새 기운' 과 '새 경향' 은 물론 조선후기 300년간의 계기적 발전상을 실감하게 될 것이다.

2) '목차' 설정

목차 순서에 따라 우선 눈에 띄는 문제점을 정리하면 다음의 몇 가지를 지적할 수 있다.

첫째, '3-1 민족문화의 융성' 이 조선전기 첫 부분에 설정되고 조선후기에는 그에 대응하는 목차가 없다. 민족문화 발달의 측면에서 조선전기와 후기를 차별화한 단계 설정이 필요하다.

둘째, 조선전기에 성리학이 발달하여 '정착', '융성' 의 과정을 밟았다고 목차에 명기되었으며, 후기에는 성리학이 '절대화' 하는 변화를 보이고 그에 따라 양명학이 수용되고 실학이 발달하게 되었다는 것이 성리학에 대한 기본 규정이다. 조선전기에는 성리학의 '수용', '정착' 정도의 서술이 가능하겠으나 '융성' 은 조선후기 성리학과 더 잘 어울리는 표현이므로 목차 설정에 큰 오류를 범하고 있다. 조선후기 성리학에 대한 시대착오적 설명을 바로잡고 17, 18, 19세기의 단계적 전개과정을 적절히 제시함이 필요하다.

셋째, 조선전기에 불교와 도교는 '위축' 되었으나 민간신앙은 '백성들 사이에 깊이 자리잡았다' 고 하였지만(293쪽), 불교와 도교, 민간신앙에 대해 조선후기에서의 상황 서술이 빠져 있다. 건축의 변화에서 '조선후기 불교의 사회적 지위 향상' (313쪽)을 언급한 것은 조선전기 이래 '불교의 위축' 이란 규정과 논리적으로 배치되어 혼란을 불러일으킨다. 조선후기의 상황에 대한 정확한 규정과 서술이 필요하다.

넷째, '3-3과 4-3 과학기술의 발달' 에서 조선전기에는 '인쇄술과 제지술', '병서 편찬과 무기 제조' 를 특기한 반면, 조선후기에는 '서양 문물의 수용' 을 특기하고 있다. 문화 발전에서 외래 문화의 수용이 상당히 중요하다는 점에서 조선전기 '과학기술의 발전' 에서도 중국과 사라센 등 외래 문물과 과학기술의 영향을 밝혀주는 것이 좋고, 조선후기에서도 인쇄술 및 병서와 무기 발달을 균형있게 설명하는 것이 필요하다.

다섯째, '4-4 문화의 새 경향' 이라 하여 조선후기 문학과 예술에서 '새 경향' 을 강조하면서 서민문화의 발달 등 여러 내용을 열거하였다. 그러나 '새 경향' 은 '전통적 경향' 과 대비하면서 단계적으로 설명하여야 하고, 양반사대부 문화와 서민문화의 상호 관계에 유의하여야 하나 이 점이 간과되고 있다. 특히 서민문화로 보기 어려운 진경산수화와 풍속화 등은 주로 18세기 양반사대부층의 새로운 문화 요소로서 그 의미가 보다 정확히 서술되어야 한다. 통상 '민화' 라고 하는 그림도 흔히 〈일월오봉도〉나 〈십장생도〉 같은 최고지배층의 그림까지 포괄해서 설명하기도 하는 등, 학계에서도 개념의 혼란에 봉착하여 있는데 교과서도 마찬가지로 혼란을 보여준다. '서민문화' 의 등장은 분명히 중요하고 특기하여야 하지만 시대적 제한성과 문화 전반에 대한 개관 위에서 그 갈래와 위상을 좀 더 조심스럽게 서술하는 것이 좋을 것이다.

여섯째, 2002년판 교과서의 조선전기 문화 서술에는 '5. 문학과 예술' 이란 항목 아래 '다양한 문학' 이란 단락을 설정하였으나, 2006년판에서는 '5. 건축과 예술' 이라 수정하고 '다양한 문학' 을 통째로 삭제하여 조선전기 문학에 대한 서술이 사라졌다. '문학' 이 빠진 조선전기 문화사 서술도 문제이거니와, 조선후기에는 '서민문화' 와 '판소리', '탈놀이', '한글문학', '사설시조' 등 문학의 발달 양상이 비교적 상세히 열거되었는데, 조선시대를 통관하는 일관성있고 체계적인 목차 설정과 서술이 필요하다. 한문학의 제 유파 소개는 물론이고 한글문학의 경우 한글 창제로부터 시조, 가사, 소설 등을 거쳐 조선후기 사설시조에 이르기까지 상호 연관성과 발전 과정을 부각시키는 서술이 필요하다.

일곱째, 조선전기에는 '3-5 건축과 예술' 에서 '왕실과 양반의 건축' 을 특기한 반면 조선후기에는 '건축의 변화' 라 하여 '부농, 상공업 계층의 지원 아래 많은 사원이 세워졌음' (313쪽)만을 특기한 것은 명백한 오류이다. 학생들로서는 조선전기 왕실 양반의 건축과 조선후기 부농 상공업 계층의 건축으로 도식화하여 받아들일 우려가 있다. 조선후기를 대표하는 건축물은 불교 사원이 아니라 유교 교육 시설인 서원이나 양반 주택이 더 적합할 것이다. 균형 있는 목차 설정과 확실한 역사적 근거의 제시가 보완되어야 하겠고, 공공건물 외에 서술에서 빠진 서원이나 주택의 변화를 유교적 주거공간 개념이나 주거문화의 발전이란 관점에서 전기와 후기를 대비하여 설명 보충함이 필요하다.

여덟째, 조선전기의 '그림과 글씨' 에 비해 조선후기에는 '진경산수화와 풍속화' 로 그림의 새 경향을 구체적으로 서술하였으나, 전통산수화와 인물화(초상화), 화조화 등 다른 종류 그림과 글씨(서예)에 대한 설명이 빠지게 되었으며, '글씨' 와 '무용' 도 목차에서 빠지고 '음악' 이 '백자와 생활공예' 에 부수되어 비중이 크게 줄어들었다. 목차 설정과 서술 내용에서 일관성과 균형이 필요하다.

아홉째, 조선전기의 '공예' 에 비해 조선후기에는 '생활공예' 라고 목차에서 명기하면서 서술 내용에서 '조선후기 산업 부흥' 과 '민간에서의 백자 사용', '목가구' 등을 특기하고 있는데, 조선전기와 어떻게 구별되는지가 불분명하며 '생활공예'라고 차별화한 것도 납득할 수 없다.

또한 조선전기와 함께 후기에서도 '조각' 분야 서술이 완전히 빠진 점도 보완되어야 할 것이다.

요컨대 국사 교과서의 목차 설정은 개별 문화 예술 요소들이 좀더 균형 있게 부각되는 방향으로 개정되어야 한다. 또한 조선전기와 후기의 상호 연관 관계 속에서 그 단계적 발전상을 일관성 있게 서술하는 방향으로 수정되어야 한다.

3) '개관'의 논리

> 양난 이후 사회 각 분야의 변화와 함께 문화에서는 **새로운 기운**이 나타났다. 양반뿐만 아니라, 중인층과 서민층이 문화의 한 주역으로 등장하면서 문화의 질적 변화와 함께 문화의 폭이 확대되었다.
>
> 학문에서는 **양명학**을 받아들였으며, 사회 변화를 반영한 실학이 나타나 개혁 추진을 주장하기도 하였다.
>
> 천문학과 의학 등 각 분야의 기술적 성과가 농업과 상업 등 산업 발전을 촉진하였다. 서양 문물의 유입도 이런 발전을 가속화하는 데 이바지하였다.
>
> 예술 분야에서는 새로운 기운이 넘쳐났다. 판소리, 탈춤, 한글 소설, 서민 음악이 유행하였고, 백자 등 공예도 생활 공예가 중심이 되었다. 우

리의 산수와 삶을 소재로 하는 문에 풍토가 진작되어 문학과 서화에 큰 영향을 끼쳤다.

조선후기 문화사 첫 부분에 실린 위의 '개관'(300쪽)의 서술에 대해서는 다음 몇 가지 문제점을 지적할 수 있다.

첫째, 조선후기 문화의 '새로운 기운'을 전통적 또는 주류적 흐름과 대비하여 설명함이 필요하다. 처음부터 중인층과 서민층이 문화의 한 주역으로 등장한 질적 변화를 말하고 있는데, 그에 앞서 주류를 이루었던 양반층의 문화와 그들의 변화 양상을 설명한 후 '새로운 기운'에 대하여 서술해 주는 것이 필요할 것이다.

둘째, 양명학의 수용과 실학의 등장을 거론하기 이전에 주류 사상이었던 성리학의 전개 과정과 변화, 그리고 이들 간의 상호 연관관계를 개관하는 것이 필요하다.

셋째, 천문학과 의학 등 각 분야의 기술적 성과들이 농업과 상업 등 산업 발전을 촉진하였다는 논리가 학생들에게는 이해되기 어렵다. 천문학과 의학의 발전이 가능했던 시대적 조건과 함께 그 파급효과를 단계적으로 설명해야 한다.

넷째, 예술 분야에서는 판소리, 탈춤, 한글소설, 서민음악을 들어 새로운 기운으로서 서민문화, 또는 예술의 발달을 특기하고 있는데, 이들은 주류 문화, 또는 전통적 흐름과의 연관성 위에 그 단계적 특징을 분명히 하면서 서술하는 것이 필요하다.

요컨대 조신후기 문화사 개관에서는 '양난 이후' 조선시대 말기까지 300년간의 단계적 발전에 대한 설명이 부족하여 학생들에게 혼란을 줄까 우려된다. 또한 주류를 이루었던 양반지배층의 문화와 예술의 발전상은

'새 기운'에서 배제한 채, 중인층과 서민층의, 특히 '서민문화' 만을 '새로운 기운'으로 소개하고 있는데 이는 주객이 전도된 잘못된 서술로서 전면적 수정이 필요하다고 하겠다.

4) 참고 자료의 활용

제7차 교과서는 날개글과 도움글을 통한 역사 용어 설명이 많고, 읽기 자료와 참고 자료 및 원색의 사진 자료를 풍부히 제시한 점이 큰 특징이다. 여기서는 이들이 정확한 내용인지 또한 교과서의 해당 내용에 적합한지, 설명의 수준이 적절한지 몇몇 사례를 통하여 검토해 보기로 한다.

먼저 4장 1절 날개글의 '호락논쟁' 참고 자료를 살펴보자.

> 호락논쟁(湖洛論爭)
>
> (2006년판 301쪽) 인간과 사물의 본성이 다르다고 주장하는 충청도 노론(호론)과 같다고 보는 서울, 경기 노론(낙론) 사이에서 시작되었다.
>
> (2002년판 311쪽) 인간과 사물의 본성이 다르다는 인물성이론(人物性異論)을 주장한 충청도 지역의 호론(湖論)과 인간과 사물의 본성이 같다는 인물성동론(人物性同論)을 주장한 서울·경기 지역의 낙론(洛論) 사이의 논쟁이다. 뒤에 호론은 위정 척사 사상으로 연결되었으며, 낙론은 북학 사상으로 연결되었다.

이 설명들에서는 호락논쟁이 일어나게 된 배경과 관련하여 호론 낙론

학파의 분기가 18세기 이후 두드러진 '경–향으로의 사회적 분기와 그에 따른 학문적 분기' 현상의 결과임을 간략히라도 소개해 주는 것이 필요하다. 2002년판의 설명에서 호론과 위정척사사상을 연결시킨 서술은 오류이므로 2006년판에서 삭제한 것이 옳으나,[4] 낙론이 북학사상의 등장과 연관된다는 2002년판의 설명은 호락논쟁의 역사적 의의를 알려주는 중요한 역사적 사실이므로 다시 살리는 것이 바람직하다.

다음은 4장 2절 도움글(303쪽)에 실려 있는 '박제가의 소비관'과 관련된 읽기 자료를 살펴보자.

> 박제가의 소비관
>
> 비유하건대, 재물은 대체로 샘과 같다. 퍼내면 차고, 버려 두면 말라 버린다. 그러므로 비단옷을 입지 않아서 나라에 비단 짜는 사람이 없게 되면 여공(女紅)이 쇠퇴하고, 쭈그러진 그릇을 싫어하지 않고 기교를 숭상하지 않아서 공장(工匠: 수공업자)이 도야(陶冶: 기술을 익힘)하는 일이 없게 되면 기예가 망하게 되며, 농사가 황폐해져서 그 법을 잃게 되므로, 사농공상의 사민이 모두 곤궁하여 서로 구제할 수 없게 된다. 「북학의」

'상공업 중심의 개혁론'과 관련하여 제시된 위 「북학의」의 글은 우선 인용한 부분이 자의적이며 그나마 번역이 크게 틀려 있다. 참고로 원문을 제시하면 다음과 같다.

夫財 譬則井也 汲則滿 廢則竭 故不服錦繡 而國無織錦之人 則女紅衰

矣 不嫌窳器 不事機巧 而國無工匠陶冶之事 則技藝亡矣 以至農荒而失其法 **商薄而失其業** 四民俱困 不能相濟 **國中之寶 不能容於域中 而入於異國人日益富 而我日益貧 自然之勢也** (「北學議」內篇 市井)

원문을 읽어 보면, 이 부분은 '상공업 중심의 개혁론' 이 아니라 국내의 물적 자원과 기술의 활용을 통한 농업 공업 상업 등 산업 일반의 연계적 진흥과 국부 유출 방지를 주장하는 내용임을 알 수 있다. 이 글 앞부분에 국내 '소비' 의 진작을 말하기도 했지만, 전체적으로 볼 때, 박제가가 주장한 핵심은 산업의 진흥이므로 '박제가의 소비관' 이란 제목도 적절치 않으니 수정해야 한다.

다음은 4장 4절 날개글(311쪽)의 '시사(詩社)' 에 관한 참고 자료를 살펴보자.

> 시사(詩社)
>
> 중인층의 시인들이 서울 주변 지역에서 시사를 조직하여 문학활동을 전개하면서 자신들의 사회적 지위를 높였고, 역대 시인의 시를 모아 시집을 간행하기도 하였다.

이 설명은 시사 일반에 대한 설명이 아니라 중인층과 서민층 등 위항인(委巷人)들의 이른바 '위항(委巷)시사' 에 대한 설명이므로 '시사' 라는 제목부터가 적절치 못하다. 이 시기 양반층의 시사 활동도 활발히 전개되었으므로, 아울러 설명해 주거나 위항시사에 국한하여 설명하는 등의 수정이 필요하다.

이밖에 2002년판에는 '박세당의 탈성리학 사상' (311쪽 도움글)과 '양명학' (312쪽 날개글)에 관한 참고 자료가 실려 있었으나[5] 고등학생 수준에 맞지 않는 난해한 설명에 그 정확성도 의심스러운 대단히 부적절한 내용이었다. 다행히 교과서 수정과정에서 삭제되어 2006년 판에서는 사라졌지만, 앞의 사례들과 함께 이런 부적절한 자료들이 사전에 검토과정 등에서 걸러지지 못하고 버젓이 교과서에 실리게 되는 상황에 대하여는 책임 소재의 파악과 엄정한 반성이 필요할 것 같다.

2. 역사적 사실과 설명, 논리

1) 성리학(4장 1절 성리학의 변화)

조선후기를 '근대 태동기' 로 설정한 2006년판 교과서는 이 시기 문화에서 나타난 '새로운 기운' 을 '성리학의 변화' 로부터 설명하여 그 핵심적 내용을 '성리학의 절대화 경향' 과 '양명학의 수용' 으로 규정하였다. 2002년판 교과서가[6] '성리학의 교조화 경향' 이라 하였던 것을 '절대화 경향' 이라고 수정하여 서술한 것 외에도, 2006년판 교과서의 서술에서는 조선후기 성리학에 대한 부정적 서술을 상당 부분 삭제하여 서술 방향의 변화를 보여주었다.

2002년판 교과서에서는 '실학의 발달' 부분에서 성리학을 '지배이념' 임에도 '현실 문제를 해결할 수 있는 기능을 수행하지 못한' 학풍으로 규정하였고, 이와 함께 조선후기 성리학은 보수적이며 비현실적인 학문으로 설명한 반면에, 소론은 양명학과 노장 사상을 수용하는 등 '탄력성' 을 보인 것으로 설명하고 있었다. 이럴 경우 학생들은 성리학을 부정적으로, 그리고 양명학은 긍정적으로 보게 되며, 나아가 성리학이 근간이 된 조선후기 문화를 부정적으로 파악하도록 유도되었는데, 일단 식민사학의 주자학망국론을 연상시키는 일방적 서술을 수정한 것은 다행이라 하겠다.

그러나 그럼에도 2006년판 교과서의 다음과 같은 서술은 마찬가지의 논조여서 여러 심각한 문제를 노출하고 있다.

> 1. 성리학의 변화
>
> 성리학의 절대화 경향
>
> 인조 반정 이후 송시열을 중심으로 한 서인은 당시 조선사회가 안고 있던 모순을 해결하기 위해 명분론을 강화화고 성리학을 절대화하였다.
>
> 반면에, 성리학을 상대화하고 6경과 제자백가 등에서 모순 해결의 사상적 기반을 찾으려는 경향도 17세기 후반부터 나타났다. 그 대표적 인물은 윤휴와 박세당이다. 이들은 주자의 학문 체계와 다른 모습을 보였기 때문에 당시 서인(노론)의 공격을 받아 사문난적으로 몰렸다.
>
> 성리학에 대한 이해가 깊어지면서 학자들은 인간 본성에 대한 깊이있는 연구와 철학 논쟁을 벌였다. 16세기 후반에는 이황 학파와 이이 학파 사이에 이기론(理氣論)에 대한 논쟁이 일어났다.
>
> 이어, 18세기 이이 학파를 계승한 노론은 인간과 사물의 본성을 어떻게 볼 것인가 하는 문제를 둘러싸고 호락 논쟁을 벌였다.
>
> 한편, 소론은 절충적인 성격을 지닌 성혼의 사상을 계승하고 양명학과 노장 사상 등을 수용하는 등 성리학 이해에 탄력성을 보였다.

양명학의 수용

성리학의 절대화와 형식화를 비판하며 실천성을 강조한 양명학은 중종 때에 조선에 전래되었다. 학자들 사이에 관심을 끌어가던 양명학은 이황이 정통 주자학 사상과 어긋난다며 비판하면서 이단으로 간주되었다.

18세기 초에 정제두는 몇몇 소론학자가 명맥을 이어가던 양명학을 체계적으로 연구하여 학파로 발전시켰다. 그는 일반민을 도덕 실천의 주체로 인정하였으며, 양반 신분제를 폐지하자고 주장하기도 하였다.

그러나 제자들이 정권에서 소외된 소론이었기 때문에, 그의 학문은 집안의 후손과 인척을 중심으로 하여 계승되었다.

강화 학파는 양명학을 바탕으로 역사학, 국어학, 서화, 문학 등에서 새로운 경지를 개척해 갔으며 실학자들과도 영향을 주고받았다.

우선, 조선후기의 성리학은 정국의 주도권을 잡은 서인(노론)의 주자 중심 성리학과 양명학을 수용한 소론 학자들의 경향만으로 설명되었는데, 남인과 북인들의 성리학, 특히 허목에서 성호 이익으로 이어지는 기호남인에 관한 서술이 없어 완전히 균형을 잃고 있다. 이 부분은 학통 계승도를 활용한다든지 하여 17세기만이 아니라 그 이후까지 노론 소론 남인 북인, 각 정파 학파의 전개를 포괄적으로 설명해 주는 방식으로 수정하는 것이 좋을 것이다.

다음, 성리학의 전개와 관련하여서 '이황 학파와 이이 학파 사이에 이기론에 대한 논쟁'이 전개되다가 이이 학파를 계승한 노론들이 호락논쟁을 벌였다고 한 것도 정확한 서술이 아님을 지적할 수 있다. '이기론에 대한 논쟁'과 '호락논쟁'은 단순히 이황 학파와 이이 학파 사이, 또는 노론 내부의 논쟁이 아니라 조선 전 사상계의 관심사이자 논쟁거리였던 것이다. 조선후기 '성리학의 변화'에는 일각에서 '성리학의 절대화 경향'도 나타났지만, 전체적으로는 모든 학파들의 참여 속에 예학과 심성론의 발전이 이루어졌으므로 이러한 관점에서 수정 보완해 서술하는 것이 바람직하다.

'성리학에 대한 이해가 깊어지면서 학자들은 인간 본성에 대한 깊이 있는 연구와 철학논쟁을 벌였다'는 서술은 성리학을 심성론과 철학논쟁으로만 한정지음으로써 현실과 유리된 관념론으로서만 성리학을 바라보는 잘못된 서술이다. 이 부분에서는 17세기 이후 성리학자들에 의해 진행된 성리학에 입각한 국가체제와 사회질서 확립의 노력을 함께 서술해 주어야 할 것이다.[7] 17, 18세기 성리학 사상은 식민사학에서 '공리공담(空理空談)'으로 매도되어 왔던 부분이므로, 특별히 이 시기 성리학자들의 연구와 논쟁이 가지는 현실적 의미와 실천적 의의를 부각시켜 학생들에게 가르칠 필요가 있다. 이 점에서 교과서의 성리학 서술은 너무나 오류가 많다.

한편, 정제두가 양명학을 받아들여 '일반민을 도덕 실천의 주체로 인정하였으며 양반신분제의 폐지를 주장하기도 하였다'는 서술은 시대 상황과의 연관성 속에서 재검토하는 것이 좋겠다. 강화학파의 제자들이 '정권에서 소외된' 소론이었다는 것도 사실이 아니므로 수정하는 것이 바람직하다. 이들은 영조 · 정조대의 탕평정국에 꾸준히 참여하여 큰 역할을 하였으며 다수의 현달한 관료학자들을 배출하고 있었기 때문이다.[8]

또한 '강화학파는 양명학을 바탕으로 역사학, 국어학, 서화, 문학 등에서 새로운 경지를 개척해 갔으며 실학자들과도 영향을 주고 받았다'는 서술은 강화학파의 학자들을 실학자와 별개의 학자들로 본 설명인데 공감을 얻기 어렵다. 이긍익, 이종휘, 유희 등이 여러 분야에서 개척한 '새로운 경지' 가 '양명학을 바탕으로' 했다는 서술 역시 확실히 논증된 사실이 아니므로 재검토하여야 할 것이다.

2) 실학(4장 2절 실학의 발달)

국사 교과서에서 실학은 조선후기 사상과 문화의 '새 기운' 을 대표하는 내용으로 매우 중요하게 다루어지고 있다. 그러나 학계의 실학 연구가 새로운 단계로 접어든 만큼, 교과서의 실학 서술도 논리적 결함과 내용상 오류를 드러내고 있는 점은 바로잡아야 할 것이다. 교과서 서술에서는 논리적 모순과 혼란을 최대한 배제하려는 노력을 해야 하고, 최근의 연구 성과를 참고하여 가능한대로 합리적 서술을 하는 것이 바람직하다.

아래에 제시된 실학 첫 부분의 서술에서부터 기존 통설에 입각한 오류가 드러나고 있다.

> 2. 실학의 발달
>
> 1) 실학의 등장
>
> 조선후기의 학문과 사상에서 나타난 새로운 경향 가운데 대표적인 것은 실학의 발달이었다. 실학은 17, 18세기의 사회 경제적 변동에 따른 사회 모순의 해결책을 구상하는 과정에서 대두한 학문과 사회 개혁론이었다.
>
> 이러한 새로운 문화 운동은 이수광, 한백겸 등에 의하여 제기되었다.

이수광은 지봉유설을 저술하여 문화 인식의 폭을 확대하였고, 한백겸은 동국지리지를 저술하여 우리나라의 역사 지리를 치밀하게 고증하였다.

그 후, 실학은 농업 중심의 개혁론, 상공업 중심의 개혁론, 국학 연구 등을 중심으로 확산되었으면, 이 때 청에서 전해진 고증학과 서양 과학의 영향을 받기도 하였다. 실학은 18세기에 가장 활발하였으며, 대부분의 실학자는 민생 안정과 부국강병을 목표로 하여 비판적이면서 실증적인 논리로 사회 개혁론을 제시하였다.

우선 '실학의 등장'에서 실학은 성리학과 대립적인 것으로 설명되었다. 앞부분 '성리학의 변화' 에서 성리학을 심성론이나 철학적 논쟁을 일삼았던 관념론으로만 설명한 반면에, 여기서는 실학을 '사회개혁론' 으로 소개하고 있는데,[9] 학생들은 이런 식의 설명에서는 당연히 실학과 성리학을 긍정적인 것과 부정적인 것으로 보아 대립 또는 상반된 학풍으로 이해하게 되고 그 상호 연관관계를 놓치게 될 것이다.

그러므로 조선후기 300년이라는 비교적 오랜 기간 시대상의 변화 속에서 실학이 성리학과 관련을 맺으며 변화해 간 것으로 설명해 주는 것이 필요하다. 이익, 정약용, 홍대용, 박지원 등 대표적 실학자들이 곧 퇴계와 율곡의 정통성리학을 계승한 학자였다는 점을 성리학 학통도를 제시하여 설명하고, 학생들에게 성리학의 학풍 변화와 사회적 기능의 변화를 단계적으로 인식시키며, 성리학과의 연관성 속에 실학의 성격 변화를 단계적으로 설명해 주는 것이 좋을 것이다.

또한, '17~18세기의 사회 모순' 을 전제로 한 학풍과 사상이 실학이라 하면서도, 실제 교과서에서 실학의 범위에 넣어 서술한 인물이 16세기 후반 이수광(1563~1628), 한백겸(1552~1615)으로부터 19세기 후반의 김정호, 이제마(1838~1900)까지 거의 300년의 장구한 기간에 걸쳐 하나로 설명한 점도 논리성을 결여한 부분이므로 재검토해야 한다. 실학이 '현실생활과 직결되는 문제'를 탐구했다고 한다면, 300년 전 인물과 이후의 인물이 탐구한 현실문제와 그 대안이 동일한 학풍과 사상으로 묶이기는 어려울 것이다. 실학이 17, 18, 19세기 가운데 어느 시기에서 어떤 현실을 문제삼았던 학풍인지 학생들에게 혼란을 주고 있으므로 학계의 새로운 연구 성과에 입각한 정리가 시급하다.

고등학생들로서는 실학을 반세기 전 1960년대의 통설에 따라 '실증적, 민족적, 근대지향적 특성을 지닌 학문'이라고 규정할 때(304쪽), 조선후기 사회는 그 시작인 1600년 경부터 사회 모순이 심화되었고, 이때부터 실학자들이 나와서 이미 '절대화한 성리학(주자학)'에 맞서 300년간 근대지향적 개혁을 추구했다고 이해할 수도 있다. 이러한 교과서의 서술은 학생들에게 조선후기 3백년이 정체된 시대였으며 그 원흉은 '절대화한 성리학'이었다는 인상을 갖도록 할 수도 있으므로 올바로 서술되어야 한다. 이러한 식의 조선후기사 서술은 성리학을 근간으로 하는 조선후기 문화 전체를 부정하도록 이끌 것인 바, 결과적으로는 일제 식민사학의 '정체성론'과 '주자학 망국론'을 그대로 반복하는 것이므로 문제가 심각하다.

이와 관련하여 성리학과 실학 서술에서 '현실 문제를 해결할 수 있는 기능'의 유무를 논함으로써 실학과 성리학을 대립시키고, 결과적으로는 이수광과 한백겸을 같은 시대의 율곡 이이(1536~1584)나 우계 성혼(1535~1598), 사계 김장생(1548~1631), 청음 김상헌(1570~1652) 등 정통주자학자들과 대립시킨 서술도 문제가 된다.

교과서 한쪽에서는 율곡의 성리학 연구를 높여서 '현실적이며 개혁적 성격을 갖고 있었다'고 하고 그가 '조선사회의 모순을 극복하는 … 다양한 개혁 방안을 제시하였다'(292쪽)고 하다가, 실학 부분에 와서는 같은 시대를 살았던 이수광과 한백겸을 '새로운 문화운동'의 기수로 높임으로써 결과적으로는 율곡을 위시한 저들 성리학자와 성리학을 격하하는 논리적 모순을 드러내고 있는 것이다.

교과서에서 실학을 '농업 중심의 개혁론', '상공업 중심의 개혁론'으로 나누어 서술한 것도 재검토가 필요하다. 근기남인은 '경세치용학파=중농학파', 북학파는 '이용후생학파=중상학파'로 분류하고, 이 외에 '실사구시학파=고증학파'로 나누는 설명 방식은 1960년대 초에 제기되었는데,[10] 그 분류 기준이 일관성이 없고 실학자들을 중농, 중상으로 나누는 데 무리가 따르므로 이런 서술은 이제 지양해야 한다.[11]

예컨대 위에서 잘못된 것으로 언급한 303쪽의 읽기자료 '박제가의 소비관' 인용문은 박제가의 사상을 '상공업 중심의 개혁론'에 한정지울 수 없다는 점을 보여주고 있다. '중상학파'나 '중농학파'라 할지라도 대개는 농업 공업 상업의 유기적 연관관계와 그 위에서의 생산력 발전에 유의하고 있었다. 서유구의 『임원경제지』도 이런 성격을 드러내고 있으며, 『북학의』도 농업문제를 매우 많이 다루었다. 실제로 중상학파로 지목된 박제가의 『북학의』와 박지원의 『과농소초』는 '농서(農書)'로서 정조에게 진상되었던 저술이었다.

교과서에서도 '중농학파'인 정약용이 '과학기술과 상공업 발달에도 많은 관심을 보였다'(303쪽)고 하였고, '중상학파'인 박지원도 '영농방법의 혁신, 상업적 농업의 장려, 수리시설의 확충 등을 통하여 농업생산력을 높이는데 관심을 기울였다'(304쪽)고 하였으므로, 이들을 '중상학파' '중농학파'로 갈라놓는 서술은 교과서 내에서도 논리적으로 상충된다. 지난 시대의 '통설'에 입각한 이런 류의 서술은 학생들에게 혼란을 주므로 시급히 정리하는 것이 좋을 것이다.

대신에, 실학자들을 그들의 '농업개혁론'과 '상공업개혁론'이 가지는 성격에 따라 분류하고, '국학 연구의 확대' 이외에 '서학의 수용' 을 보충하는 것이 바람직하다. '상공업 중심의 개혁론' 에 북학론과 북학의 수용이 서술되어 있지만, 여기서 한 단계 더 나아가 자연과학 등 서양 학술과 문물을 수용하고 특히 서양 문화와 사상의 핵심인 천주교를 적극적으로 받아들였던 노력을 올바로 알려 주는 것이 필요하다. 오늘날 우리가 세계화를 지향하고 있으므로 그와 관련하여 실학의 외래문화 수용 노력을 이해시키는 것이 중요하기 때문이다.

그런가 하면 '대부분의 실학자들은 민생 안정과 부국강병을 목표로 하여 비판적이면서 실증적인 논리로 사회개혁론을 제시하였다' 는 '실학의 등장' 마지막의 서술은 '대부분의 실학자' 의 범위가 불분명한데다가, '국학 연구의 확대' 를 실학의 한 갈래로 본 뒷부분의 서술과도 논리적으로 상충되어 조선후기 실학의 경향으로 일반화하기는 어려우므로 수정하는 것이 바람직하다.

다음은 교과서의 '농업 중심의 개혁론' 서술을 검토해 보자. 아래 2006년 수정판에서는 2002년판 교과서의 서술에서 괄호 속 고딕체로 표시한 세 부분을 삭제하고 있다.

> 2) 농업 중심의 개혁론
>
> 18세기 전반에 농업 중심의 개혁론을 제시한 실학자들은 (**대부분 서울 부근의 경기 지방에서 활약한 남인 출신이었다. 이들은**) 농촌 사회의 안정을 위하여 농민의 입장에서 토지 제도를 비롯한 각종 제도의 개혁을 추구하였다. 이 실학자들을 경세치용 학파라고도 한다. 이들은 공통적으로 농민 생활의 안정을 위한 토지 제도의 개혁을 가장 중요하게 생각하였다.

농업 중심 개혁론의 선구자는 17세기 후반에 활약한 유형원으로, 일생 동안 농촌에 묻혀 살면서 학문 연구에 몰두하고 반계수록을 저술하였다. 이 책에서 유형원은 균전론을 내세워 자영농 육성을 위한 토지 제도의 개혁을 주장하였고 양반 문벌 제도, 과거 제도, 노비 제도의 모순을 비판하였다.

농업 중심 개혁론을 더욱 발전시키고 이를 대표하는 사람은 18세기 전반에 주로 활약한 이익이었다. 그는 유형원의 실학 사상을 계승 발전시켰으며, 많은 제자를 길러내 학파를 형성하였다. 그는 자영농 육성을 위한 토지 제도 개혁론으로 한전론을 주장하고, 나라를 좀먹는 여섯 가지의 폐단을 지적하기도 하였다.

이익의 실학 사상을 계승하면서 실학을 집대성한 최대의 학자는 정약용으로, (18세기 말 정조 때 벼슬하였으나 신유박해 때에 연루되어 전라도 강진에 유배되어 18년 동안 귀양살이를 하였다. 정약용은) 지방 행정의 개혁에 대하여 쓴 목민심서, 중앙 행정의 개혁에 대하여 쓴 경세유표 등을 비롯하여 500여 권의 저술을 남겼다.

그는 토지 제도의 개혁론으로 여전론을 처음에 내세웠다가 후에 정전제를 현실에 맞게 실시할 것을 주장하였다. (그는 백성을 위하여 존재한다는 것이 통치자라고 주장하면서 백성의 의사가 반영될 수 있는 정치 제도의 개선 방안도 모색하였다.) 그뿐만 아니라, 정약용은 과학 기술과 상공업 발달에도 많은 관심을 보였다.

위의 글에서 우선 문제되는 것은 실학자들의 기본 입장을 오해한 서술이다. '농업 중심의 개혁론' 을 제시한 실학자들이 '농촌사회의 안정' 을 추구한 것은 사실이지만, 그들의 입장을 '농민의 입장에서' 라고 일반화하는 것은 재고되어야 한다. 이들은 사회 지도층인 '사(士)' 로서의 자의식 위에서 반성적 태도를 표출하고 있기 때문이다. 또한 위의 글에서는 기호 남인의 농업 개혁론에만 중점을 두어 서술하였는데, 전술한 박지원, 박제가, 서유구 등 노론 소론 학자들의 농업론도 함께 다루는 것이 좋겠고, 생산력 증대를 위한 농업경영론과 농업기술론의 전개도 균형 있게 소개하는 것이 바람직하다.

특히 이들의 농업 개혁론이 상공업 개혁론과 함께 정조시대 '개혁의 시범도시' 로 건설된 화성(華城)신도시에서 대폭 받아들여져 국영시범농장과 대규모 수리시설의 설치, 그리고 시범적 선진 영농으로 이어진 점[12]을 보완하는 것이 필요하다. 이는 실학이 실학자들의 관념 속에만 머문 것이 아니라, 정치적 진출과 함께 그들의 개혁안이 국가의 정책으로도 수렴되어 실천되었음을 알려주는 점에서 중요한 의미가 있다. 실학이 정권에서 밀려난 재야 지식인들의 학풍이었고, 이들의 진보적 제안을 정통주자학자들이 장악한 보수적 정권이 외면했다는 식의 설명은 실상 일제 식민사학의 주자학망국론이나 조선왕조 부정론과 연결되는 과거의 '통설' 로서 이제는 교과서에서 불식되어야 한다.

다음에는 '상공업 중심의 개혁론' 서술을 검토해 보자.

> 3) 상공업 중심의 개혁론
>
> 18세기 후반에는 농업뿐만 아니라, 상공업의 진흥과 기술의 혁신을 주장하는 실학자가 나타났다. 청나라의 문물을 적극적으로 수용하여 부국강병과 이용후생에 힘쓰자고 주장하였으므로 이들을 이용후생 학파 또는 북학파라고도 한다.

상공업 중심 개혁론의 선구자는 18세기 전반의 유수원이었다. 그는 우서를 저술하여 상공업의 진흥과 기술의 혁신을 강조하고, 사농공상의 직업 평등과 전문화를 주장하였다.

북학파의 실학 사상은 18세기 후반에 홍대용, 박지원, 박제가 등에 의하여 크게 발전하였다. 홍대용은 청에 왕래하면서 얻은 경험을 토대로 기술의 혁신과 문벌 제도의 철폐, 그리고 성리학의 극복이 부국강병의 근본이라고 강조하였으며, 중국이 세계의 중심이라는 생각을 비판하였다.

박지원은 청에 다녀와 열하일기를 저술하고 상공업의 진흥을 강조하면서 수레와 선박의 이용, 화폐 유통의 필요성 등을 주장하고, 양반 문벌 제도의 비생산성을 비판하였다. 농업에서도 영농 방법의 혁신, 상업적 농업의 장려, 수리 시설의 확충 등을 통하여 농업 생산력을 높이는 데 관심을 기울였다.

박지원의 실학 사상은 그의 제자 박제가에 의하여 더욱 확충되었다. 박제가는 청에 다녀온 후 북학의를 저술하여 청의 문물을 적극적으로 수용할 것을 제창하였다. 그는 상공업의 발달, 청과의 통상 강화, 수레와 선박의 이용 등을 역설하였다. 또, 생산과 소비와의 관계를 우물물에 비유하면서 생산을 자극하기 위해서는 절약보다 소비를 권장해야 한다고 주장하였다.

18세기를 전후하여 크게 융성하였던 실학 사상은 실증적 · 민족적 · 근대 지향적 특성을 지닌 학문이었다. 특히, 북학파 실학 사상은 19세기 후반에 개화 사상으로 이어졌다.

2002년판 교과서에서는 '상공업 중심의 개혁론'을 주도한 실학자들을 '서울 노론 집안 출신이 대부분'이라고 기술하였는데 이는 2006년판에서는 삭제되었다. 실상 이들은 노론 출신만이 아니라 소론 남인 북인 등 모든 정파에 걸쳐 있었고, 서울과 경기 지역에서의 생활을 통해 당색과 신분의 차이를 넘어서서 사상적 공감대를 형성했던 '경화사족(京華士族)층' 이었다.[13] 이들이 가지게 된 공통의 생활 경험을 바탕으로 농업과 상공업을 아우르는 산업진흥론이 나왔음을 학생들에게 설명해 줄 필요가 있다.

또한, '양명학의 수용' 에서 소론을 강화학파로 국한시킨 결과, 실학 부분에 와서는 대체로 소론 학자들을 배제하고 서술하게 되었는데 이 점도 바로잡아야 한다. '상공업 중심의 개혁론의 선구자' 인 유수원 이후 서명응, 홍양호, 유희, 서유구 등 많은 소론 출신의 실학자들이 있었기 때문이다.

그런가 하면 2002년판 교과서 4장 1절 참고 자료(날개글)에서 '호락논쟁' 을 설명하다가 '낙론은 북학사상으로 연결되었다' 고 최근의 연구 성과를 소개하였으나, 2006년판에서는 삭제되었는데, 북학을 설명한 이 부분에서는 북학 등장의 계기, 또는 북학사상의 철학적 기반으로서 정통성리학의 낙론을 서술하고 두 사상의 연관관계를 설명해 주는 등의 보완이 필요하다. 홍대용과 박지원이 정통성리학의 낙론을 계승한 핵심적 학자라는 점에서[14] 홍대용이 '성리학의 극복이 부국강병의 근본이라고 강조하였다' 는 설명은 잘못된 것이므로 수정해야 한다.

한편, 박지원이 '양반문벌제도의 비생산성을 비판하였다' 는 서술도 정확하지 않으므로 수정하는 것이 바람직하다. 박지원은 '놀고먹는 양반' 의 문제 해결책으로 '양반상인론' 을 제안하면서, 양반도 농업 공업 상업 등 생산 활동을 연구하여야 하고 그에 종사할 것을 주장한 것이지 양반문벌제도 자체를 문제삼은 것이 아니기 때문이다. 오히려 이 부분에서는 양반도 상업에 종사해야 한다는 '양반상인론' 과 상공업 진흥론 등이 화성신도시 건설과정에서 받아들여져 국가의 정책으로 실천되었음을 보완 서술하는 것이 필요하다.

마지막에 실학사상의 계승과 관련하여 '북학파 실학사상은 19세기 후반에 개화사상으로 이어졌다' 고 한 서술도 문맥상 19세기 전 중반 실학의 단절을 시사하는 듯하여 학생들이 오해할 수 있는 서술이다. 19세기 이후 집권세력과 추사 김정희 계열에 의해 북학이 크게 유행하기에 이르며, 이후 박규수, 최한기, 홍선대원군 등에 의해 북학이 확산되었던 점을 근래 연구 성과에 따라 서술하면서,15) 실학이 개화사상에 이르기까지 어떻게 계승되었는지 설명해 주는 것이 좋다고 생각된다.

다음에는 '국학 연구의 확대' 부분 서술을 검토해 보자.

4) 국학 연구의 확대

실학의 발달과 함께 민족의 전통과 현실에 대한 관심이 깊어지면서 우리의 역사, 지리, 국어 등을 연구하는 국학이 발달하였다. 이익은 실증적이며 비판적인 역사 서술을 제시하고, 중국 중심의 역사관에서 벗어나 우리 역사를 체계화할 것을 주장하였으며, 민족에 대한 주체적 자각을 높이는 데 이바지하였다. 이익의 제자 안정복은 동사강목을 저술하여 이익의 역사 의식을 계승하였다.

이긍익은 조선 시대의 정치와 문화를 정리하여 연려실기술을 저술하였다. 한치윤은 500여 종의 중국 및 일본의 자료를 참고하여 해동역사를 편찬하여 민족사 인식의 폭을 넓히는 데 이바지하였다.

이종휘는 동사에서 고구려 역사 연구를, 유득공은 발해고에서 발해사 연구를 심화하였다. 이들은 고대사 연구의 시야를 만주 지방까지 확대시킴으로써 한반도 중심의 협소한 사관을 극복하는 데 힘썼다. 한편, 김정희는 금석과안록을 지어 북한산비가 진흥왕 순수비임을 밝혔다.

국토에 대한 연구도 활발하여 우수한 지리서가 편찬되고 정밀한 지도가 제작되었다. 역사 지리서로는 한백겸의 동국지리지, 정약용의 아방강역고 등이 나왔고, 인문 지리서로는 이중환의 택리지가 편찬되었다.

중국에서 서양식 지도가 전해짐에 따라 정밀하고 과학적인 지도가 많이 제작되었다. 정상기의 동국지도는 최초로 100리척을 사용하여 정확하고 과학적인 지도 제작에 공헌하였다. 김정호의 대동여지도는 산맥, 하천, 포구, 도로망의 표시가 정밀하고, 거리를 알 수 있도록 10리마다 눈금이 표시되었으며, 목판으로 인쇄되었다.

언어에 대한 연구도 진전되어 신경준의 훈민정음운해와 유희의 언문지 등이 나왔고, 우리의 방언과 해외 언어를 정리한 이의봉의 고금석림도 편찬되었다.

조선후기에는 실학이 발달하고 문화 인식의 폭이 넓어짐에 따라 백과사전류의 저서가 많이 편찬되었다. 이 방면의 효시가 된 책은 이수광의 지봉유설이며, 그 뒤를 이어 18, 19세기에 이익의 성호사설, 이덕무의 청장관전서, 서유구의 임원경제지, 이규경의 오주연문장전산고 등이 나왔다. 영 · 정조 때에는 국가적 사업으로 동국문헌비고가 편찬되었는데, 이 책은 우리나라의 역대 문물을 정리한 한국학 백과사전이다.

우선 위의 글에서는 '실학의 발달과 함께 민족의 전통과 현실에 대한 관심이 깊어지면서 우리의 역사, 지리, 국어 등을 연구하는 국학이 발달하였다' 고 하여 조선후기 국학의 발달이 성리학과 무관하게 실학 발달의 성과인 것으로 서술하였다. 하지만, 이는 실학과 성리학을 대립적으로 보고 성리학과 국학 발달의 관련성을 배제하면서 서술한 내용이므로 수정이 필요하다.

예컨대 304쪽 날개글에서 '우리 역사의 독자적 정통론을 세워 이를 체계화하였다'고 하면서 국학 발달의 대표적 성과물로 들고 있는 안정복의 『동사강목』은 성리학적 사체(史體)와 사론(史論), 곧 강목법(綱目法)과 정통론(正統論)에 가장 충실한 사서였다. 진경산수화와 동국진체 등 진경문화는 전통 성리학 발달의 연장선상에서 등장하므로,16) '민족의 전통과 현실에 대한 관심이 깊어지면서', 그에 따라 '국학이 발달'했던 것을 성리학을 배제한 채 실학 발달의 결과로만 설명하는 것은 수정해야 할 것이다.

또한 '실학이 발달하고 문화 인식의 폭이 넓어짐에 따라 백과사전 류의 저서가 많이 편찬되었다'고 하면서 '이 방면의 효시가 된 책'으로 이수광의 『지봉유설』을 들었는데 이수광은 저명한 성리학자 율곡 이이의 문인이었으며, '백과사전 류 저서'의 '효시'라면 오히려 율곡 이이(1536~1584)와 같은 시대를 살았던 권문해(1534~1591)의 『대동운부군옥』이 더 적합할 것이다.17) 권문해는 퇴계 이황에게 직접 수학한 성리학자로서 이수광보다 선배였다. '백과사전 류 저서'는 16세기의 정통 성리학자들에 의해 편찬되기 시작한 것이다.

그런가 하면, 그 뒤를 이어 나온 '백과사전 류 저서'로서 김육의 『유원총보』와 홍만선의 『산림경제』, 그리고 어숙권의 『고사촬요』를 계승한 서명응의 『고사신서』 등도 빠질 수 없다. 이들 간의 상호 연관 관계를 밝혀 보완해서 서술해야 할 것이고, 아울러 교과서에서 백과사전 류 저서를 열거한 가운데 이덕무의 '시문집'인 『청장관전서』를 든 것은 명백한 오류이므로 바로잡아야 할 것이다.

3) 과학 기술(4장 3절 과학기술의 발달)

2006년판 교과서의 조선후기 과학기술 발달에 관한 서술을 검토해 보면 여기서도 부적절하거나 잘못된 서술이 꽤 눈에 띈다. 다음에 교과서의 해당 내용을 먼저 살펴보자.

> 3. 과학 기술의 발달
>
> 1) 서양 문물의 수용
>
> 조선후기에는 전통적 과학 기술을 계승 발전시키면서 중국을 통하여 전래된 서양의 과학 기술을 수용하여 과학 기술면에서도 큰 진전이 있었다.
>
> 서양 문물은 17세기경부터 중국을 왕래하던 사신을 통해서 들어왔다. 선조 때 이광정은 세계 지도를 전하고, 인조 때 정두원은 화포, 천리경, 자명종 등을 전하였다. 당시 명 · 청의 수도인 베이징에는 서양 선교사가 있었는데, 조선의 사신은 이 곳에서 이들과 접촉하여 서양 문물을 소개받았다. 서양 문물의 수용에 관심을 가진 사람들은 이익과 그의 제자들 및 북학파 실학자들이었다. 이익의 제자 중에서 일부는 서양의 종교인 천주교까지 수용한 사람도 있었으나, 대부분의 학자는 서양의 과학 기술은 받아들이면서도 천주교는 배척하였다.
>
> 17세기에는 벨테브레와 하멜 일행이 우리나라에 표류해 왔다. 벨테브레는 훈련도감에 소속되어 서양식 대포의 제조법과 조종법을 가르쳐 주었고, 하멜 일행은 네덜란드로 돌아가 하멜 표류기를 지어 조선의 사정을 서양에 전하였다.

2) 천문학과 지도 제작 기술의 발달

조선후기에는 국민의 생활 개선을 중요시하여 과학과 기술분야에 관심을 가진 학자가 많았다.

천문학은 서양 과학의 영향을 받아 크게 발전하였다. 이익은 서양 천문학에 큰 관심을 가지고 연구하였으며, 김석문은 지전설을 우리나라에서 처음으로 주장하여 우주관을 크게 전환시켰다. 홍대용은 과학 연구에 힘썼으며, 김석문과 함께 지전설을 주장하였다. 지전설은 성리학적 세계관을 비판하는 근거가 되기도 하였다. 또, 지구가 우주의 중심이 아니라는 무한우주론을 내놓았는데, 당시로서는 대담한 주장이었다. 이리하여 조선후기의 천문학은 전통적 우주관에서 벗어나 근대적 우주관으로 접근해 갔다.

역법은 김육 등의 노력으로 시헌력이 도입되었다. 이는 서양 선교사인 아담 샬이 중심이 되어 만든 것으로 청에서 사용되고 있었는데, 종전의 역법보다 한 걸음 더 발전한 것이었다. 조선에서는 약 60여 년간의 노력 끝에 시헌력을 채용하였다.

조선후기에 서양 선교사가 만든 곤여만국전도 같은 세계 지도가 중국을 통하여 전해짐으로써 지리학에서도 보다 과학적이고 정밀한 지식을 가지게 되었고, 지도 제작에서도 더 정확한 지도가 만들어졌다. 이를 통하여 당시 조선인의 세계관이 확대될 수 있었다.

이 부분에서 먼저 지적할 것은 서양 문물의 수용과 과학 발달의 단계적 특성이 불명확하게 서술되어 학생들에게 혼란을 주고 있다는 점이다. 17세기에는 '중국을 왕래하던 사신을 통해서' 라고 하고, 18세기에는 '서양문물의 수용에 관심을 가진 사람들은 이익과 그의 제자들 및 북학파 실학자들이었다' 고 하였는데, 이 서술은 서학 수용의 주도층을 지나치게 단순화하고 축소했으므로 수정하는 것이 바람직하다. 예컨대, 정조대왕이 사도세자의 명복을 빌기 위해 용주사를 세울 때 당대의 대표적 화가인 김홍도와 이명기를 북경에 보내어 서양 천주교회당의 서양 그림을 연구해 오도록 하여 탱화를 그린 사실[18] 등은 이 시대 서양 문물의 수용이 국왕을 위시한 다양한 계층 사이의 광범위한 풍조였음을 단적으로 보여주고 있기 때문이다.

2002년판 교과서에서 서양 과학기술의 수용이 '19세기에 이르러 진전되지 못한 채 정체되고 말았다' 고 한 서술(318쪽)은 19세기 과학기술에 대한 정체론적 설명이었는데 다행히 2006년판에서는 삭제되었다. 그러나 2006년판에서도 19세기 이후 과학의 발전에 대한 소개가 없기는 마찬가지여서 정체론에 입각한 설명의 흐름은 여전하다. 19세기 이후 서유구, 이규경, 남병철 등의 과학기술 연구와 서양 자연과학과 의학에 대한 최한기의 방대한 연구 성과, 특히 최한기와 김정호가 협력하여 이루어낸 지리학과 지도 제작의 성과 등을 발전론의 관점에서 학생들에게 입체적으로 설명해 주는 노력이 필요하다고 생각된다.

이는 의학과 농학의 발달에 관한 서술에서도 마찬가지로 지적할 수 있다.

> 3) 의학, 농학의 발달과 기술 개발
>
> 조선후기에 의학이 크게 발전하였다. 17세기 초에 허준은 동의보감을

저술하여 의학 발전에 큰 공헌을 하였다. 이 책은 우리의 전통 한의학을 체계적으로 정리한 것으로 우리나라뿐만 아니라 중국과 일본에서도 간행되어 뛰어난 의학서로 인정되었다.

허준과 같은 시기에 허임은 침구경험방을 저술하여 침구술을 집대성하였다. 정약용은 마진(홍역)에 대한 연구를 진전시키고 이 분야의 의서를 종합하여 마과회통을 편찬하였으며 박제가와 함께 종두법을 연구하여 실험하기도 하였다.

19세기에 이제마는 동의수세보원을 저술하여 사상 의학을 확립하였다. 이는 사람의 체질을 태양인, 태음인, 소양인, 소음인으로 구분하여 치료하는 체질 의학 이론으로, 오늘날까지도 한의학계에서 통용되고 있다.

17세기에 이르러 많은 농서가 편찬되고, 농업 기술도 크게 발달하였다.

17세기 중엽에 신속은 농가집성을 펴내 벼농사 중심의 농법을 소개하고, 이앙법의 보급에 공헌하였다. 그 후, 상업적 농업이 발달하고 농업의 영역이 확대됨에 따라, 곡물 재배법뿐만 아니라 채소, 과수, 원예, 양잠, 축산 등의 농업 기술을 소개하는 농서가 필요하게 되었다. 이에 박세당은 색경을, 홍만선은 산림경제를, 서호수는 해동농서를 저술하여 농업 기술의 발전에 이바지하였다. 19세기에 서유구는 농업과 농촌 생활에 필요한 것을 종합하여 임원경제지라는 농촌 생활 백과사전을 편찬하였다.

과학과 기술의 중요성을 확신하고 기술의 개발에 앞장섰던 사람은 정약용이었다. 그는 인간이 다른 동물보다 뛰어난 것은 기술 때문이라고 보고, 기술의 발달이 인간 생활을 풍요롭게 한다고 믿었다. 그리하여 스스로 많은 기계를 제작하거나 설계하였다. 그는 서양 선교사가 중국에서 펴낸 기기도설을 참고하여 거중기를 만들었는데, 이 거중기는 수원 화성을 쌓을 때에 사용되어 공사 기간을 단축하고 공사비를 줄이는 데 크게 공헌하였다. 정약용은 정조가 수원에 행차할 때 한강을 안전하게 건너도록 배다리도 설계하였다.

의학, 농학의 발달 과정을 설명하면서 교과서의 서술은 17세기 초 허준과 허임으로부터 거의 2백년을 뛰어넘어 정약용을 언급한 후, 19세기 말 이제마(1838~1900)의 『동의수세보원』에까지 이르고 있다. 그러나 '조선후기에 의학이 크게 발전하였다'면, 300년간 '크게 발전한' 의학의 실제 내용을 보완하여 17, 18, 19세기에서의 발전의 성과를 단계적, 그리고 체계적으로 설명해 주어야 할 것이다.

또한, '과학과 기술의 중요성을 확신하고 기술 개발에 앞장섰던 사람'으로 정약용만을 언급한 것도 적절치 못하다. 홍대용, 박지원, 서호수 등 북학파 학자들과 이규경, 최한기, 남병철 등에 이르기까지 여러 종류의 기기를 제작했거나 기계 제작 실험을 했던 학자와 그들의 업적을 근래의 연구 성과를 참고해서 열거하는 것이 좋을 것이다.

그밖에, 교과서에서는 기술 개발의 사례로 화성 건설 과정에서 정약용이 고안한 거중기와 배다리만을 언급하였는데, 오히려 더 중요한 것은 화성 건설을 위해 벽돌을 대량생산했던 중국식 벽돌 가마와, 특히 정조시대 농업 기술 발달과 관련하여 국가적 차원에서 건설한 대규모 수리시설(예컨대 화성신도시에서의 만석거 저수지, 서호 저수지)과 이곳에 설치한 수문과 수차 등 농업시설과 기계, 그리고 국영 시범농장(북둔과 서둔 등)에서의 선진적 영농 실험들이라고 하겠다.[19] 정조시대에 국가적 차원에서 실학자들의 구상을 받아들여 진행했던 농업 기술 발전의 노력이 근래의 연구에서 밝혀져 있으므로 보완하여 서술하는 것이 바람직하다.

4) 문학과 예술(4장 4절 문화의 새 경향)

4. 문화의 새 경향

1) 서민 문화의 발달

조선후기에는 상공업의 발달과 농업 생산력의 증대를 배경으로 문화 면에서 새 기운이 나타났다. 서당 교육이 보급되고, 서민의 경제적 신분적 지위가 향상됨에 따라 서민 문화가 대두하였다. 양반을 중심으로 유교 테두리 내에서 이루어지던 문예 활동에 중인층과 서민층이 참여하여 큰 변화가 나타났다. 특히, 역관이나 서리 등의 중인층 및 상공업 계층과 부농층의 문예 활동이 활발해졌고, 상민이나 광대의 활동도 활기를 띠었다.

교양이나 심성 수련이 목표였던 조선전기의 문예가 정적이고 소극적이었다면, 조선후기의 문예는 감정을 적나라하게 표현하는 경향이 강하였다. 이런 경향은 자연히 양반들의 위선적인 모습을 비판하고 사회의 부정과 비리를 풍자하고 고발하는 경향을 띠었다.

누구나 쉽게 읽을 수 있는 한글 소설의 보급은 그 영향력이 대단히 컸다. 한글 소설은 영웅이 아닌 평범한 인물이 주인공인 경우가 많았고, 대부분 현실적인 세계가 배경이 되었다. 춤과 노래 및 사설로 서민의 감정을 그대로 드러내어 표현한 판소리와 탈춤은 서민 문화를 확대하는 데 크게 기여하였다. 회화에서는 그 저변이 확대되어 풍속화와 민화가 유행하였다. 음악과 무용에서는 감정을 대담하게 표현하는 경향이 짙었다.

2) 판소리와 탈놀이

조선후기 문화의 새 기운 중에서 가장 두드러지고 인기 있는 분야는 판소리와 탈춤이었다. 판소리는 구체적인 이야기를 창과 사설로 엮어 가기 때문에 감정 표현이 직접적이고 솔직하였다. 그뿐만 아니라, 분위기에 따라 광대가 즉흥적으로 이야기를 빼거나 더할 수 있었고, 관중이 추임새로써 함께 어울릴 수 있었기 때문에, 서민을 포함한 넓은 계층으로부터 호응을 받을 수 있었다. 이런 이유로 판소리는 이 시기 서민 문화의 중심이 되었다.

판소리 작품으로는 열두 마당이 있었으나, 지금은 춘향가, 심청가, 홍보가, 적벽가, 수궁가 등 다섯 마당만 전하고 있다. 신재효는 19세기 후반에 이런 판소리 사설을 창작하고 정리하였다.

탈놀이와 산대놀이도 조선후기의 사회 변화와 함께 성행하였다. 탈놀이는 향촌에서 마을 굿의 일부로서 공연되어 인기를 얻었고, 산대놀이는 산대라는 무대에서 공연되던 가면극이 민중 오락으로 정착되어 도시의 상인이나 중간층의 지원으로 성행하였다.

이런 가면극에서는 지배층과 그들에게 의지하여 살아가는 승려들의 부패와 위선을 풍자하기도 하였다. 나아가 하층 서민인 말뚝이와 취발이를 등장시켜 양반의 허구를 폭로하고 욕보이기까지 하였다.

가면극과 판소리는 상품 유통 경제의 활성화와 함께 성장하여 당시 사회적 모순을 예리하게 드러내면서 서민 자신들의 존재를 자각하는 데 기여하였다.

조선후기 '문학과 예술의 새 경향'에서는 서민문화의 발전을 특히 강조하고 있다. 그러나 17~18세기에 양반들의 주류 문화가 어떤 발전을 보였는가를 먼저 서술하고, 그와 연관하여 '서민문화'의 등장 발달을 설명하는 쪽으로 수정함이 필요하다.

또한, '중인층'의 문화를 '서민문화'에 포함시켜 설명해도 될지 엄밀히 재검토해 보는 것이 좋겠고, '중인층과 서민층'의 '서민문화의 대두'를 조선후기 300년간 지속적 양상이었던 것처럼 서술하는 것도 수정해야 한다. 중인층과 서민층이 참여하는 '큰 변화'의 실상을 분명히 하자면, 양반을 중심으로 한 조선후기 문예 활동을 개관한 후 그와 연관지워 '문학과 예술의 새 경향'으로 서술하는 것이 바람직하지만 교과서 서술은 이 점에서 균형을 잃고 있다.

이 밖에, 조선전기의 문예를 '교양이나 심성 수련이 목표'이고 '정적이고 소극적이었다'고 하면서, 그와 달리 조선후기의 문예는 '감정을 적나라하게 표현하는 경향이 강하였다' 고 대비시킨 것도 지나치게 단순화한 잘못된 설명이다. 조선후기 문예의 '이런 경향은 자연히 양반들의 위선적인 모습을 비판하고 사회의 부정과 비리를 풍자하고 고발하는 경향을 띠게 되었다'는 설명도 논리와 근거가 취약하므로 수정이 필요하다. 양반층의 한문학에서 양반의 위선과 사회 비리 고발은 '감정의 적나라한 표현이 가능해져서' 라기보다는 양반층의 엄격한 자기 반성과 윤리의식, 비판의식의 표출에 의한 것이었다고 보이기 때문이다.

서민문화 발달의 양상으로 '민화'와 함께 '풍속화'의 유행을 들어 서술하는 것도 수정이 필요하다. 풍속화는 진경산수화와 함께 '동국진경(東國眞景)'의 하나로서, 18세기에 새로이 사회 주도계층으로 대두한 경화사족층에 의해 유행하게 되었고,[20] 서민문화 발달로 인해 나타난 양상은 아니었기 때문이다.

다음에는 조선후기 문학의 발달에 대한 교과서 서술을 검토해 보자.

3) 한글 소설과 사설 시조

조선후기의 사회 변동을 구체적으로 반영한 것은 문학이었다. 그 중에서도 한글 소설과 사설 시조가 대표적이었고, 이는 문학의 저변이 서민층에까지 확대되면서 나타난 현상이었다.

최초의 한글 소설로 알려진 허균의 홍길동전은 서얼에 대한 차별의 철폐, 탐관오리의 응징을 통한 이상 사회의 건설을 묘사하는 등 당시의 현실을 날카롭게 비판하였다.

대표적인 한글 소설로 꼽히는 춘향전은 신분 차별의 비합리성을 나타내었다. 이 밖에도 제 목숨을 구하기 위하여 남의 생명을 빼앗으려는 못된 용왕을 골려 주는 토끼, 부모에 대한 지극한 효성으로 왕비가 된 심청, 불합리한 가족 관계에서 희생된 장화, 홍련 등의 이야기를 통하여 서민들은 자신과 사회를 되돌아볼 수 있었다.

한편, 시조에서도 새로운 움직임이 나타났다. 선비들의 절의와 자연관을 담고 있던 이전의 시조와는 달리 이 시기의 시조에는 서민의 감정을 솔직하게 나타내는 경향이 나타났다. 격식에 구애됨이 없이 감정을 구체적으로 표현할 수 있는 사설 시조 형식을 통하여 남녀간의 사랑이나 현실에 대한 비판을 거리낌없이 표현하였다.

양반층이 중심이 된 한문학도 실학의 유행과 함께 사회의 부조리한 현실을 예리하게 비판하였다. 정약용은 삼정의 문란을 폭로하는 한시를 남겼고, 박지원은 양반전, 허생전, 호질, 민옹전 등의 한문 소설을 써서 양반 사회의 허구성을 지적하며 실용적 태도를 강조하였다. 특히, 그는 현실을 올바르게 표현할 수 있는 문제로 혁신할 것을 주장하기도 하였다.

중인층과 서민층의 문학 창작 활동이 활발해지면서 동호인들이 모여 시사를 조직하였다. 김삿갓, 정수동 같은 풍자 시인은 아예 민중 속으로 파고들어 민중과 어우러져 활동하기도 하였다.

한글문학의 발달은 조선후기 문예에서 매우 중요한 의미를 지닌다. 이 부분에서 「홍길동전」을 지은 허균은 언급이 되었지만, 송강 정철, 고산 윤선도, 서포 김만중, 혜경궁 홍씨 등 양반층의 중요한 업적이 빠진 것은 한글문학을 서민문화의 범위 안에서만 다루려 했기 때문인 것으로 보인다. 조선후기 문화를 서민과 실학 위주로만 너무 편향되게 서술한 것은 아닌지, 조선후기 300년간 문학의 단계적 변화 양상을 염두에 두면서 재검토가 필요하다.

그런 면에서 '한글소설은 영웅이 아닌 평범한 인물이 주인공인 경우가 많았고 대부분 현실적인 세계가 배경이 되었다' 는 서술도 조선후기의 어떤 단계에서의 상황인지를 명확히 하지 못한데다가, 당시 많은 영웅소설의 유행을 상정할 때 정확한 서술은 아니다. '중인층과 서민층의 문학 창작 활동이 활발해' 진 상황이나 '사설시조 형식을 통하여 남녀간의 사랑이나 현실에 대한 비판을 거리낌없이 표현하였' 던 경향은 18세기 후반 이후 19세기 조선사회를 배경으로 하였으므로, 이를 명확히 함으로써 학생들이 조선후기 문학의 단계적 발전 과정으로 이해할 수 있도록 서술해 주는 것이 좋을 것이다.

한편, 「춘향전」이 '신분 차별의 비합리성을 나타내었다' 고 한 서술이나, 「별주부전(토끼전)」을 '제 목숨을 구하기 위하여 남의 생명을 빼앗으려는 못된 용왕을 골려주는 토끼' 에 초점을 맞추어 설명한 것은 일방적이며 부적절한 서술이라고 할 수 있다. 춘향전은 신분 차별과 탐관오리의 탐학 등 불합리한 현실을 고발하면서도 그를 넘어선 사랑의 승리를 그리고 있고, 별주부전은 토끼가 주인공이라기 보다는 그에 맞선 별주부의 충성심을 더욱 강조하고 있기 때문이다.

'양반층이 중심이 된 한문학'에서 '부조리한 현실을 예리하게 비판한' 면을 '실학의 유행'에 따른 현상으로 설명한 것도 오해의 여지가 있다. 이럴 경우, 실학사상을 가진 사람들만이 부조리한 사회 현실을 비판한 것으로 학생들이 받아들일 수도 있기 때문이다. 실학과 성리학을 대립되거나 상반된 것으로 보는 데서 나온 오류로서, 현실 비판은 실학에서나 가능했던 일로 학생들이 오인할 수도 있으므로 정확하게 서술하는 것이 좋겠다.

박지원의 한문소설에 대한 설명에서는 그가 양반사회를 부정한 것이 아니라 양반층(士)의 각성과 지도층으로서의 올바른 역할로서 사회 문제를 해결하고자 했다는 점을 분명히 하는 것이 필요하다. 박지원의 문체론을 '현실을 올바르게 표현할 수 있는 문체로 혁신할 것을 주장'했다고 설명한 것도 적절한 서술이 아니다. '법고창신(法古創新)론'과 함께 북학적 시문풍의 연장선상에서 박지원의 소설과 문체론을 설명해 주는 것이 좋을 것이다.

그런가 하면, 조선후기 '시사(詩社)' 활동에서 중인층과 서민층의 '시사'만을 언급하고 있는데, 오랜 전통을 가진 양반층 '시사' 활동의 융성을 먼저 설명하고, 그 뒤에 중인과 위항인(委巷人) '시사'의 등장을 소개하는 것이 사실에 부합한다. 양반층과 중인층, 서민층의 상호관계 위에 조선후기 문학이 발달했기 때문이다.

그런 점에서, 중서(中庶)층의 시사, 또는 위항인의 시사를 설명할 때 이들을 오늘날의 일반 '서민' 또는 '민중'과 동일시하도록 이끄는 것은 적절치 않으므로 좀더 조심스럽게 서술하는 것이 필요하다. '김삿갓, 정수동 같은 풍자시인은 아예 민중 속으로 파고들어 민중과 어우러져 활동하기도 하였다'는 서술은 학생들에게는 김삿갓과 정수동이 민중과 어우러진 '민중시인' 이었던 양 인상을 주므로 적절치 않다. 이들 문학의 본령은 한문학(漢文學)이었고, 이들이 어울린 것도 주로 양반 계층이었다. 특히 서울 경화거족(京華巨族) 가문의 문객(門客)으로 살았던 정수동의 경우에는 정확한 서술이라 하기 어렵다. 조선시대 역사의 서술에서 '민중' 이란 개념의 사용은 특별히 신중해야 할 것이다.

한편, 조선후기의 문학을 '문학의 저변이 서민층에까지 확대되면서 나타난 현상' 으로서 '한글 소설과 사설시조' 를 중심으로 설명한 것과 달리, 바로 다음의 조선후기 미술에 대한 교과서 서술은 양반지배층이 주도한 '진경산수화와 풍속화' 를 '새 경향' 의 핵심으로 부각시키고 있어 논리상 상충되는 모습을 보이고 있다. 전면적 수정이 필요하다.

4) 진경 산수화와 풍속화

조선후기 그림에서 나타난 가장 두드러진 새 경향은 진경 산수화와 풍속화의 유행이었고, 서예에서는 우리의 정서를 담은 글씨의 등장이었다. 진경 산수화는 우리의 자연을 사실적으로 그려 회화의 토착화를 이룩하였으며, 풍속화는 당시 사람들의 생활 정경과 일상적인 모습을 생동감 있게 그려 회화의 폭을 확대하였다.

17세기부터 우리 문화에 대한 자부심이 높아졌고, 이런 의식은 우리의 고유 정서와 자연을 표현하려는 예술 운동으로 나타났다. 진경 산수화는 중국 남종과 북종 화법을 고루 수용하여 우리의 고유한 자연과 풍속에 맞춘 새로운 화법으로 창안한 것이었다.

진경 산수화를 개척한 화가는 18세기에 활약한 정선이었다. 그는 서울 근교와 강원도의 명승지를 두루 답사하여 그것들을 사실적으로 그려냈다. 정선은 대표작인 인왕제색도와 금강전도에서 바위산은 선으로 묘사하고 흙산은 묵으로 묘사하는 기법을 사용하여 산수화의 새로운 경지를 이룩하였다.

정선의 뒤를 이어 산수화와 풍속화에 새 경지를 열어 놓은 화가는 김홍도였다. 그는 산수화, 기록화, 신선도 등을 많이 그렸지만, 정감 어린 풍속화를 그린 것으로 유명하다. 그는 밭갈이, 추수, 씨름, 서당 등에서 자신의 일에 몰두하는 사람들의 특징을 소탈하고 익살스러운 필치로 묘사하였다. 이런 그림에서 18세기 후반의 생활상과 활기찬 사회의 모습을 살필 수 있다.

김홍도에 버금가는 풍속화가로는 신윤복이 있었다. 그는 주로 양반들과 부녀자들의 생활과 유흥, 남녀 사이의 애정 등을 감각적이고 해학적으로 묘사하였다.

이 밖에도 강세황 등의 화가가 개성 있는 그림으로 18세기를 화려하게 장식하였다. 특히, 강세황은 서양화 기법을 반영하여 실감 나게 표현하였다. 19세기에 이르러 장승업은 강렬한 필법과 채색법으로 뛰어난 기량을 발휘하였다. 진경 산수화와 풍속화는 김정희 등의 문인화의 부활로 침체되었다가 한말에 새로운 모습으로 나타났다.

이와 함께 민중의 미적 감각을 잘 나타낸 민화도 유행하였다. 해, 달, 나무, 꽃, 동물, 물고기 등을 소재로 삼아 소원을 기원하고 생활 공간을 장식하였다. 이런 민화에는 소박한 우리 정서가 짙게 배어있다.

서예에서도 우리의 정서와 개성을 추구하는 단아한 글씨의 동국진체가 이광사에 의하여 완성되었다. 김정희는 우리 서예 발전의 성과를 바탕으로 고금의 필법을 두루 연구하여 굳센 기운과 다양한 조형성을 가진 추사체를 창안하여 서예의 새로운 경지를 열었다.

조선후기 그림에 관한 교과서 서술에서는 '두드러진 새 경향'으로서 진경산수화와 풍속화를 강조해서 다루고, 말미에 민화 등을 다루고 있다. 이 '새 경향'의 등장 배경에 대해 교과서는 '17세기부터 우리 문화에 대한 자부심이 높아졌고, 이런 의식은 우리의 고유 정서와 자연을 표현하려는 예술 운동으로 나타났다'고 설명하였다. 그러나 그 결과가 그림에서는 양반층의 '진경산수화와 풍속화'인 반면에, 문학에서는 서민층의 '한글 소설과 사설시조'라는 것은 논리적 일관성을 잃은 설정으로서 학생들의 혼란을 야기한다고 하겠다.

또한, '17세기부터 우리 문화에 대한 자부심이 높아졌고, 이런 의식은 우리의 고유 정서와 자연을 표현하려는 예술 운동으로 나타났다' 고 설명한다면, 17세기 어떤 화가의 어떤 그림이 그에 해당되는 것인지 분명히 설명해 주어야 한다. 이후, 17세기 그림과 18세기 이후의 진경산수화와 풍속화를 균형 있게 개관한 후, 그 위에서 조선후기 그림의 발전 양상을 단계적으로 설명하는 것이 바람직하다. 조선후기 진경산수화와 풍속화의 등장과 유행을 이끈 것이 서울 경기지역 경화사족층이었다는 점을 소개해 주는 것도 필요하다.

겸재 정선의 〈인왕제색도〉와 〈금강전도〉의 기법상 특징을 '바위산은 선으로 묘사하고 흙산은 묵(먹?)으로 묘사하는' 것이라 했는데, 겸재 진경산수화에 대한 설명으로서는 잘못된 설명이다. '진경산수화와 풍속화는 19세기에 이르러 김정희 등의 문인화의 부활로 침체되었다'고 한 서술도 '문인화의 부활' 보다는 19세기 이후 문화예술의 전반적 변화의 일면으로서 설명하는 것이 좋을 것이다. '서양화 기법을 반영하여 더욱 실감나게 표현' 한 대표적 화가로 강세황을 든 것이나, '강렬한 필법과 채색법으로 뛰어난 기량을 발휘' 한 화가로 장승업을 설명한 것도 일면적이며 주관적이어서 수정해야 한다.

한편, 조선후기 서예의 발전을 '우리의 정서를 담은 글씨의 등장'이라 하고, '동국진체'를 '우리의 정서와 개성을 추구하는 단아한 글씨'라고 설명한 것도 앞시기 서예를 계승한 면과 차이점을 드러내지 못하였고 설명도 극히 추상적이어서 적절하지 못한 서술이다. 조선후기 서예에 대하여 18세기 동국진체, 19세기 김정희의 추사체로 단순화하여 설명하는 것도 문제다. 석봉체(石峯體) 이래 17세기의 양송체(兩宋體)라든지 옥동 이서(玉洞 李漵)와 기타 여러 서예가의 글씨와 비교하여 변화의 맥락과 갈래를 설명해 주는 것이 필요하다.

5) 건축의 변화

조선후기에 불교가 신앙의 자리를 어느 정도 차지하고 정치·경제적인 변화가 나타나면서 건축에도 새로운 변화가 나타났다. 양반과 새롭게 부상하고 있던 부농, 상공업 계층의 지원 아래 많은 사원이 세워졌고, 정치적 필요에 의하여 대규모 건축물이 세워지기도 했다.

17세기의 건축으로는 금산사 미륵전, 화엄사 각황전, 법주사 팔상전 등을 대표로 꼽을 수 있다. 이것들은 모두 규모가 큰 다층 건물로 내부는 하나로 통하는 구조를 가지고 있는데, 불교의 사회적 지위 향상과 양반 지주층의 경제적 성장을 반영하고 있다.

18세기에는 사회적으로 크게 부상한 부농과 상인의 지원을 받아 그들의 근거지에 장식성이 강한 사원이 많이 세워졌다. 논산 쌍계사, 부안 개암사, 안성 석남사 같은 사원이 대표적이다.

이 시기에 특기할 만한 건축물은 수원 화성이다. 정조 때의 문화적인 역량을 집약시켜 새롭게 만든 화성은 이전의 성곽과는 달리 방어 뿐만 아니라 공격을 겸한 성곽시설로, 주위의 경치와 조화를 이루며 평상시의 생활과 경제적 터전까지 조화시킨 종합적인 도시 계획 아래 건설되었다.

19세기의 건축으로는 흥선 대원군이 국왕의 권위를 높일 목적으로 재건한 경복궁의 근정전과 경회루가 화려하고 장중한 건물로 유명하다.

건축의 변화에서는 건축물을 그나마 17, 18, 19세기 각 시기별로 설명하여 학생들의 이해를 돕고 있다. 17세기의 대표적 건축물로 금산사 미륵전 등 여러 사찰 건물과, 18세기에는 '장식성이 강한(?) 사원' 몇몇과 화성성곽을 소개하고, 19세기의 건물로는 경복궁의 근정전과 경회루를 들었다. 하지만 서울의 5대 궁궐과 종묘 등 공공시설물들이 조선후기에 완성되었다는 점을 감안하면 교과서에서 대표적 건축물을 열거한 것은 수정이 필요하다. 적어도 세계문화유산으로 지정된 창덕궁과 종묘 등은 언급이 되었어야 하고, 이 시기의 대표적 유교건축물인 서원, 사우, 능묘 등과 양반가와 민가 등 주택이 소개되지 않은 점도 수정 보완하는 것이 좋겠다.

한편 17세기에 들어서 대규모 불교건축물을 세우는 양상을 소개하고 이를 '불교의 사회적 지위 향상과 양반지주층의 경제적 성장을 반영' 하는 것으로 설명하였는데, 조선전기 이래 '위축' 되었던 '불교의 사회적 지위 향상' 은 학생들에게 혼란을 일으킬 수 있는 설명이므로 보완이 필요하다. 불교건축물보다는 조선후기에 더욱 중요한 의미가 있는 유교건축물에 대해서 균형 있게 서술하는 것이 필요하다.

또한 수원의 화성을 '이전의 성곽과는 달리 방어뿐만 아니라 공격을 겸한(?) 성곽시설' 이라 설명한 것은 매우 잘못된 서술이다. '종합적인 도시 계획 아래 건설되었다' 고 하면서도 '성곽' 에 중점을 두어 설명한 것은 정조시대 '개혁의 시범도시'로서 건설된 화성신도시에 대하여 본말이 전도된 잘못된 설명이므로 근래의 연구성과를 참고하여 수정하는 것이 바람직하다.

6) 백자 · 생활 공예와 음악

조선후기에는 산업 부흥에 따라 공예가 크게 발전하였다. 자기 공예에서는 백자가 민간에까지 널리 사용되면서 본격적으로 발전하였다. 청화백자가 유행하는 가운데 형태가 다양해지고, 안료도 청화, 철화, 진사 등으로 다채로웠는데, 제기와 문방구 등 생활용품이 많았다. 형태와 문양이 어울려 우리의 독특하고 준수한 세련미를 풍겼다. 이와 함께 서민들은 옹기를 많이 사용하였다.

목공예도 생활 수준이 높아짐에 따라 크게 발전하였다. 장롱, 책상, 문갑, 소반, 의자, 필통 등 나무의 재질을 살리면서 기능을 갖춘 작품들이 만들어졌다. 화각 공예도 독특한 우리의 멋을 풍기는 작품이 많았다.

음악에 있어서도 새로운 움직임이 나타났다. 음악의 향유층이 확대됨에 따라 성격이 다른 음악이 다양하게 나타나 발전하였다. 양반층은 종래의 가곡, 시조를 애창하였고 서민은 민요를 즐겨 불렀다. 이와 함께 상업의 성황으로 직업적인 광대나 기생이 판소리, 산조와 잡가 등을 창작하여 발전시켰다. 이 시기의 음악은 전반적으로 감정을 솔직하게 표현하는 경향이 더욱 강하였다.

회화 등 다른 분야와 마찬가지로 조선후기 백자 역시 그 발달 과정을 단계적으로 설명하되 조선후기 문화의 전체적 경향성 위에서 설명하는 것이 바람직하다. 같은 시기 다른 예술 분야와 횡적으로 연관시키면서 시대적 성격을 부각시키려는 노력이 있어야 한다는 것이다. 예컨대 달항아리는 같은 시대의 예술품인 진경산수화와 풍속화, 동국진체 등과 같은 흐름에 있었음을 학생들에게 알려주는 것이 필요하다.

백자에서 그 특징적 미감을 '독특하고 준수한 세련미' 라고 한 것은 지나치게 추상적인 표현이어서 수정해야 할 것이다. 신분과 무관하게 널리 쓰이던 옹기를 서민들의 그릇인 양 설명한 것도 잘못된 설명이다.

유교사회에서 음악은 예(禮)와 함께 사회 교화의 방편으로서 매우 중요한 위상을 지닌다. 유교국가였던 조선에서는 음악이 크게 발달하였다. 그럼에도 교과서의 음악 서술은 가곡, 시조, 민요 등 성악의 발달만을 다룸으로써 균형을 잃었으며, 서술 분량에서도 너무나 빈약한 느낌을 준다. 양반과 서민들의 음악과 궁중 음악, 성악과 기악을 함께 다루고 음악 발달의 전체적 맥락 속에서 조선후기 음악을 체계적으로 소개하는 것이 필요하다.

그런가 하면 교과서에서는 가곡과 시조는 양반층, 서민은 민요로 각기 연관지웠는데 이는 훗날 사설시조가 발달하여 널리 불리워지던 상황 등을 감안할 때 정확한 서술이 아니다. 조선후기 음악의 특징을 '전반적으로 감정을 솔직하게 표현하는 경향이 더욱 강한' 것으로 서술한 것도 조선후기 음악의 다양한 갈래를 너무 단순화했으므로 바로잡아야 할 것이다.

3. 문제점과 보완 방향

제7차 교육과정의 고등학교 국정 국사 교과서의 조선후기 문화사 부분 서술은 수정 보완해야 할 점이 매우 많은 것으로 드러났다.

먼저 지적할 문제는, 조선시대 문화사 서술이 새로운 연구성과를 외면한 채 낡은 '통설'을 그대로 답습하여 기본적 골격에서부터 많은 오류와 논리적 모순을 노출하게 되었다는 점이다. 또한 7차 교육과정에서 분류사 서술 체계를 채택하면서 정치 경제 사회 문화 각 분야 역사 사실들의 구조적 연관성을 학생들이 이해하기 어렵게 되었다는 점도 큰 문제이다. 역사 사실들이 역사적 흐름과 유리된 채 단편적이고 때로는 파편적으로 서술되고 있는 점은 차후의 교과서 서술에서 우선적으로 보완되어야 할 점이다.

목차 구성에 있어, 장(章) 절(節)의 설정이 논리적 일관성을 잃고 있는 점도 보완되어야 할 문제로 드러났다. 본문 내용에서 정체성론이나 주자학(유교)망국론 같은 식민사학의 논리를 답습한 서술이나, 최근의 연구 성과를 외면한 구태의연한 서술 등도 문제였다. 역사학은 현실을 올바로 조명하기 위한 학문이고 역사 교육 또한 마찬가지이므로 학생들의 올바른 현실인식을 위해서라도 역사 교과서는 변화하는 현실을 올바로 설명하기 위해 최신의 연구 성과들을 수용하면서 끊임없이 쇄신되고 진화하여야 한다.

조선후기 문화사의 서술과 참고 자료 검토에서 드러난 부적절한 설명이나 명백한 오류들도 시급히 바로잡아야 한다. 하지만, 매년 거듭 수정하는 과정을 거쳐 나온 교과서에서조차 오류가 고쳐지지 않은 채 반복되고 있는 상황은 그 원인에 대한 근본적 점검을 필요로 하고 있다. 이는 조선후기 문화사 서술에 국한된 문제만은 아니며, 국사 교과서 집필 과정과 검증 체계 자체가 안고 있는 구조적 문제로 판단된다.

지적된 문제점들은 한국 사학계에서의 연구의 부진에 근거한 경우도 있고, 연구 성과가 있음에도 교과서 편찬 관계자들이 받아들이지 않음으로써 나타난 경우도 있다. 교과서 편찬 시스템이 부실하거나 교과서 검증 시스템이 제대로 작동하지 않아서 초래된 결과이기도 하다. 어떤 경우이든 수많은 문제점이 드러난 이상 관련 학회 및 전문가들과 솔직하면서도 충분한 협의를 거쳐 시급히 대안을 마련하는 것이 필요하다. 이는 현재 진행되고 있는 교육과정 개편과 그에 따른 새로운 형태의 검인정 국사 교과서 편찬을 올바로 진행하기 위해서도 반드시 거쳐야 할 과정일 것이다.

제2장 | 대중역사서의 오류와 조선후기 정치사 연구[21)]

1. 대중역사서와 역사 대중화의 현실

역사 연구는 올바른 현실인식과 미래상을 제시하기 위한 것이다. 일제(日帝) 강점기 정체성론(停滯性論)과 타율성론(他律性論)에 입각한 식민사관(植民史觀)이 일제의 침략과 지배를 정당화하기 위해 일제가 주도한 것이었다면, 해방 이후 우리의 역사 연구는 그를 극복하여 우리의 주체적 입장에서 역사와 현실을 조명하고 발전적 입장에서 올바른 미래상을 제시하는 것이어야 했다.

그러나 해방 이후 혼란한 현실 상황 속에서 한동안 우리 역사학계는 이러한 역사학의 과제를 제대로 수행하지 못하였다. 그나마 근래 새로운 시각과 중요한 연구 성과들이 속속 제출되고 있지만 학계 내에서조차 제대로 소통되지 못하는 상황에서 그 대중화에 상당한 한계를 드러낸 것도 사실이다. 우리 학계가 역사에 대한 대중의 갈증을 풀어주지 못하는 가운데, 소설과 사극, 대중역사서가 여기에 부응함으로써 다양한 방법으로 역사지식의 대중화를 주도하여 이른바 '속설'로서 대중의 역사인식에 큰 영향을 미치게 된 것은 당연한 일이었다. 일각에서는 흥미 위주의 황당한 가설이 사실로 둔갑하고, 겉포장만 바꾼 식민사관과 사이비(似而非) 역사인식이 유포되기도 했다. 여기에 일부 언론이 장단을 맞춤으로써 대중의 역사인식이 학계의 연구 성과와 유리된 채 표류하기도 하는 것이 현실이다.

한때 역사소설의 소재로 등장하여 어느새 역사적 사실인 양 포장되어 '속설'로 널리 유포되고 있는 '정조독살설(正祖毒殺說)'이 그 대표적 사례다. 소설과 사극(史劇)의 세계에서 작가가 상상의 나래를 펴서 사건을 만들어내거나 사실을 임의로 해석해 보는 것은 있을 수 있는 일이다. 그러나 역사학이라는 학문의 세계에서, 더구나 역사학자를 자처하면서 학계의 연구 성과를 제대로 살펴보지도 않고 단편적 자료를 자의적으로 인용하거나 심지어 잘못 해석하여 황당한 주장을 펴는 것은 용납될 수 없다.

그런데도 우리 대중문화계 일각에서는 역사학계에 대한 막연한 편견 위에 조선시대사, 그리고 정조시대사에 대한 기초적 연구 성과와 자료조차 파악하지 않고 사료의 '오역(誤譯)'과 '오독(誤讀)', '왜곡(歪曲)'의 결과물을 역사적 진실이라고 선전하는 상황이 벌어지고 있다. 고대사로부터 현대사에 이르기까지 한국사 전 분야의 전문가를 자처하는 어떤 대중역사서 작가는 언론매체를 활용하여 정조독살설을 유포하면서 이른바 '주류 역사학계'와 학설을 '식민사학의 아류'라 몰아부치기도 한다. 사료의 왜곡을 일삼는 자칭 역사학자와 전문가들이 황당한 가설을 학설이라 내세우고, 대중들 앞에 나서서 다른 역사학자들의 공들인 연구 성과를 일거에 매도하는 오늘의 상황은 희극적이기까지 하다. 이는 역사 연구의 대중화 과정에서 우리 대중문화계와 학계가 처한 후진적 현실의 한 단면이라고 하겠다.

이런 상황에서 지난 2009년 2월 공개된 『정조어찰첩(正祖御札帖)』은[22] 정조의 인간적 면모와 정조시대 정치의 이면을 적나라하게 노출시킴으로써 관련 학계는 물론, 대중과 대중매체에게도 큰 충격을 안겨주었다. 학계로서도 이 새로운 '1차사료'의 등장을 계기로 그간의 사료 활용에 대한 반성이 필요하게 되었다. 그간 정치사 연구에서 주로 활용해 온 『조선왕조실록(朝鮮王朝實錄)』 등의 사료로서의 한계를 새삼 확인하게 되었고, 어찰에 정조시대 정치의 이면이 드러남으로써 그간 학계의 정치사 연구를 사실의 차원에서 점검하는 것도 시급한 일이 되었다. 아울러 정조시대에 대해 한껏 고조된 대중적 관심을 수용하여 그간 대중에게 잘못 유포된 역사사실과 역사관이 있다면 차제에 바로잡아야 한다는 과제도 안게 되었다.[23)]

여기서는 이러한 문제점을 의식하면서 정조시대 정치사 연구와 관련한 학계의 최근 연구 성과를 개관해 보고자 한다. 『정조어찰첩』은 정조시대 최말년 심환지(沈煥之)가 이끈 노론벽파와 정조의 긴밀한 관계를 보여주고 있으므로, 그간 노론벽파를 '정조와 화합 불가능한 최대 정적(政敵)' 이라고 거꾸로 설명하면서 일부 소설과 대중역사서가 유포한 '정조독살설' 에 대하여도 다시금 근본적 의문이 제기되었다. 이들이 소설적 상상을 통해 이러한 오류에 빠지게 된 것은 사료의 '오역' 과 '오독', '왜곡' 의 결과였으므로 이 문제를 구체적으로 짚어보고, '속설' 로서 제기된 '정조독살설' 근저의 잘못된 역사의식, 특히 식민사관의 영향도 살펴본다. 아울러 『정조어찰첩』이라는 '1차사료' 의 발굴에 즈음하여 그간 조선시대 정치사 연구를 위해 학계가 이용했던 자료들의 활용상의 문제점도 검토해 보았다.

2. 학문적 연구와 성과의 축적 : '시벽(時僻)', '탕평(蕩平)' 과 '갑자년구상'

1970년대 이래 새로운 시각으로 진행된 조선시대 정치사 연구는 그간 연구자들의 노력에 의해 많은 성과를 축적하였다. 식민사관의 당쟁론(黨爭論)적 인식에서 벗어나 조선후기 정치사를 '사림정치(士林政治)', '붕당정치(朋黨政治)'라는 새로운 인식틀에 의해 설명하게 되었으며, 주자학(朱子學) 이념을 바탕으로 한 조선후기 사회와 문화의 발전과정을 사실적으로 조명함으로써 숙종대 이후 영-정조시대의 '탕평정치(蕩平政治)'와 '실학(實學)', '진경문화(眞景文化)'에 대한 새로운 설명이 가능하게 되었다. 그 결과 정조시대는 전혀 새로운 면모로 우리 앞에 모습을 드러내게 되었다.

근래의 연구에 의하면 1776년부터 1800년까지 24년간의 정조 치세는 탕평정국 아래 조선의 사회 경제와 문화가 중흥을 맞이하여 그 극점에서 새로운 시대를 향해 변화를 모색하던 역동적 시기였다. 이는 정조라는 최고지도자와 그 휘하 다양한 지식인 집단의 꿈과 의지가 결합되어 나타난 것이었다. 정치사에서 볼 때 정조시대의 개혁정치는 정조가 사림(士林) 특히 '청론사류(淸論士類)' 지식인들을 지지기반으로 하면서 그들의 '우현좌척(右賢左戚)론'과 '학문정치(學問政治)론'을 받아들이고 여기에 '노소남북(老少南北)' 상이한 정파의 공존을 위한 '의리탕평(義理蕩平)론'을 제창하여 접목시킨 데서 가능했다.[24)]

정조는 즉위 초부터 영조의 탕평론을 계승하겠다는 의지를 표방하고, 동시에 사림을 등용하여 그들의 활동무대로 규장각(奎章閣)을 설치하고 척족(戚族)과 특권세력을 배제하는 우현좌척의 정치적 지향을 제시하였다. 정조가 구현하고자 한 정치는 영조대 탕평정치에 대한 반성 위에 사림정치의 회복을 추구하는 것이었다. 그러므로 영조가 신하들에게 색목(色目)이나 붕당적 이해를 떠나 국왕에게 귀의할 것을 요구하였던 것과 달리, 정조는 신료들의 색목과 의리론(義理論)을 인정하면서 그 위에서의 탕평을 추구하였다. 붕당의 타파를 추구하던 영조대의 정국은 오히려 탕평당(蕩平黨)이란 새로운 붕당을 낳고 후기에는 척족이 대두하여 특권 세력으로 발호하는 폐단이 야기되었기 때문이다. 정조는 이를 직시하여 여러 붕당과 정파의 공존과 화합을 위한 논리를 만들어 내고 그 위에서 이들을 통합하여 왕권의 강화를 꾀하는 쪽으로 정치 개혁을 추진했던 것이다.[25)]

그러므로 '탕평군주(蕩平君主)'로서 정조는 '노소남북'이라는 기존의 붕당을 모두 아우르고자 했으며, 이들 각각과 소통하면서 공존의 논리를 마련하고자 노력했다. 이런 가운데 정조 4년 이후 8년 사이에 정계가 재편되면서 '시파(時派)'와 '벽파(僻派)'가 새로 등장하여 각축하게 된다. 그럼에도 효장세자(孝章世子)의 아들 자격으로 왕위에 오른 정조로서는 생부(生父) 사도세자(思悼世子)의 복권과 추숭(追崇)이라는 과제가 왕권 강화와 탕평정치 성공의 전제였으므로 훨씬 다양해진 이들 여러 정치세력과 소통하여 그들을 화합시키려는 노력 속에 비원(悲願)의 실현을 위해 고심하게 된다.

이 두 개의 과제를 두고 전개된 정조 치세기 24년간의 정국은 장용영(壯勇營) 설치(12년 1월)와 노론 소론 남인의 삼상(三相)체제 수립(12년 2월)을 계기로 크게 전기와 후기로 나누어 볼 수 있다. 특히 삼당 보합의 탕평 위에 시벽의 변수가 얽혔던 정조대 후반은 사도세자 묘소를 수원으로 천봉(정조 13년, 1789년)한 이후, 이듬해(1790년) 얻은 왕세자가 15세 성년이 되는 1804년 갑자년(甲子年)을 겨냥하여 정조가 '갑자년구상'을 입안하고 그 준비를 본격화한 시기였다. 정조는 갑자년이 되면 장차 세자에게 왕위를 물려주고 화성으로 내려가 이미 벌려놓은 개혁사업에 진력하고, 신왕(新王)으로 하여금 사도세자 추숭의 비원을 이루어내도록 구상한 것이다.

애초에 갑자년을 목표로 10년 계획으로 추진했으나 34개월만에 완수

된 화성성역(華城城役; 정조 18년 1월~20년 10월)은 이런 구상 위에서 조선사회가 요구하던 '개혁(改革)의 시범도시' 건설과 정조의 개인적 꿈, 그리고 휘하 '실학자' 들의 이상을 동시에 실현하고자 추진한 사업이었다. 조선사회의 역량과 개혁의 방향성을 여실히 보여주었던 이 사업에서는 정조 주위에 집결했던 이른바 노소남북 여러 '실학자'들의 주장이 정책으로 받아들여져 실천됨으로써 화성은 '실학(實學)의 도시'로 평가되기도 한다. 아울러 국력을 기울인 대규모 국책사업의 추진은 정조대 후반 정국동향의 중요 변수가 되기도 했다.[26)]

특히 화성성역이 한창 진행되던 와중에 터진 정조 19년(1795년)의 정동준(鄭東浚) 사건은 기존 정국 운영 방식의 한계가 드러난 사건으로서, 이후의 정국 동향에 큰 영향을 미쳤다. 이 사건을 계기로 정조는 그간 양성한 친위세력과 다수 시파에 대한 불만과 불신을 피력하면서 관료들의 '속습(俗習)'을 바로잡겠다는 '교속(矯俗)'의 지향을 내세웠다.

이후 윤시동(尹蓍東), 유언호(兪彦鎬), 김종수(金鍾秀), 심환지(沈煥之) 등 청론사류와 벽파 세력을 진출시켜 그들을 중용하는 등 정국을 일변시키고자 했다. 또한 이들 세력과 기존의 친위세력 가운데 일부를 묶는 한편, 시파의 핵심이었던 김조순(金祖淳)을 외척으로 끌어들이는 등 대대적 정국 개편을 통해 갑자년 이후에 대비하려 하였다. 이런 정치적 구상은 1800년이 되자 왕세자 책봉과 관례(冠禮) 혼례(婚禮)를 동시에 진행하는 것으로 구체화되었고, 서거(6월 28일) 한 달 전인 5월의 정국 개편과 5월 그믐날의 '오회연교(五晦筵敎)'에 이르기까지 지속적으로 추진되었다.

정조 사후 11살의 순조(純祖)가 즉위함으로써 정순왕후(貞純王后)가 수렴청정을 하게 되고 경주김씨(慶州金氏), 반남박씨(潘南朴氏), 안동김씨(安東金氏) 세 외척이 대치하는 가운데 심환지가 영의정이 되어 벽파

우위의 정국 상황이 전개된다. 그러나 벽파의 우위는 불과 5년간에 불과했다. 1804년 갑자년, 순조가 15세로 성년이 되자 정순왕후는 수렴청정을 중지하였고 1805년 정순왕후가 서거한 이후 1806년 김조순의 안동김씨와 반남박씨가 연대하여 경주김씨와 벽파 세력을 일망타진함으로써('丙寅更化') 이후 노론과 소론의 시파가 주도하는 척족 세도정치가 고종대에 이르기까지 장기간에 걸쳐 이루어지게 되었다.

정조 20년(1796) 8월부터 정조 24년(1800) 6월까지 새로이 중용한 노론 벽파의 영수 심환지에게 정조가 보낸 300통 가까운 어찰은 이러한 과정에서 정조시대 탕평정국의 최종 단계를 보여주는 1차사료들이다. 이 자료에 드러난 정치적 사안들은 대체로는 근래에 밝혀진 정조시대 정치사 연구의 성과 위에서 정합적으로 설명될 수 있다. 하지만 이 자료가 기존 사료에서 알기 어려웠던 정치사의 이면과 주요 인물들의 동향을 적나라하게 보여주는 점에서 정조시대 정치사 서술은 더욱 풍부한 내용을 가질 수 있게 되었다. 그간 불명확했던 정조와 신료들의 소통 상황과 각 인물의 역할 등이 구체적으로 드러난 점에서도 차후 우리 학계는 관련 사료를 재검토하는 등 많은 연구 과제를 안게 되었다고 하겠다.

3. 소설적 상상과 오류의 확산 : '오역(誤譯)', '오독(誤讀)'과 '정조독살설'

이상에서 소개한 우리 역사학계의 최근 연구 성과에 비추어 볼 때, 정조시대를 소재로 한 일부의 소설과 사극, 대중역사서, 그리고 간혹 일부 학술논문들이 범하는 오류가 분명히 드러난다. 이들은 학계의 최근 연구 성과를 제대로 파악하지 못함으로써 정국 동향이라든가 중요 정치세력과 인물의 정치적 성향에 대한 기초적 설명에서부터 오류를 드러낸다.

정조대 이후의 상황이었던 시파 벽파의 대립을 사도세자(1735~1762)가 죽음을 맞았던 시점, 곧 영조대 중반으로까지 소급시킨다든가, 시파와 벽파, 남인과 노론을 정조의 편과 아닌 편으로 나누어 흑백 선악의 논리에 따라 왜곡하는 경향, 또한 탕평군주로서 정조의 소통과 화합의 노력을 알지 못한 채 주관적 선입견에 따라 노소남북과 시벽, 각 정파 간의 대립을 과장하고, 노론벽파를 '정조와 화합 불가능한 정적'으로 규정하는 등의 내용이 그러하다.

『정조어찰첩』을 통해 드러났듯이 그간 일부 소설가와 작가들에 의해 정조의 최대 정적이자 독살범으로 지목되었던 심환지는 오히려 집권 후반기 정조의 심복 가운데 한 사람이었다. 정조는 탕평을 실현하고자 심환지를 통해 노론벽파와 소통하면서 그들을 자신의 또하나의 권력기반으로 삼으려 노력하였으며 나아가 다른 정파와도 화합시키려고 노력했다. 그러므로 '오회연교'를 노론을 숙청하고 남인을 중용하려는 정조 의중의 표명이라고 잘못 파악하여 이것이 노론벽파가 정조를 독살하게 된 계기가 되었다고 하는 것은 사실과 상반된 엉뚱한 설명이었다.

사실 '정조독살설'은 정조 사후 서울에서 멀리 떨어진 시골, 특히 정조에게 큰 기대를 걸었다가 그의 죽음으로 정계 진출의 희망이 일거에 사라졌다고 생각한 당시 영남남인 사이에서는 나올 수 있는 이야기였다. 정약용이 쓴 「기고금도장씨여자사(紀古今島張氏女子事)」는 실제 경상도 인동지역 일각에서 그런 의심과 유언비어가 나돌기도 했음을 알려주고 있다.

200년 전 어느 시골에 떠돌던 이런 소문에 『조선왕조실록』의 몇몇 사료를 추가하고 정조와 정약용 같은 실제 인물을 등장시켜 현장감을 높임으로써 소설과 사극, 흥미 위주의 대중역사서는 큰 상업적 성공을 거두었다. 그러나 여기에 도취된 일부 소설가와 작가가 학계의 연구 성과를 제대로 살펴보지도 않은 채 이제는 호기롭게 역사학자 행세를 하면서 대중의 역사인식을 오도하게 되고 여기서 파문이 확산되기에 이른다. 사료를 자의적으로 해석하거나 왜곡하여 만들어낸 가설이 대중의 호응을 얻게 되자 이들은 마치 누군가 의도적으로 숨긴 역사적 진실을 찾아낸 듯이 선전하면서, 일부 언론을 동원하여 이른바 '주류학계'와 역사학자들을 식민사학 추종세력이니 '노론사관' 추종세력이니 하면서 일방적으로 매도하는 참으로 희한한 일이 벌어지고 있는 것이다.[27)]

그리하여 고조선으로부터 현대에 이르기까지 한국사 전 분야의 전문가를 자처하는 어떤 대중역사서 작가는 이른바 '주류학계'의 한국사 이해 체계 전체와 수많은 학설들을 문제삼고 '그들이 숨긴 역사적 진실'의 대표적 사례로 정조독살설을 주장하고 있다. 그러나 정조의 '독살'이 역사적 진실이었다고 주장하면서 내세우는 몇몇 핵심 사료 모두를 정밀하게 검토해 볼 때 독살의 근거가 될 수 있는 자료는 단 한 가지도 없었다. 이는 잘못된 선입관 때문에 사료를 잘못 번역했거나(誤譯), 자료의 전후 맥락과 유리된 엉뚱한 해석을 한 오독(誤讀)의 결과였다. 정조시대의 역사적 상황을 오해한 채 독살설을 제시하였으므로 제시된 방증 자료 역시 소설적 상상을 펼치는 과정에서 가설을 합리화하기 위해 왜곡될 수밖에 없었던 것은 당연한 일이었다. 특히 한문으로 기록된 원사료의 해독능력과도 관련이 되겠지만, 상당한 오류를 가지고 있는 『조선왕조실록』 국역본에만 의존함으로써 틀린 번역을 그대로 답습하거나 자료의 전후 맥락을 오해한 경우도 많았다. 하지만 그동안 소설과 사극, 대중역사서가 상상의 나래를 펴며 자료의 오역과 오독, 왜곡을 했다고 해서 역사학계가 나서서 일일이 그 잘못들을 고쳐주려고 애쓰거나 반박할 필요는 없었다. 그것은 '창작의 영역' 내에서 일어나고 있는 일이었기 때문이다.

그러나 일부 소설가와 대중역사서 작가들이 정조시대 전문가, 나아가 역사학자를 자처하면서 문제는 심각해졌다. 급기야 이들은 역사학계가 적극적으로 대응하지 않는 상황을 이용하여 식민사학에서 벗어나지 못한 역사 이야기와 가설을 그럴 듯하게 포장하여 이제는 '주류학계'가 은폐한 역사의 진실을 찾아낸 듯이 선전하기에 이른다. 지난 수십년간 역사학계가 어려운 여건 속에서 이루어낸 새로운 연구 성과를 살펴보지도 않은 채, 정조독살설을 무슨 학문적 근거라도 있는 학설처럼 포장하고 이를 근거로 엉뚱한 조선시대사관을 유포하는가 하면, 이 시대 전문가 행세를 함으로써 대중의 역사의식을 혼란에 빠트리는 상황이 전개되고 있는 것이다. 정조시대 정치사를 설명하면서 기본 사료의 오역과 오독은 물론, 주요 정치세력의 성쇠와 정치적 사건의 의미, 심지어는 중요 인물의 정치적 성향(黨色) 같은 기초적 사항조차 틀리거나 심지어 완전히 거꾸로 설명하면서 '주류학계'의 오류와 역사왜곡을 고발한다고 선전하는 상황이 더 이상 계속되는 것은 바람직하지 않다.

예컨대, 이들이 정조 서거 당일(6월 28일) 『정조실록』의 몇몇 기사를 독살의 명백한 증거라고 제시한 것부터 소설적 상상에 따라 사료의 오역과 오독, 착오와 왜곡을 거듭한 결과였다. 우의정이자 약방도제조로서 정조 치료의 최고책임자였던 소론 정파의 지도자 이시수(李時秀)를 '노론 벽파'인 줄 잘못 알고는 독살의 공범인 양 서술한다든가, 임금의 와병에서 죽음에 이르기까지 복합적 의미로 여러 차례 사용된 '대점(大漸)'이란 단어를 단순히 '위독하다'라고만 잘못 번역해서 정조의 생사(生死) 시점을 혼동한 것 등이 그 사례다.

독살의 공범인 정순왕후 혼자 정조의 임종을 지킴으로써 정조독살을 마무리했고, 이들과 한 패인 이시수는 이를 방조한 양 황당한 주장을 펼친 것은 『조선왕조실록』 기사가 전하는 내용의 전후 순서와 상황을 잘못된 선입견에 따라 오해하거나 의도적으로 왜곡한 결과였다. 『정조실록』에는 종척(宗戚)집사가 코에 솜을 대서 죽음을 확인하는 '속광(屬纊)' 절차를 통해 정조가 서거한 것을 확인하자, 검열(檢閱) 홍석주가 '상대점(上大漸)' 이라고 종이에 써서 가주서(假注書) 여동식이 이를 들고 나가 바깥에 모여 있던 관료들에게 알렸음을 기록하고 있는데, 이때 '대점(大漸)'은 당연히 위독한 것이 아니라 서거하였다는 뜻이었다.[28] 그럼에도 이를 모른 채 '대행대왕 대점시(大行大王 大漸時)' 를 정조가 '위독한' 상태일 때로 오역하고[29] 실록 기사에 명백한 자료가 있음에도 불구하고 이를 왜곡하여 정조가 아직 서거하기 이전인데도 정순왕후가 '불법적으로 인사권을 행사' 했고 서둘러 독살범 심환지를 영의정으로 임명해서 독살을 은폐하고자 했다고 터무니없는 설명을 하게 된 것이다.[30] '오역' 과 '오독' , 착오와 왜곡에 따라 제시한 이른바 '명백한 독살의 증거' 들은 '독살' 은 커녕 '독살' 의 정황 증거가 될 수도 없는 것이었다.

심환지가 어의(御醫)로 심인(沈鏔)을 추천해서 독살을 사주했다고 하면서 증거로 제시하는 순조 6년 3월 3일 박영재(朴英載)의 상소 역시 엉뚱하게 왜곡되었다. 박영재의 상소 앞부분에 심환지가 어의 심인을 추천했다고 하여 심환지의 죄를 주장한 부분이 있으나, 마지막 순조의 비답(批答)에 이르기까지 기사 전체를 읽어보면 독살론에서 이 자료를 왜곡한 실상이 드러난다. 시파가 벽파를 일망타진하면서 그 허물을 찾으려 노력하던 1806년 '병인경화(丙寅更化)' 의 숨가쁜 상황 속에서 심환지의 정조 독살 의혹이라면 시파에게는 벽파 타도를 위해 더없이 좋은 명분이 될 수 있었다. 그러나 이런 상황에서조차 심환지가 어의 심인을 천거했다는 박영재의 주장은 순조에 의해 '부당(不當)' 한 말이라고 하여 배척되었으며, 심환지를 역적으로 몰던 상황임에도 허위 사실에 의한 '경솔해망(輕率駭妄)' 한 공격에 대하여는 오히려 그 발설자 박영재에게 '삭직(削職)'

이란 처벌을 내렸던 것이다.[31]

자료를 거두절미하여 왜곡하는 경우는 다산(茶山) 정약용(丁若鏞)의 기록을 내세울 때도 마찬가지였다. 정약용까지도 정조의 독살을 의심하였다고 하면서 제시하는 『여유당전서(與猶堂全書)』의 「기고금도장씨여자사(紀古今島張氏女子事)」[32]가 이 경우에 해당된다. 강진에 유배 중이던 다산이 고금도 장씨 집안 여인의 억울한 사연을 기록한 이 글에는 장씨 여인이 고금도에 유배가게 된 연유를 설명하는 부분이 있고, 여기에 경상도 인동(仁同)의 남인(南人) 명가(名家)인 여헌(旅軒) 장현광(張顯光)의 집안 일족이 그 봉사손(奉祀孫)의 '독살설' 언급 때문에 처벌받게 되었다는 이야기가 나온다.

실상 이 글에서 정약용은 안핵사(按覈使)로 내려온 이서구(李書九; 그는 燕巖 朴趾源의 수제자로서 노론이었지만 정조 사후 신유사옥에 걸려든 정약용이 극형을 면하도록 도와준 인물이기도 했다)가 전후 사정을 잘 살피고는 대부분의 사람들을 풀어주어 영남사람들의 칭송을 받았다는 점을 부각시키고 있다.[33] '독살설'이 실의에 빠진 시골의 영남남인 사이에서 의당 나올 수도 있었다는 정황을 이해한 현명한 안핵사에 의해 처벌이 최소화되었다는 점을 제시하면서 정약용 역시 당시의 칭송에 동조하고 있는 것이다.

강진 유배 시절 이 글을 쓰게 된 전후 맥락을 살펴본다면 '독살설' 에 대한 정약용의 인식을 알 수 있다. 그는 정조 서거 당시 조정과 서울 주변에 있었던 모든 사람들처럼 '독살설'을 믿지 않았다. 다만 서울에서 멀리 떨어진 영남 일각에서는 의당 이런 의심과 동요가 있을 수 있다는 점을 이해하고 있었다. 실상이 이러함에도 이 자료에서 경상도의 인동장씨 봉사손이 발설한 '독살설'을 거두절미하여 떼어내서는 정약용 역시 독살설을 믿었던 증거라고 하고, 정조의 최측근인 그가 이렇게 믿었다면 정조의 독살은 거의 확실하다고 주장하는 것이야말로 지나친 비약이 아닐 수 없다.

이런 오역과 오독, 왜곡과 과장이 모두 의도적이었다고 생각하지는 않는다. 다만, 정조의 독살을 운위하는 대부분의 경우 심환지를 영수로 하는 노론 벽파를 독살세력으로 지목하는데, 이런 추론은 일제강점기 이래 구태의연한 '당쟁론' 적 역사 이해에 뿌리를 두고 있으며 근래 학계의 새로운 연구 성과를 파악하지 못한 상태에서 자기도 모르게 과거부터 익숙한 논리 속으로 빠져 들어간 것으로 짐작한다. 선(善)의 화신인 정조가 정약용과 같은 진보적 실학자를 이끌어 개혁을 하려다가 악(惡)의 세력이자 보수적 주자학자인 노론 벽파 세력에 의해 죽음을 당함으로써 조선의 자주적 개혁이 좌절된다는 설정은 화합을 추구했던 정조의 탕평정치와 정계 학계의 새로운 상황을 올바로 이해하지 못한 결과이며 기존의 전근대적 영웅사관과 식민사관에 따른 것이었다.[34]

이는 정조 사후 보수적인 노론벽파가 정권을 잡아 세도정치를 주도하고 이로써 19세기 조선사회가 암흑시대로 접어든다는 가설로 확대되고, 심지어 대중적 인기를 얻었던 어떤 소설에서는 정조의 독살로 '홍재유신(弘齋維新; 홍재는 정조의 號)' 이 실패한 이후 암흑시대를 거쳐 자주적 개혁과 근대화의 과제는 박정희 독재의 '10월 유신' 에 의해 완수되었다고 주장하기까지 한다.[35] 잘못된 역사인식이 현실인식에 어떤 악영향을 미치는지 잘 보여주는 사례다.

다만, 어떤 경우이든 정조 사후 벌어진 상황에 대해 이렇게 인식하는 것은 식민사학 이래 익숙해진 그러나 사실과 전혀 다른 설명을 묵수한 것이었다. 예컨대 1806년 '병인경화' 로 벽파를 일망타진한 후 정권을 잡아 세도정치를 본격화한 것은 안동김씨를 위시한 노론 소론의 일부 시파 세력이었고, 이들은 정조가 키워낸 핵심 측근세력으로서 당색을 넘어 정조대의 새로운 학풍과 문풍을 주도했던 인물들이었다. 김조순(金祖淳; 노론)과 심상규(沈象奎; 노론), 남공철(南公轍; 노론), 서영보(徐榮輔; 소론), 이만수(李晩秀; 소론), 이상황(李相璜; 소론) 등 정조 측근 노소론의 관료학자들은 북학풍을 적극 수용하는 등 사상적 공감대를 가졌고 이러한 혁신적 태도 때문에 문체반정(文體反正) 등 정조의 문예정책에 의해 견책을 받기도 했다.[36]

그러므로 정조 사후의 척족 세도정치는 정조시대 탕평정치와 조선후기 이래의 사림정치 질서를 붕괴시켜 앞시대와 단절적 측면이 강하지만, 일면적으로는 정조시대의 연장선상에서 그 변화과정을 추적해야 한다는 점에도 유의해야 한다. 또한, 정조를 독살한 노론벽파 보수적 주자학자들이 세도정치를 함으로써 조선은 다시 '주자의 나라'가 되었고 '자멸'할 수밖에 없었다는 식의 19세기사에 대한 설명은[37] 역사적 사실과도 다를 뿐더러, 일제의 침략을 조선과 조선의 주자학자들이 자초하였다는 논리('주자학망국론')가 되어 일제 침략을 정당화하는 주장으로 귀결될 수 있음에 유의해야 할 것이다.

'임진왜란 이후 쇠퇴기 멸망기에 접어든 이후에도 무려 3세기 이상 존속한 특이한 국가'로 조선을 바라보면서,[38] '조선이 비정상적인 정치체제였음'을 정조의 독살과 같은 사건을 통해 알 수 있다고 하고, 정조 사후 보수적 주자학자들의 지배 아래 조선은 쇠퇴하여 멸망을 향해 달려갔다는[39] 식의 일부 대중역사서의 조선시대사관은 식민사관의 조선사회 정체성론(停滯性論) 그대로이다. 이는 지난 수십 년간 우리 역사학계가 밝혀낸 새로운 연구 성과들을 파악조차 못한 채 조선후기 사회의 발전적 면모와 전통문화의 역량을 일체 부정하고 있다.

결국 학문적 연구를 등진 채 자칭 역사학자와 작가들이 소설과 사극, 대중역사서를 통해 대중에게 널리 유포한 정조독살설은 오래전부터 익숙했던, 그래서 무의식적으로 수용하곤 했던 식민사학의 조선시대사관에서 태어났다. 겉으로는 식민사관 청산을 소리높이 외쳤지만, 돌아서서 또 다른 한쪽에서는 자기도 모르게 정체성론과 당쟁론, 주자학망국론을 추종하는 모순이 정조독살설을 주장하는 일각의 역사의식 근저에 깔려 있었던 것이다.

4. 사료의 재인식과 자료의 확충 : '1차사료' 와 『정조어찰첩(正祖御札帖)』

『정조어찰첩』이란 1차사료가 발굴되어 정조시대 정치사의 이면을 드러낸 것은 우리 역사학계의 정치사 연구에 있어 자료의 중요성을 일깨우는 소중한 계기가 되었다. 막연하게 추론했던 정치적 사건의 진상이 드러나고 정조와 심환지 등 중요인물의 개성과 정치적 역할을 구체적으로 알게 되었기 때문이다. 문집 자료에 상당한 양의 편지글이 실려 있으나 문집 편간 시에 편간자가 자의적으로 넣고 뺄 수 있으며 내용을 고치거나 할 수 있기 때문에 솔직한 의사 표현이나 은밀한 내용이 드러나기 어려웠으며, 이런 점 때문에 정치사 자료로서는 제한적으로 이용되어 왔다.

그러나 이번 『정조어찰첩』의 경우처럼 주고받은 원상태 그대로라면 이런 '간찰(簡札)' 자료야말로 1차사료로서 정조시대 정치사 연구에 있어 그 중요성은 아무리 강조해도 지나치지 않는다. 하지만 간찰 내용 중에 편지를 주고받은 두 사람의 주관적 입장이 그대로 나타나는 점 등에 대하여는 상당한 주의를 요한다고 하겠다. 예컨대 『어찰첩』에서 정조가 어떤 인물의 정치적 성향을 평가하거나 시파, 벽파 등으로 분류하는 경우에 주관성이 두드러지는데 이는 다른 자료와 교차검증함으로써 객관성을 확보할 수 있을 것이다.

간찰 자료는 그 중요성에도 불구하고 아직 각처에 흩어진 채 제대로 수집 정리되어 있지 않고 일부 공개된 것도 탈초(脫草)의 문제 때문에 제대로 활용되지 못하고 있다. 이번 『정조어찰첩』의 공개를 계기로 앞으로 간찰 자료의 활용은 정치사 연구의 수준을 높이는데 관건이 될 것으로 예상한다. 또한 간찰과 더불어 정치사 · 사상사 연구의 1차사료로서 근래 주목받고 있는 일기(日記)와 필기(筆記)류 자료 역시 간찰과 마찬가지의 문제를 가지고 있지만, 그 한계를 인식하면서 적극적 발굴과 활용을 해 나간다면 정치사 연구의 수준을 크게 높일 수 있으리라 생각한다.

그간 조선시대 정치사 연구에서는 『조선왕조실록(朝鮮王朝實錄)』이 가장 중요한 원자료로 활용되어 왔다. 『승정원일기(承政院日記)』와 『비변사등록(備邊司謄錄)』, 특히 정조시대 이후로는 『일성록(日省錄)』과 『내각일력(內閣日曆)』 등 방대한 분량의 연대기(年代記) 자료들이 그를 보완하면서 정치사 연구의 기본 자료 역할을 해 왔다. 더구나 이들 자료의 전부 또는 일부가 인터넷을 통해 검색이 가능한 상황에서 앞으로 그 활용 가능성은 무궁무진하다.

그럼에도 이들 자료를 활용하는데 각별히 유의해야 할 점은 이 자료들이 어떤 사건과 사안이 발생한 후 일정한 시점에 특정한 목적을 위해 정리된 자료라는 점이다. 이들 자료는 원자료로서 방대한 내용을 수록한 종합적 자료이지만 어디까지나 1차사료는 아니다.

『정조실록』의 경우 이용하기 편리하게 정리된 자료로서 정조시대 정치사 연구에 가장 중요한 자료지만, 정조 사후 편찬되었기 때문에 사료 수집과 편수 과성에서 당시의 정치적 상황이 반영될 수밖에 없었다. 예컨대 정조의 정국 운영 및 정국 동향과 관련하여 극히 중요한 의미를 지니는 '갑자년구상' 과 관련된 기사가 부록(附錄)의 행장(行狀), 시장(諡

狀) 등에 한두 줄 정도로 간략히 언급된 것 외에는 철저히 누락된 것에서 『실록』의 정치사 자료로서의 한계를 실감하게 된다. 정조 사후 경주김씨, 안동김씨, 반남박씨 세 외척이 대치하는('三戚鼎立') 가운데 벽파가 우위에 서서 장용영(壯勇營)을 혁파하는 등 정조의 개인적 꿈을 점차 무위로 돌리던 정국 상황이 이런 결과를 낳은 것이다. 정조가 서거한 이후 시파, 벽파를 막론하고 신료들로서는 이제 정조의 갑자년구상에 대한 의무감으로부터 벗어나고자 했고, 이런 상황이 『실록』의 편찬에 반영되었을 수도 있다.

『승정원일기』와 『일성록』의 경우 민감한 정치적 사안과 관련된 자료들이 정치적 상황 변화에 따라 삭제된 사례들이 잘 알려져 있다. 문집의 경우도 마찬가지여서 정조 사후 1814년에 간행된 정조의 『홍재전서(弘齋全書)』도 마찬가지 문제를 드러낸다. 특히 신료들이 기록한 방대한 양의 정조언행록인 「일득록(日得錄)」은 편집시 기록자의 입장과 상황 변화에 따라 수정이 가해졌다. 정조 사후 신료들에게 부담으로 남았던 '갑자년구상'과 관련된 기록이라든가, 첨예한 쟁점이었던 정조의 문체반정(文體反正) 시책과 관련하여 김조순, 남공철 등 당시 견책 대상자들이 훗날 세도가가 되면서 관련 기록도 일부 수정되었다.

결국 이러한 자료들의 사료로서의 한계는 『정조어찰첩』과 같은 간찰자료 및 김조순의 「영춘옥음기(迎春玉音記)」, 이서구의 『척재자술(惕齋自述)』, 황윤석(黃胤錫)의 『이재난고(頤齋亂藁)』 등 근래 학계가 발굴해 내고 있는 관련 1차사료에 의해 보완되어야 하고 상호 교차검증하는 방법에 의해 기록의 사실성 여부가 점검되어야 한다. 그러므로 1차사료의 발굴과 자료의 확충은 정치사 연구에 있어 대단히 중요하다.

아울러 이미 잘 알려진 자료라 할지라도 학계의 연구 진전에 따라 선입관에서 벗어나 다시 읽고 점검함으로써 새롭게 활용될 수 있다. 혜경궁홍씨의『한중록(閑中錄)』의 경우 그간 혜경궁이 자기 친정인 풍산홍씨 집안과 노론의 입장을 정당화하는 주관적 자료이자 문학작품으로 이해하여 사료적 가치를 적극적으로 평가하지 않았지만, 근래 다시 읽기를 통해 정치사 연구에 큰 진전을 이룰 수 있었다. 연대기 자료 등에서 잘 나타나지 않는 정조의 갑자년구상의 단서가 정조와 혜경궁의 대화 내용에 생생히 드러나 있었던 것이다.40)

실상 그간에도 정치사 연구에서 자료의 성격과 한계를 명확히 하는 것은 사료를 올바로 읽기 위해 매우 중요한 전제조건이었다. 어떤 상황에서 기록이 작성되고 자료가 남게 되는가 하는 것이 그 기록의 문자적 의미 이상으로 중요한 경우도 있기 때문이다. 이 점은『조선왕조실록』 등 연대기 자료는 물론 간찰과 일기, 필기, 언행록, 문집 자료 등 모든 역사자료를 올바로 읽어내는데 반드시 고려해야 할 전제조건이었다. 그러나 이 점을 소홀히 하는 가운데 소설과 대중역사서는 물론 학계의 일부 전문적 연구에서도 사료의 오독과 오해, 왜곡과 같은 오류를 범하곤 했다.

이번『정조어찰첩』내용을 통해 그간 진행되어 온 정조시대 정치사 연구는 검증대에 올랐다. 역사사실을 이해하고 읽어내는 사관(史觀)의 차이가 사료 해석과 설명에 얼마나 큰 차이를 가져올 수 있는가 하는 점에 대하여도 새삼 생각해보는 계기가 되었다.

정조시대를 포함한 조선시대 정치사의 올바른 인식을 위해 학계는 주체적이며 발전적 시각에서, 그리고 보다 많은 자료의 발굴과 확충을 통해 확대된 자료적 근거 위에서 연구를 심화시켜 나갈 것이 요구된다.『정조어찰첩』과 같은 새로운 1차사료들은 앞으로도 계속 나올 수 있다고 전망한다. 기존 연구의 객관성은 이들 자료의 발굴과 확충, 그리고 상호검증에 의해 확인될 것이다. 아울러 학계는『정조어찰첩』에 쏠린 대중적 관심과 올바른 역사지식에 대한 수요에 부응하여 학문적 연구 성과를 대중과 공유하고자 더 많은 노력을 기울여야 할 것이다.

제3장 | 한국사에서의 '중화주의' 재인식[41)]

중국 중심의 세계관인 중화주의(中華主義)는 우리나라 역사 전개에 있어서 중요한 의미를 지니고 있다. 그간 우리 내부의 비주체적 '사대주의(事大主義)'와 연관시켜 부정적으로만 보았던 중화주의에 대한 설명은 근래 우리 내부에서의 다양한 이해양상이 알려지면서 통설적 설명에 크게 수정이 가해졌다. 중화주의를 중국의 배타적 우월의식으로만 보지 않고 중국이 주변 국가와 맺었던 차등적 국제관계의 근거 이론으로서 중화주의의 수용과 극복 과정이 곧 우리의 국가적 존립과 주체성의 확립과정이며 문화 선진화의 과정이었다고 새로운 관점에서 설명하게 되었기 때문이다.

오늘날 중국은 과거와 같은 유일 초강대국이자 선진국으로서의 지위를 상실하였다. 하지만 지난 한 세기의 부진을 떨치고 일어나 다시 강대국으로 부상하였으며, 이제는 주변 국가들에 대해 과거의 중화주의를 연상케 하는 영향력의 확대를 시도하고 있다. 그런 면에서 중화주의는 중국과 우리 모두에게 과거의 문제이자 오늘의 문제라고 할 수 있다.

중국과 국경을 맞댄 채 오랫동안 살아온 우리로서는 근래 일어난 여러 문제들에서 새삼 중국의 힘과 영향력을 절감하였다. 위기에 빠진 세계 경제에서 중국의 역할은 물론이고, 북한에 대한 압도적 영향력과 근래 고구려사와 동북공정 문제에서 보여준 중국의 고압적 태도는 남북한 모두가 이웃의 강대국 중국을 새로이 인식하고 그들의 중화주의를 다시 생각해 보는 계기가 되었다.

오늘 우리가 지난 역사 속에서 중화주의의 문제를 다시 끌어내어 고민하는 것은 우리에게 중국이 어떤 나라이고 대중국관계가 어떠하였던지를 돌이켜봄으로써 오늘의 상황을 올바로 이해하고 미래를 준비하기 위함이다. 전통시대에 있어 유일의 초강대국이었던 중국은 중화주의의 논리 위에서 오늘날 우리에게 그 어떤 나라가 미치는 영향력보다 훨씬 큰 영향력을 행사하였다. 그럼에도 우리가 중화주의의 틀 안에서 오랫동안 민족의 자주성과 문화의 독자성을 유지해 왔던 지혜는 흔히 간과되거나 제대로 평가받지 못하고 때로는 비주체적 '사대주의(事大主義)'로 비판받는 경우까지도 있었다.

우리의 오랜 역사적 경험은 우리를 둘러싼 채 영향력을 행사하고 있는 현재의 중국과 미국, 일본, 러시아 등 주변 열강들과 관계에서 우리의 대처 방안을 모색하는데 대단히 유용하다. 과거 중화주의의 틀 속에서 중국과 맺었던 '사대(事大)' 관계와 화이론(華夷論)적 국제질서에 대한 분명한 이해는 현시대 우리의 상황을 객관적으로 조명해 보는 거울이 될 것이다.

1. 중화주의의 수용

전통시대에 있어 중국의 중화주의는 유일의 초강대국이자 선진국이었던 중국이 중화(中華)를 자처하며 조공(朝貢), 책봉(册封) 관계를 통해 주변 국가들에 영향력을 행사하는 방식으로 관철되었다. 한(漢)나라 때 등장하여 당(唐)나라 때 확립된 중화주의는 중국과 주변 나라들과의 국제관계를 화이론(華夷論)에 의해 차등적으로 설명하였다.

상대적으로 후진국이었던 주변의 국가들은 선진 문물의 수용과 경제적 이익을 위하여 중국의 이러한 입장을 수용하였다. 중국에 의해 동이(東夷)로 불리운 우리의 고대국가들 역시 중국의 책봉을 받으며 이러한 질서에 대체로 순응하는 경향을 보였다. 이들은 중화주의를 승인하고 중국의 선진 문물을 적극 수용하여 정치 체제와 문화를 발전시키고 국제문화의 흐름에 편승할 수 있었다.

지난 우리의 역사적 경험에서 볼 때, 전통적 사회관계와 전통사상, 전통문화는 중국으로부터 외래사상과 문화를 수용한 결과물이며 역사적 산물이었다. 밖으로부터 선진적 사상과 문화를 받아들여 전통사상과 문화의 후진성을 극복하고 국제적 세련을 이루어 나갔던 것이다.

그러나 이 과정이 순탄하기만한 것은 아니었다. 외래사상과 문화를 수용함에는 반드시 대가(代價)를 치루어야 했다. 후진적 상태에서 선진적인 문화를 받아들이다 보면 자연히 선진적 문화에 지배당하게 되고 급기야 정치적으로 예속되고 국가까지도 흡수 통합되어 버리는 문제가 발생하게 된다. 아시아 역사에 있어 그 중심에 있었던 중국과 주변 국가들 사이에서는 이러한 양상이 항시적으로 진행되었다. 중국 주변에서 흥기했던 수많은 국가들이 중국의 선진문화를 받아들이는 과정에서 중국에 흡수 통합되는 운명을 맞았던 것이다.

그런 점에서 중국으로부터 끊임없이 선진문화를 받아들였으면서도 그에 흡수되지 않고 자주성을 유지하고 있는 우리의 경우는 드문 예에 속한다. 물론 이 과정에서 우리 역시 많은 위기를 겪었다. 중국을 통일한 한(漢)나라에 의해 한사군 지배를 받은 이후 중국과 여러 차례에 걸쳐 전쟁을 치렀으며, 원(元)나라 때도 수십 년 전쟁 이후 거의 한 세기에 이르는 기간 동안 식민지적 상황을 경험하기도 하였다. 명 · 청 교체의 전환기에 조선은 청나라의 침략으로 주권을 상실할 위기를 맞기도 했다. 지난 200년간 외래문화를 수용하는 과정에서 급기야는 일제 강점 36년의 대가를 치루기도 하였다.

사실 우리 역사를 살펴볼 때 중국과의 사이에서 자주성의 확보 문제는 늘 고민거리였고 언제나 긴장을 요하였다. 지극히 가까운 거리에 국경을 맞댄 채 유일의 선진국이자 초강대국이 있고 이러한 중국이 끊임없이 우리 문화에 대해 영향을 주고 정치적 영향력을 행사할 때 여기에 대해 대결과 타협, 문화 수용을 통해 적절히 대처하는 과정이 우리의 발전과정이기도 하였다.

고구려(高句麗)가 고대국가로 발전해 나갔던 과정은 중국의 선진문화를 받아들여 후진성을 극복하며 한편으로는 힘을 축적하여 중국과 맞섰던 과정이었다. 삼국은 각기 중국과 교류하면서 경쟁적으로 고대국가로의 발전을 이루게 된다. 고구려는 수나라, 당나라와 차례로 대결하여 침략을 물리쳤지만 결국엔 나당 연합군에 의해 멸망당하였고 백제도 마찬가지의 운명을 맞았다. 신라는 당나라와의 외교를 통해 그 힘을 이용함으로써 삼국통일을 달성하고 뒤에는 한반도를 넘보는 당나라와 8년간의 전쟁을 거쳐 한반도의 지배권을 확보하게 된다.

한 세기 수십 년 사이에 중국과 삼국이 차례로 충돌하고 결국 중국이 물러났던 과정은 당사국 모두에 깊은 교훈을 주었다. 중국의 당나라는 수나라가 고구려와의 전쟁 후 자멸하고, 자기 나라도 고구려 및 신라와의 전쟁에서 번번히 패퇴한 경험이 뼈아픈 것이었고, 결국 나당전쟁의 패배 이후 한반도를 무력으로 지배하려는 야망을 접게 된다. 신라 역시 중국을 물리치기는 하였으나 국력의 한계를 절감하는 터였으므로 이러한 중국의 방침에 순응함으로써 평화의 시대를 열고자 하였다.

나당전쟁 이후 당나라와 신라는 책봉 조공의 사대관계를 맺고 상호 공존의 외교정책을 견지하게 된다. 한족(漢族)이 중원을 지배하는 한 중국은 이러한 역사적 경험 때문에 이후 한반도를 침략한 적이 없다. 이후 우리가 받은 침략은 모두 북방 민족과 일본에 의해 저질러진 것이다. 신라와 당나라의 강화(講和) 이후 한반도의 국가들도 한족의 중국에 대해 그들의 중화주의를 인정하고 유연하게 대처함으로써 침략의 빌미를 제공하지 않았고 이로써 양국 간의 선린관계는 오랜 기간 지속되었다. 삼국시대 여러 차례에 걸친 대결은 양국 모두에 철칙과도 같은 평화와 우호의 교훈을 주었던 것이다.

그런 면에서 중화주의에 입각한 한・중 간의 사대관계는 한반도의 국가로서는 인접한 유일 초강대국에 대해 자신의 안전을 지키고 안정적으로 선진문화를 받아들이는 방법이었다. 중원의 한족 국가로서는 강대국으로서의 자존심을 충족시키면서 동쪽 국경을 안정시키고 북방 민족의 침범에 대비하여 그 후방을 견제하는 방법이었다. 이는 '큰 나라(강대국)는 작은 나라(약소국)를 섬김(以大事小)' 으로서 천하를 보전할 수 있고, '작은 나라는 큰 나라를 섬김(以小事大)' 으로서 그 나라를 보전할 수 있다는[42] 맹자(孟子) 이래의 유교적 국제관계론에 의해 정당화되었으므로 양국에 유교 이념이 정착할수록 더욱 확고한 정당성을 획득하였다.

고려와 조선이 중국과 유지한 사대외교는 이런 역사적 배경의 산물이었다. 고려와 조선은 중국에 군신(君臣)관계를 취하며 조공을 바쳤다. 중국은 형식적인 사대관계가 유지된다면 고려와 조선의 내정에 간섭하지 않았다. 이런 가운데 고려는 때때로 독자적 연호(年號)를 쓰고 대내적으로 황제를 칭하였고, 송나라와의 국제무역을 크게 발전시켰다. 보다 확실한 유교국가로서 조선은 사대의 명분론에 철저하여 칭제건원(稱帝建元)을 한 적은 없었지만 내정의 자율성만은 여전히 지켜내었고, 안정적 대중국 관계를 토대로 문물 교류를 활성화했다. 고려와 조선에 있어 한족

왕조인 송나라와 명나라에 대한 사대관계는 자주(自主)와 모순되지 않는 상호(相互) 호혜(互惠)의 관계였다.

그러나 중국에서 북방민족이 대두하여 중원을 위협하고 한족 왕조가 무너지는 경우 상황은 달랐다. 한족 왕조의 가장 충실한 동맹국이었던 한반도의 국가는 전쟁에 휩쓸리고 북방민족 국가들로부터 위협받는 가운데 새로운 국제관계가 안정될 때까지 일시적으로 내정의 간섭과 감시를 당할 수밖에 없었다. 중원에서 송-원의 교체와 명-청 교체가 진행될 때 고려와 조선은 몽고(원나라)와 만주족(청나라)으로부터 침략을 당했을 뿐 아니라 그 후로도 상당 기간 동안 엄청난 충격을 감내해야 했다.

반면에 중원에서 한족 왕조가 북방민족을 몰아내고 흥기하는 경우 대중국 관계 변화의 충격은 훨씬 덜하였다. 신라와 당나라의 강화 이후 성립했던 중화주의에 입각한 전통적인 관계를 복원하면 되었기 때문이다. 중원에서 한족 통일왕조가 성립하는 과도적 시기는 한반도에도 세력 변화의 계기가 되었다. 고려와 조선의 건국이 이 시기에 이루어졌으며 이들은 새로이 성립한 중원의 한족 왕조와 선린관계를 바로 회복하게 된다.

북방민족의 대두와 중원 지배세력의 변동이라는 상황이 우리 역사에 상처만 남겼던 것은 아니다. 우리나라 역사를 돌이켜볼 때 이는 위기이자 시련이었지만 때로는 기회이기도 했다. 고구려의 후예를 자처하며 외교 교섭을 통해 오히려 영토를 늘린 고려시대 서희(徐熙)의 활약은 그런 과정에서 벌어진 일이었다. 고려와 조선은 중원의 혼란기에 북진정책을 통하여 영토를 계속 확장해 나갔다. 그리하여 조선 초에는 4군 6진 개척을 통해 국경선이 압록강과 두만강에까지 이르러 오늘 우리의 국경선이 확정되게 된다.

고려 후기 몽고의 대두와 침략은 고려의 국가적 존립을 위태롭게 한 사건이었다. 몽고에 항복한 고려는 국가적 자주성이 크게 훼손되었지만 제한적 자치 상황 속에서나마 원나라를 통해 국제적 선진문화를 적극 받아들여 문화의 발달을 이루어내고 조선이라는 새로운 사회체제를 건설할 수 있는 역량을 키우게 된다.

조선은 당시로서는 외래의 선진사상이었던 주자학을 받아들였고 중화주의에 입각한 대중국 사대관계의 복원을 표방하면서 성립한 왕조였다. 주자학과 그 명분론으로 사상 무장을 한 신진사대부들은 고려 공민왕의 반원운동과 이성계의 위화도회군을 지원하였으며 한족의 왕조인 명나라에 대한 사대의 입장을 분명히 하면서 조선왕조의 건국을 이루어내었다.

중화주의는 조선사회 지도세력들의 주자학적 정치이념에 의해 보다 철저한 실천의 계기를 맞게 된다. 명나라와 상호 호혜의 외교관계가 복원된 가운데 조선전기 사림파 주자학자들은 보다 충실한 명분론적 입장을 내세우며 대명 교류의 확대를 통해 선진문물과 학술의 수용에 골몰하였다. 주자학에 대한 심화된 이해를 토대로 주자학자들은 주자학적 사회운영 원리를 조선 사회 전반에 정착시켜 나가고 이를 정치사상과 역사인식에까지 적용하고자 하였다.

16세기 퇴계(退溪, 1501～1570)와 율곡(栗谷, 1536～1584) 시대의 주자학자들은 유교경전에서 성현으로 이름 높은 기자(箕子)가 우리나라에 와서 고조선(古朝鮮)의 임금으로 유교적 교화를 폈으며 정전제(井田制)를 시행한 것으로 믿었다. 이들 주자학자들은 조선왕조가 기자조선 이래의 정통성을 계승한다는 역사의식을 고조시키면서 중국과 우리의 선린관계도 기자와 주(周)나라 무왕(武王)의 시대에까지 소급시키고 있었다.

양국 간의 선린관계를 이처럼 유서 깊은 것으로 생각했던 주자학자들의 믿음은 1592년 임진왜란 과정에서 재확인되었다. 명나라는 위기에 몰린 조선에 구원군을 보내어 명분상 상국(上國)으로서의 책임을 다하는 자세를 보여주었던 것이다. 조선지식인들은 명나라가 베푼 '재조지은(再

造之恩)' 에 감복하였고 이로써 양국 간의 중화주의 질서는 의심할 수 없는 호혜의 원칙으로 더욱 확고히 자리잡게 되었다.

그러나 곧이어 만주에서 일어난 후금(청)이 중원을 장악하게 됨으로써 명-청 교체라는 국제질서의 거대한 변동이 일어나면서 상황이 급변하게 된다. 조선 역시 후금의 침략에 무릎을 꿇게 되면서 조선과 명나라 사이에 재확인된 중화주의 질서는 다시 엄청난 변동에 직면하게 되었다. 조선은 중원을 무력으로 장악한 청나라에 대해 그들이 요구하는 사대의 군신(君臣)관계를 받아들이면서 그간 견지해온 중화주의에 대해 새로운 설명방식을 제기하기에 이른다. 중화주의는 조선지식인들의 사고 속에서 변용(變容)의 계기를 맞게 되었던 것이다.

2. 중화주의의 변용

1636년 병자호란(丙子胡亂)에서 만주족(後金)의 무력에 굴복하여 삼전도(三田渡)의 치욕을 당한 조선은 후금과 군신관계를 맺고 그들에 대해 공식적으로 사대의 예를 취하게 되었다. 그러나 조선지식인들은 후금에 대하여 복수설치(復讎雪恥)의 결의를 불태우고 효종대(1649~1659) 이후 조정에서는 감시를 피해 군사력의 증강을 꾀하고 북벌을 준비하였다. 이후 숙종대(1674~1720)에 이르러 중국 남방에서 명나라 유민의 저항이 진압되고 명나라의 부흥이 불가능한 것으로 판명되자 조선의 북벌정책도 중단되었다. 하지만 언젠가는 오랑캐에게 복수설치를 해야 하고 그 대의(大義)를 끊임없이 상기해야 한다는 북벌대의론(北伐大義論)은 이후로도 확고히 유지하였다.

이제 정통 중화왕조인 명나라가 멸망하면서 오랑캐 청나라가 중원을 차지하고 명나라 대신 중화로 군림하자 화이론에 입각한 중화주의적 국제질서는 혼란에 휩싸였다. 조선은 삼전도의 치욕 이후로도 오랫동안 그들에게 강요된 새로운 국제관계에 저항하였으며 지식인들 역시 강요된 중화주의를 결코 수긍하려 하지 않았다. 후금(청)이 요구하는 군신 사대관계에 대해서 조선은 형식적 태도와 실질적 태도, 두 방향의 상반된 대응자세를 보이게 된다. 이와 함께 조선지식인들 사이에서는 대국(大國)과 상국(上國)의 지위를 구별하려는 움직임이 나타났다. 대국이자 상국이었던 명나라는 관념 속에서나마 영원한 중화였다. 반면에 무력을 앞세운 청나라는 여전히 오랑캐일 뿐, 대국일 수는 있어도 상국일 수 없다는 것이 조선지식인들의 생각이었다.

정통 중화왕조인 명나라가 사라지자 이제 선진문화와 결부되었던 중화의 지위도 명실상부한 것과 기만적인 것으로 분리하여 생각하게 된다. 조선지식인들은 조선에 재조지은을 베풀었던 명나라를 진정한 중화로 여기고 그에 대해 의리를 지키자는 대명의리론(大明義理論)을 주장하였다. 반면에 청나라가 내세우는 중화주의에 대해 조선은 형식적으로 대응하는 이중적 태도를 취하였다.

17세기 후반에 가면 이제 중원에서 청나라와, 한반도에서 조선, 심지어 일본 등 여러 나라까지도 각기 중화를 자처하는 가운데 서양이 동아시아 국제질서에 새로운 변수로 등장하였다. 중국 중심 중화주의의 동요가 진행되는 가운데 서양을 포함하는 지리적 지식의 확대로 중화주의적 세계관은 근본적 변화에 직면하게 된다.

병자호란 이후 조선은 명나라의 유일한 정통적 계승자로서 스스로 자리매김하고 조선지식인들은 대명유민(大明遺民)을 자처하였다. 조선 국왕은 창덕궁 안 깊숙한 곳에 대보단(大報壇)을 건립하고 여기서 명나라 황제에 대한 제사를 주관하여 명나라의 후계자를 자임하였다. 지식인들은 대명유민으로서 중화문화를 보존하고 계승하고자 노력하였으며 이들은 조선의 문화를 잔존한 유일의 중화문화로 인식하고 조선중화의식(朝鮮中華意識)을 표방하기에 이르렀다. 중화주의는 이제 조선을 중심으로 하는 것으로 변용되고 있었다.

당시 조선지식인들의 사고로는 조선이야말로 명을 계승한 유일한 중화국가요 조선이 가진 예악문물(禮樂文物)은 바로 유일한 중화문화이므로 그 자체가 자랑스러운 것이었다.[43] 이들은 유구한 기간 조선을 터전으로 하여 계승되어 온 중화문화를 발전시켜야 하고 이것이야말로 '명천리(明天理) 정인심(正人心)'의 유교적 이상 실천의 방도가 된다는 사명감을 가지고 있었다.

상고시대에 기자(箕子)로부터 조선이 유교사상을 기초로 하는 중화 문물제도를 계승하여 오랑캐 풍속을 변화시킴으로써[用夏變夷] 이후 조선의 중화문물이 찬란하게 발전했다는 자기 역사와 문화에 대한 인식은 뒷시기까지도 확고했다. 이러한 인식은 영조시대의 대제학 황경원(黃景源, 1709~1787)에게서 보듯이, 조선은 자체의 문물만으로도 충분하니 밖으로부터 문물을 수입할 필요가 없다는 류의 극단적 주장을 낳기도 했다.[44]

이러한 생각은 북학론과 서학론이 대두하였던 정조시대를 거쳐 그 뒷시기까지도 조선사상계에서 굳건하게 유지되었다. 19세기 말 조선이 국제정세의 변화에 대응하여 '경장(更張)'을 시도할 때 대한(大韓)이란 국호와 태극기(太極旗)를 자신의 상징물로 선택했던 것도 기자 이래 삼한(三韓)을 거쳐 조선에까지 정통 유교문화가 이어졌다는 역사의식과 자부심의 발로였다.

변화된 국제 정세 속에서 조선이 견지하게 된 중화주의는 대명의리론과 반청적(反淸的) 북벌대의론(北伐大義論), 그리고 조선중화의식에 삼위일체적 일관성을 부여하였다. 조선후기에 사림학자들이 정권을 장악하여 주자학적 질서를 정착시키던 상황에서 성립된 이러한 대내외 인식은 때론 비주체적 사대주의(事大主義)라고 매도되기도 한다. 하지만 조선중화주의의 명분론이 실상은 국제질서의 변화로 초래된 주체의 위기 국면에서 스스로 명나라에 대신하여 중화로 자리매김함으로써 청나라에 대해 문화적 우월성과 자존심을 내세우는 정신자세로서 자주성(自主性)을 지향했음을 간과해서는 안 된다.

숙종대(1674~1720) 이후 정조시대(1776~1800)까지 100여 년에 걸친 조선의 '진경시대(眞景時代)'는 이러한 주자학에 입각한 사상적 기반 위에서 조선 특유의 문화와 예술을 꽃피워 오늘날 우리가 인식하는 한국 전통문화의 전형을 완성한 시기다. 조선지식인들은 확고한 문화자존의식(文化自尊意識) 위에 유일한 중화로서 조선의 문화적 개성을 긍정적으로 파악하고 조선의 역사를 새롭게 인식하게 되었으며 조선 고유의 문물과 자연, 인물을 사실적으로 묘사하는 예술활동을 전개하였다. 조선의 의관(衣冠), 풍속(風俗) 등 문물과 그 터전인 자연환경을 화폭에 올려 사실적으로 표현함으로써 진경산수화(眞景山水畵)와 풍속화(風俗畵)가 등장하고 이른바 '진경문화(眞景文化)'가 꽃피었던 것은 조선중화주의 발현의 한 양상이었다.

그러나 이러한 사상 문화적 지향이 조선과 조선문화를 폐쇄적인 것으로 몰아가는 면이 나타나자 대내외적 상황의 변화에 따라 먼저 내부로부터 반성적 태도가 나타나게 된다. 조선 내부의 사회적 변화는 조선의 문물제도에 대한 혁신의 요구를 불러 일으켰다. 경제적 발전이 대외 문물 교류와 무역의 확대를 가져오는 가운데, 조선보다 우월한 청나라 문물과 서양 자연과학, 심지어는 서양의 종교에 대해 눈뜬 일부 지식인들은 청을 통해 세계와 소통하고 교류하는 방식의 적극적 개방을 요구하기도 했다. 북학론(北學論)과 서학론(西學論)은 조선사상계에 파란을 일으키며 이렇게 등장하였다.

정조시대(1776~1800) 일각의 진보적 지식인들은 대명의리론을 그대로 유지하되 변화 속에 놓인 청과 조선의 실상을 직시하면서 반청적 북벌대의론과 조선의 문화자존의식에 대하여 통렬한 비판을 가하였다. 이들은 조선의 대내외 명분론의 삼위일체적 관계를 해체시켜 청과 조선의 상황을 새롭게 바라보고자 하였으며 청이 가지고 있는 선진적 문화를 중화의 유제(遺制)로 인정하고 적극 수용할 것을 주장하였다.[45]

아시아 제국이 제각기 중화를 자처하는 사고의 변화가 있었으며 여기에 서양이 새로운 강자로 대두하였던 상황은 전통적 중화주의 질서의 근본적 변화 요소가 되었다. 이제 조선 사상계 일각에서는 홍대용(洪大容, 1731~1783)의 『의산문답(毉山問答)』에서 보듯이 새로운 세계 지리와 정세 인식에 따라 '중국'과 '중화'의 절대적 위상을 부인하고 '화이일야(華夷一也)'를 외침으로써 '중화'와 '이적'이 각기 대등한 위상을 지닌다고 하는 새로운 세계관이 등장하기도 하였다.[46] 중국 중심의 중화주의는 조선 중심의 중화주의로 변용되었고 나아가 어떤 나라든 중화가 될 수 있다는 인식이 등장함으로써 전통적 중화주의의 존립 근거는 급속히 무너져 갔다. 이런 가운데 북학과 서학을 주장하였던 지식인들은 그 추진에 따라 예상되는 사상적 혼란에 대하여도 대안을 제시하였다. 그것은 누구나 공감할 수 있는 조선의 역사적 경험과 반청적 북벌대의론을 환기하는 방식이었다.

북벌대의론이 아직 건재한 시대 분위기 속에 박제가(朴齊家)는 『북학의(北學議)』라는 도전적 제목의 글을 발표하였다. 여기에 실은 「존주론(尊周論)」에서 그는 후금(청)의 무력에 굴복한 상황에서도 조선인들이 오랑캐에게 결코 굴하지 않는 정신적 자세가 있어 후금이 조선을 흡수 통합하지 못했다는 역사적 사실을 지적하였다. 당시 청나라 조정에서는 조선인들에게 변발(辮髮)과 호복(胡服)을 강요할 경우 자신들과 똑같은 용모의 조선인들이 내부로 들어와 변란을 일으킬까 두려워했다고 한다. 따라서 조선인들에게 전통적 의관(衣冠)을 유지하도록 하는 것이 조선인의 구별을 쉽게 하여 그들을 가두어 두는 효과가 있다는 의견에 따라 조선의 의관 문물이 유지될 수 있었다는 것이다.

결국 박제가의 지적은 장차 북벌을 위해서라도 시급히 북학을 해야 한다는 주장이었고, 그를 위한 전제로서 조선의 자주적인 정신 자세가 중요함을 역사 사실을 들어 강조한 것이다. 우리가 분명한 저항적 자세를 지님으로써 과거 청나라의 직접적 지배를 물리칠 수 있었다면, 이제 저들의 문물을 받아들이는 것도 주저할 것이 없다는 주장이기도 했다.

그러나 정조시대에 이런 논리로 북학의 물꼬를 튼 이후, 19세기 조선 사회에 북학이 풍미하게 되었을 때 상황은 달라졌다. 여전히 유지되었던 전통적인 조선중화의식으로부터 문제가 생긴 것이다. 조선과 청의 교류가 확대될수록 난만하게 발달한 청나라 문화 앞에 조선의 자기 문화에 대한 자존심은 점차 시들어 갔다. 조선의 중화주의는 더 이상 존속되기 어려운 상황이 전개되고 있었다.

청나라와의 외교 관계에 있어서도 대청 사대의 이면에 있었던 문화자존의식이 약화되자 사대외교는 형식적인 것에서 실질적인 것으로 변질되어 갔다. 사대론(事大論)과 표리를 이루던 화이론(華夷論), 곧 문화자존의식이 떨어져 나갈 때 청나라에 대한 조선의 자주적 의식과 자세는 약화되게 된다.

19세기 말 조선의 대청 자세가 청에 대해 의존적 성격을 띠게 된 것은 북학이 유행하고 청조 문물이 풍미한 반면 조선중화의식이 쇠퇴한 결과였다. 19세기를 통해 조선에도 서양 문물과 특히 서양 종교가 대거 수용되고 서양 군함이 출몰하여 위기의식이 고조되자 위정자들은 청나라와 공동의 대처 방안을 모색하고 청에 대해 더욱 의존적 태도를 표출하였다. 중국 중심의 중화주의가 무너진 위에 조선중화의식조차 더 이상 유지될 수 없었던 시대의 변화는 분명하였지만, 19세기 서양의 아시아 침략이라는 미증유의 상황과 맞물려 사대의 허울만 남은 중화주의는 한말에 이르기까지 여맥을 유지하고 있었던 것이다.

결국 이런 가운데 우리는 국권을 상실하고 일제의 지배를 받기에 이른다. 이후 그 압제를 벗어나 자주적 발전의 길에 들어서는 듯하였으나 외세의 개입으로 동족상잔의 비극을 겪고 남북이 분단되어 적대하는 상황으로 접어들었다. 외견상 평등한 것처럼 보이지만 실제로는 냉혹하기 그지없는 국제관계와 강대국의 간섭 속에서 남북이 각기 혼란을 거듭하며 어려움을 겪고 있는 오늘, 우리는 그 활로를 찾아 지난 시대의 대외관계와 자아인식을 돌이켜보게 된다.

우리는 전통시대에 중화주의 틀 안에서 대외관계를 유지하며 중국을 위시한 외래의 문화를 적극적으로 수용하여 왔다. 중국 주변에 명멸했던 여러 민족, 여러 국가들과 견주어 볼 때, 중국과 극히 가까운 곳에서 중국의 영향을 가장 강하게 받았던 우리가 독자적 문화를 창출하며 자주적 역사를 발전시켜 온 것은 특별한 역사 현상이 아닐 수 없다.

서구 중심주의 하에 세계가 하나로 통합된 오늘날, 전통적 의미의 국경은 이미 무의미한 것으로도 보인다. 서구의 문화는 전 세계를 석권하였으며 교통과 통신 수단의 발달로 전 세계가 직접 연결되었고 이에 따라 서구 열강과 중국, 일본 등 강대국의 세계 지배는 더욱 용이해졌다. 그러기에 변화하는 환경 속에서 열강의 직접적 영향을 받으며 선진화를 추구하고 있는 우리로서는 자주성의 회복 등 적절한 대응 방안의 모색이 더욱 시급한 상황이다.

사실, 유일의 초강대국 중국과 국경을 접한 채 선진문화의 영향을 받으며 개성적 발전을 이루어 온 우리에게는 이런 상황이야말로 언제나 넘어서야 할 역사적 조건이자 역사 발전의 과제이기도 했다. 중국 중심의 중화주의를 수용하여 변용, 극복하면서 난관을 헤쳐 왔던 과정은 우리 앞에 던져진 오늘의 문제를 해결해 나가는 데도 시사하는 바 크다. 중국이 다시 강대국으로 등장하여 영향력을 확대하고 있는 지금, 우리의 오랜 역사적 경험은 올바른 대외 관계 위에 당면한 주체성의 위기를 극복하고 선진화의 과제를 실현해 가기 위한 대안으로서 더욱 중요한 의미를 지닌다고 하겠다.

주석

제1부 '실학' 과 '실학자'

1) 이 글은 2007년에 발표한 「조선후기 경화사족의 대두와 '실학'」(『다시, 실학이란 무엇인가』, 푸른역사)을 바탕으로 2011년 일부 수정하여 작성한 「실학의 계보와 학풍」(『한국사시민강좌』 제48집, 일조각)을 전재하였다.

2) 학계의 통설을 반영한 현행 고등학교 국정 『국사』 교과서 304쪽에 이렇게 서술되어 있다. 실학을 위시하여 국정 『국사』 교과서 문화사 서술의 제반 문제점에 관하여는 유봉학, 2006 「고등학교 국사 교과서 조선후기 문화사 서술의 재검토」 『역사문화논총』 제2호(역사문화연구소 간), 이 책 제3부 1장 「국사 교과서의 오류와 조선후기 문화사 서술」 참조.

3) 현행 고등학교 국정 『국사』 교과서에는 실학자로 34명이 열거되어 있고, 2005년 경기문화재단에서 펴낸 『실학연구논저목록』에는 서울 경기지역 출신의 저명한 실학자 56명에 대한 연구 논저가 소개되고 있다. 각종 연구 논저에서 실학자로 언급된 학자들을 망라한다면 그 숫자는 훨씬 더 늘어난다.

4) 이태진, 1974 「조선성리학의 역사적 기능」 『창작과 비평』 33; 이태진 편, 1985 『조선시대 정치사의 재조명』(범조사); 이태진 · 김백철 편, 2011 『조선후기 탕평정치의 재조명』(태학사) 등 참조.

5) 유봉학, 1991 「18, 9세기 京鄕學界의 分岐와 京華士族」 『國史館論叢』 22(국사편찬위원회); 1998 『조선후기 학계와 지식인』(신구문화사) 재수록 참조.

6) 유봉학, 1982 「북학사상의 형성과 그 성격」 『한국사론』 8(서울대 인문대 국사학과); 1995 『연암일파 북학사상 연구』(일지사) 재수록.

7) 유봉학, 1996 『꿈의 문화유산, 화성』(신구문화사); 2001 「정조의 화성 건설과 산업진흥책」 『정조시대 화성신도시의 건설』(백산서당); 2009 『개혁과 갈등의 시대 –정조와 19세기』(신구문화사).

8) 유봉학, 1998 『조선후기 학계와 지식인』(신구문화사)와 2009 앞의 책.

9) 유봉학, 1985「徐有榘의 學問과 農業政策論」『奎章閣』 9(서울대학교 도서관); 1995『연암일파 북학사상 연구』(일지사)에 재수록. 이 책 제1부 제2장「'실학자'-풍석 서유구의 학문과 사상」 참조.

10) 유봉학, 1996『꿈의 문화유산, 화성』(신구문화사)과 2009 앞의 책 참조.

11) 유봉학, 2002「추사의 시대-정치적 추이와 추사일문」『추사와 그의 시대』(돌베개) 참조.

12) 유봉학, 1994「19세기 경화사족의 생활과 사상-혜강 최한기를 중심으로」『서울학연구』 2(서울시립대학교 부설 서울학연구소); 1998『조선후기 학계와 지식인』(신구문화사)에 재수록.

13) 김용옥, 1990『讀氣學說』(통나무).

14) 이 글은 2011년 2월 염정섭·옥영정·심경호·유봉학의 공저로 출간된『풍석 서유구와 임원경제지』(소와당)에 실린 졸고「풍석 서유구의 학문과 사상」을 전재한 것이다.

15) 유봉학, 2009『개혁과 갈등의 시대-정조와 19세기』(신구문화사)의「서설」과 제3부「정조 사후의 격동과 지식인」 참조.

16) 金容燮, 1970『朝鮮後期 農學의 發達』(서울대학교 韓國文化硏究所 韓國文化硏究叢書 2)과『韓國近代農業史硏究』(일조각, 1975)에 재수록된 1972「18, 9세기의 農業實情과 새로운 農業經營論」『大東文化硏究』 9와 1975「茶山과 楓石의 量田論」『韓國史硏究』 11.

유봉학, 1985「徐有榘의 학문과 농업정책론」『奎章閣』 9(『연암일파 북학사상 연구』 일지사, 1995에 재수록).

조창록, 2003「풍석 서유구에 대한 한 연구」(성균관대학교 박사학위논문).

이밖에 2008년 9월 25일 전북대 쌀삶문명연구단의 제2차포럼 '임원경제지 연구의 문명사적 의의'에서 발표된 다음의 논문 참조.

심경호,「임원경제지의 문명사적 가치」; 염정섭,「임원경제지의 농업사적 배경과 가치」; 이천승,「풍석 서유구의 사상사적 위치」; 조창록,「사대부의 생활 이상과 임원경제지」; 이동철, 「동아시아 유서 편찬과 임원경제지의 특성」; 정명현, 「임원경제지 번역에 나타나는 문제; 서지학적 검토와 번역을 중심으로」.

또한, 2011년 2월에 출간된 『풍석 서유구와 임원경제지』(소와당)에 실린 다음의 논문 참조.

염정섭, 「『임원경제지』의 편찬과 구성 체제 및 주요 내용」; 옥영정, 「『임원경제지』 현존본과 서지적 특성」; 심경호, 「『임원경제지』 박물고증방식과 문명사적 의의」.

17) 자세한 내용은 각주 16)의 유봉학, 1985와 조창록, 2003의 논문 참조.

18) 李建昌, 『黨議通略』 「英宗朝記事」 乙亥年 羅州掛書事件 관계 기사 참조.

19) 정조의 의리탕평론과 탕평정국에 관하여는 유봉학, 2009 앞의 책 제2부 제2장 「정치; 정치적 갈등과 정국의 추이」 참조.

20) 『金華知非集』(影印本 『楓石全集』 보경문화사 所收) 권2.

21) 『金華知非集』 권6.

22) 유봉학, 1995 『연암일파 북학사상 연구』 202~203쪽의 서술 참조.

23) 『金華知非集』 권10 「農對」 참조.

24) 『金華知非集』 권1 「淳昌郡守應旨疏」 참조.

25) 유봉학, 2009 『개혁과 갈등의 시대-정조와 19세기』(신구문화사) 230쪽 참조.

26) 『金華知非集』 권5 「又思穎亭記」.

27) 유봉학, 2009 앞의 책 제1부 제3장 「관료학자 이서구, 청론사류의 분열과 좌절」 참조.

28) 예컨대 그러한 연구의 결과물이 전36책의 방대한 저서 『保晩齋叢書』였다. 김문식, 「서명응의 생애와 규장각 활동」 『정신문화연구』 22 참조.

29) 조선학계의 明代學術 수용문제는 앞으로 깊은 연구를 요한다. 여기서는 『保晩齋叢書』가 서두의 「保晩齋叢書引」에서 明代의 諸叢書類들을 참고하였음을 표방하고 있는 점과, 농업문제를 다룬 「本史」의 참고서적으로 淸代 서적은 일체 제시하지 않은 채 明代 서적들을 다수 제시한 사실을 단적으로 지적해 둔다.

30)『楓石鼓篋集』 권3「與李愚山論尙書古文書」.

31)『明皐全集』 권7「尙書枝指序」.

32) 유봉학, 1995『연암일파 북학사상 연구』(일지사) 제2부의 서술 참조.

33)『金華知非集』 권6「五費居士生壙自表」와 권5「又思穎亭記」 참조.

34) 강명관, 2001「풍석 서유구의 산문론」『18세기 조선 지식인의 문화의식』(한양대 출판부).

35)『楓石鼓篋集』 권6「跋本史」.

36)『燕巖集』 권4「贈左蘇山人」.

37)『楓石鼓篋集』 권6「桑柘列傳」"古來農蠶之書 若亢唱子 氾勝之 賈思勰書 以至王禎 徐光啓書 莫不典雅 以其實用故也"

38) 洪吉周,『沆瀣丙函』 冊7「睡餘瀾筆」續下.

39) 유봉학, 1995 앞의 책 제2부「북학사상의 형성」 참조.

40) 상동.

41)『金華知非集』 권4「樂浪七魚辯」.

42)『金華知非集』 권12「擬上經界策」 下.

43) 유봉학, 1995 앞의 책 제2부 참조.

44)『林園經濟志』 권1「林園十六志例言」.

"一, 凡耕織種植之術 飮食畜獵之法 皆鄕居之需也 占候以勸農 相基以卜築 及夫殖貨營生庀器利用之節 亦所宜有 故今所蒐採也 食力固備矣 居鄕淸修之士 豈但爲口腹之養哉 藝苑肄習 文房雅課 以及頤養之方 所不能已者 至如醫藥 爲窮蔀備急之用 吉凶等禮 正宜略加講行者 故亦竝蒐採焉"

45) 상동

"一, 吾人之生也 壤地各殊 習俗不同 故一應施爲需用 有古今之隔月 內外之分 則豈可以中國所需 措於我國 而無礙哉 此書 專爲我國而發 故所採但取目下適用之方 其不合宜者 在所不取 亦有良制 今可按行 而我人未及講究者 竝詳著焉 欲後人之倣而行也"

46) 상동.

"一, 凡人之處世 有出處二道 出則濟世澤民 其務也 處則 食力養志 亦其務也 顧濟世之術 一應政敎無非所需 固多備述之書 至於鄕居養志之書 尠有裒集者 在我邦 僅有山林經濟一書 然中多冗瑣 所採亦狹 人多病之 故於此 略採鄕居事宜 分部立目 搜群書 而實之 以林園標之者 所以明非仕宦濟世之術也"

47) 정조대 후반에 국력을 기울여 건설한 화성신도시는 바로 이러한 시대적 요청을 담아낸 '개혁의 시범도시' 였다. 화성신도시에서는 농업 생산의 획기적 발전을 위한 국영시범농장이 설치되어 생산력 증대의 실험이 행해졌고, 삼남으로 향하는 교통로 위에 전국적 규모의 시장이 설치되기도 했다. 정부는 향촌사회에서 방출된 유리민들을 임금노동자로 받아들이는 시책을 취했고 사족이 상업에 종사하도록 지원책을 폈으며, 국제무역시장 설치를 시도하기도 했다. 양반층도 상업에 종사하도록 하자는 실학자들의 '양반상인론' 과 '국영시범농장론' 이 이곳에서 실천되었다.

이곳에서의 정책 실험을 통하여 연암과 풍석을 위시한 연암일파 지식인, 심지어는 정조 임금까지도 有産계층의 자본을 농업과 상업 진흥에 활용하여 생산력을 제고하고 그들을 관료로 수용하여 사회적 성장을 보장하며 사회 개혁을 추진하려는 제안을 검토했다. 정조와 휘하의 지식인들은 이곳에서의 개혁의 성과를 전국적으로 확산시킴으로써 서울로부터 뚜렷해진 조선사회의 변화를 더욱 가속화하고자 했던 것이다.

유봉학, 1996 『꿈의 문화유산, 화성』 제3부 「화성성역 연구」; 2009 앞의 책 제2부 제3장 참조.

48) 金容燮, 1972 「18, 9세기의 農業實情과 새로운 農業經營論」 『大東文化硏究』 9 참조.

49) 이 밖에 移秧法의 무분별한 보급을 우려하여 反畓을 불허한다든가 廣農 廣作에 대한 부정적 태도 등은 朴趾源과 같은 것으로, 이는 이들이 공통적으로 가졌던 限田論계열의 토지소유론과 地主佃戶의 幷作半收制에 대한 기본적 공감과 함께

풍석의 농업체제구상의 핵심을 이루고 있다.

또한 생부 서호수가 관상감제조로서 확립한 조선의 독자적 역서 체계는 농민들에게 정확한 기준시를 제공하고자 한 것인데, 이는 『해동농서』에서 전개한 농업기술론과 함께 농업생산력 증대 노력의 일환으로서 역시 「의상경계책」의 농업진흥론에 반영되었다.

50) 『金華知非集』 권6 「承政院都承旨徐公神道碑銘」 참조.

51) 유봉학, 2009 앞의 책 제2부 제3장 「사회경제; 화성신도시 건설과 산업진흥책」 참조.

52) 金容燮, 1972 「18, 9세기의 農業實情과 새로운 農業經營論」 『大東文化硏究』 9 참조.

제2부 진경문화와 예술

1) 최완수, 1998 「조선왕조의 문화절정기, 진경시대」 『진경시대』 1 (돌베개) 참조.

2) 유봉학, 1995 『燕巖一派 北學思想 硏究』 제1부 「學界의 京·鄕分岐와 思想的 推移」와 1998 「경화사족의 사상과 진경문화」 『진경시대』 1 참소.

3) 상동.

4) 李敏植, 1999 「우리나라의 集字碑」 『英·正祖代 集字碑 名品展』 圖錄(한신대박물관).

5) 유봉학, 1998 『조선후기 학계와 지식인』(신구문화사) 제1부 제4장 「京 鄕 學界의 分岐와 京華士族」 참조.

6) 유봉학, 1995 앞의 책 제2장 「北學思想의 形成」 참조.

7) 正祖, 『弘齋全書』 권168 「日得錄」 政事.

8) 유봉학, 2001 『정조대왕의 꿈』 제3장 제2절 「북학론의 등장과 사상적 갈등－정학

과 사학」 참조.

9) 李德懋, 『雅亭遺稿』 권7 「與朴在先齊家書」.

10) 吳杜錫, 1995 「金弘道의 龍珠寺 〈三世如來體幀〉과 〈七星如來四方七星幀〉」 『美術資料』 55(국립중앙박물관).

11) 유봉학, 2002 「정조시대의 名筆과 名碑」 『正祖時代의 名筆』 圖錄(한신대박물관). 李敏植, 2002 「정조의 書藝觀과 書體反正」 『正祖時代의 名筆』 圖錄(한신대박물관).

12) 趙熙龍, 『壺山外記』 「崔北傳」.

13) 『燕巖集』 권10 「原士」.

14) 유봉학, 1998 『조선후기 학계와 지식인』(신구문화사) 제2부 제3장 「開城 출신의 惠岡 崔漢綺」 참조.

15) 이 글은 1998년 돌베개출판사에서 간행된 『진경시대』 제2권에 실린 졸고 「조선후기 풍속화 변천의 사회 · 사상적 배경」을 일부 수정하여 전재한 것이다

16) 李東洲, 1975 『우리나라의 옛그림』(박영사)과 安輝濬, 1985 「韓國風俗畵의 發達」 『風俗畵』(중앙일보사, 韓國의 美 19) 참조.

17) 崔完秀, 1981～1988 「謙齋眞景山水畵考」 『澗松文華』 21, 29, 35와 1993 『謙齋鄭敾 眞景山水畵』(汎友社) 참조.

18) 洪善杓, 1985 「朝鮮時代 風俗畵 發達의 理念的 背景」 『風俗畵』(중앙일보사, 韓國의 美 19).

19) 鄭炳模, 1983 「佩文齋耕織圖의 受容과 展開–특히 朝鮮朝 後期 俗畵에 미친 영향을 중심으로–」 韓國精神文化研究院 大學院 碩士學位論文.

20) 유봉학, 1995 『燕巖一派 北學思想 研究』(일지사) 참조.

21) 金昌協, 『農巖集』 권34 「雜識」.

22) 李夏坤, 『頭陀草』 册17 「南行集序」.

23) 李夏坤, 『頭陀草』 册13 「與畵師書」.

24) 『槿域書畵徵』 권4 尹斗緖條.

25)『槿域書畵徵』권5 尹愹條.

26) 趙龜命,『東溪集』권6「復題茱萸軒詩畵帖」.

27) 趙龜命,『東溪集』권10「與李季和廷燮書」.

28)『觀我齋稿』附錄「墓碣銘」(洪直弼撰).

29) 李麟祥,『凌壺集』권4「觀我齋芝山圖草本跋」.

30) 유봉학, 1995 앞의 책「제2부 北學思想의 형성」참조.

31)『觀我齋稿』권3「漫錄」.

32)『觀我齋稿』권3「策題」.

33) 유봉학, 1995 앞의 책 제2부 참조.

34)『觀我齋稿』권3「淸明上河圖跋」.

35) 상동

36) 유봉학, 1995 앞의 책 제1부 참조.

37) 成大中,『靑城集』권8「書復軒記後」.

38) 姜世晃,『豹菴稿』권4「送金察訪弘道金察訪應煥序」.

39) 姜世晃,『豹菴稿』권4「遊金剛山記」.

40) 金祖淳,『楓皐集』권16「題謙齋畵帖」.

41) 姜寬植, 1994「조선후기 奎章閣의 差備待令畵員」『간송문화』47 참조.

42)『內閣日曆』42책 正祖 7년 11월 27일 기사 참조.

43) 姜世晃,『豹菴稿』권4「檀園記」,「檀園記又一本」.

44)『燕巖集』권7에는 〈청명상하도〉 관련 題跋로서「淸明上河圖跋」,「觀齋所藏淸明上河圖跋」,「日修齋所藏淸明上河圖跋」,「湛軒所藏淸明上河圖跋」의 네 가지가 실려 있으며, 그중「淸明上河圖跋」에는 "이것을 제하고도 내가 본 것이 이미 일곱 종이다."라 하여 그가 최소한 여덟 종 이상의 〈청명상하도〉를 감상하고 검토하였음을 알 수 있다.

45) 朴齊家,『貞蕤詩集』권3「城市全圖應令」.

46) 李德懋,『雅亭遺稿』권12「城市全圖」.

47)『觀我齋稿』 권3「淸明上河圖跋」.

48)『豹菴稿』 권5「題列國志」.

49)『豹菴稿』 권4「題李命基所寫丹蟾小像」.

50) 趙熙龍,『壺山外記』「崔北傳」.

51)『靑莊館全書』 권71 附錄下「先考積城縣監府君年譜下」(李光葵撰).

52) 유봉학, 1995 앞의 책 제1부 참조.

53) 沈魯崇,『積善世家』 권7「先府君言行記」.

54) 張混,『而已广集』「平生志」.

55) 崔完秀,「秋史書派考」『澗松文華』 19 참조.

56) 朴齊家,『貞蕤文集』 권1「劍舞記」.

57)『靑莊館全書』 권5『嬰處雜稿』 권1「歲精惜譚」.

58) 李鈺,『藝林雜佩』「俚諺引」.

59) 趙熙龍,『石友忘年錄』.

60) 申緯,『警修堂集』 권68『山房紀恩集』 3「題十二名妓圖」.

61) 金祖淳,『楓皐集』 권16「題謙齋畵帖」.

62) 申緯,『警修堂集』 권21 碧蘆舫藁 3「次韻篠齋夏日山居雜詠」.

63)『靑莊館全書』 권52『耳目口心書』 5「趙榮祏俗畵」.

64) 徐有榘,『林園經濟志』 권104『怡雲志』 6 藝翫鑑賞 下「東國畵帖 檀園俚俗圖」.

65) 姜世晃,『豹菴稿』 권4「檀園記」,「檀園記又一本」.

66) 위의 주 64)와 같음.

67) 이 책 제1부 제2장 참조.

68) 정조시대에 건립된 정조의 어필비와 명신 명필들의 금석문자, 집자비 명품들은 지난 2000년 정조대왕 서거 이백주년을 맞아 한신대박물관이「정조대왕 서거 이백주년 기념전」(서울 예술의 전당 10월 14일~25일)을 개최하면서 기본적 정리가 이루어진 바 있었다(한신대학교박물관, 2000『정조대왕 서거 이백주년 추모전』 도록 참조). 2002년 정조 탄신 250주년 기념일(2002년 10월 27일)을 맞아

다시 마련된 「정조시대의 명필」 특별전(경기도 문화예술회관 10월 25일~30일)은 2년 전의 작업을 보완하고 심화시켜 정조시대의 명필 명비를 망라하여 전시함으로써 당대의 문화적 성취를 정리하고자 기획된 전람회였다(한신대학교박물관, 2002 『정조시대의 명필』 도록 참조). 이 글은 2002년 전람회 도록에 실린 졸고 「정조시대의 명필과 명비」를 전재한 것이다.

69) 『弘齋全書』 권163 日得錄 文學 徐榮輔 壬子錄.

70) 『弘齋全書』 권163 日得錄 文學 南公轍 癸丑錄.

이민식, 2000 「조선시대 어필비 소고-정조대왕 어필비를 중심으로-」 『정조대왕 서거 이백주년 추모전』 도록(한신대박물관) 참조.

71) 『弘齋全書』 권176 日得錄 16 訓語 3.

72) 『正祖實錄』 정조 19년 2월 19일 辛丑.

73) 『弘齋全書』 권163 日得錄 文學 徐榮輔 壬子錄.

74) 민족문학사연구소 한문분과 역, 1997 『18세기 조선 인물지』(창작과비평사) 참조.

75) 이민식, 1999 「우리나라의 집자비」 『영 · 정조대 집자비 명품전』 도록(한신대학교박물관) 참조.

76) 尹行恁, 『泣血錄』(한국정신문화연구원, 『조선시대관혼상제』 4에 번역 수록).

77) 『正祖實錄』 정조 21년 12월 5일 庚子.

78) 유봉학, 2002 「추사의 시대-정치적 추이와 추사일문」 『추사와 그의 시대』(돌베개); 2008 『개혁과 갈등의 시대-정조와 19세기』(신구문화사)에 재수록 참조.

79) 추사의 서예사적 위상에 관하여는 다음의 연구 참조.

崔完秀, 1976 「秋史書派考」 『澗松文華』 19(한국민족미술연구소).

1986 「秋史實紀」 『澗松文華』 30(한국민족미술연구소).

1995 「秋史墨緣記」 『澗松文華』 48(한국민족미술연구소).

2001 「秋史一派의 글씨와 그림」 『澗松文華』 60(한국민족미술연구소).

유홍준, 2001 『완당평전』 1-3 (학고재).

정혜린, 2008 『추사 김정희의 예술론』(신구문화사).

80) 『阮堂全集』 권6 「書員嶠筆訣後」.

제3부 '통설', '속설' 의 오류와 반성

1) 이 글은 2006년 역사문화연구소가 간행한 『역사문화논총』 제2호에 실린 졸고 「고등학교 국사 교과서(7차) 조선후기 문화사 서술의 재검토」를 일부 수정하여 전재한 것이다.

2) 제7차 교육과정에 의한 2002년 판 국사 교과서에서 '제6단원 민족문화의 발달' 아래 '4. 문화의 새 기운' 이라고 하여 310쪽부터 329쪽까지 설정되었던 조선후기 문화사 부분은 2006년 3월의 수정판에서는 '4. 근대 태동기의 문화' 로 제목을 바꾸고 일부 서술을 수정하여 300쪽부터 315쪽까지로 분량을 약간 줄여 수록하였다. 본고에서는 2006년의 수정판을 위주로 하되 2002년 판의 서술도 아울러 검토하여 7차 국정 국사 교과서 조선후기 문화사 서술의 기조 전반을 다루어 보고자 하였다.

2002년판 교과서의 조선시대 문화사 목차 설정은 다음과 같다.

3. 근세의 문화

1. 민족문화의 융성
   - 발달 배경/한글 창제/역사서의 편찬/지리서의 편찬/윤리 의례서와 법전의 편찬

2. 성리학의 발달
   - 성리학의 정착/성리학의 융성/학파의 형성과 대립/예학의 발달

3. 불교와 민간신앙
   - 불교의 정비/도교와 민간 신앙

4. 과학기술의 발달

- 천문 역법과 의학/활자 인쇄술과 제지술/농서의 편찬과 농업 기술의 발달/병서 편찬과 무기 제조

5. 문학과 예술

- 다양한 문학/왕실과 양반의 건축/분청사기, 백자와 공예/그림과 글씨/음악과 무용

4. 문화의 새 기운

1. 성리학의 변화

- 성리학의 교조화 경향/양명학의 수용

2. 실학의 발달

- 실학의 등장/농업 중심의 개혁론/상공업 중심의 개혁론/국학 연구의 확대

3. 과학기술의 발달

- 서양 문물의 수용/천문학과 지도 제작 기술의 발달/의학의 발달과 기술의 개발/농서의 편찬과 농업 기술의 발달

4. 문학과 예술의 새 경향

- 서민 문화의 발달/판소리와 탈놀이/한글 소설과 사설 시조/진경 산수화와 풍속화/건축의 변화/백자-생활 공예와 음악

3) 2006년판 교과서에서는 일부 수정되었지만 2002년판 교과서에서는 결과적으로 학생들에게 조선후기 문화를 정체론적 시각에서 이해하도록 하는 서술들이 노골적으로 드러나 있었다. '양반사회의 모순이 심각해졌음에도 불구하고 당시의 지배이념이었던 성리학은 현실문제를 해결할 수 있는 기능을 수행하지 못하였다' (2002년판 313쪽)거나 '서양 과학 기술의 수용은 18세기까지는 어느 정도 이루어졌으나 19세기에 이르러서는 더 이상 진전되지 못한 채 정체되고 말았다' (2002년

판 318쪽)고 한 서술이 그런 사례였다. 조선후기 문화는 '양란 이후 새로운 기운'(2002년판 310쪽, 2006년판 300쪽)이 나타나서 17, 18세기에 '문화의 질적 변화와 함께 문화의 폭이 확대되어'(2002년판 310쪽, 2006년판 300쪽) 발달하다가 '양반사회의 모순이 심각해지고 지배이념이 제 역할을 못하면서' 19세기에는 사상 문화적으로 '정체된 시대'가 전개되는 것으로 학생들에게 교육되었던 것이다.

4) 예컨대 위정척사 사상을 대표하는 화서 이항로는 낙론 계통의 사상 흐름을 계승하였기 때문이다. 유봉학, 1998『조선후기 학계와 지식인』(신구문화사) 63~68쪽 참조.

5)

(2002년판 311쪽) 박세당의 탈성리학 사상

박세당은 성리학이 스승을 무비판적으로 답습하는 것으로 파악하고 자유로운 비판을 강조하였다. 곧 주자가 높고 원대한, 형이상학적인 최고의 선(善)의 정신을 통하여 인식의 절대성을 강조하였는 데 반하여 일상적 일용 행사를 통한 인식의 타당성을 강조하여 인식의 상대성을 제공하였다. 그뿐만 아니라 주자가 인간 본성의 선천성을 주장한 점을 비판하고 인간의 도덕적 판단력을 인정함으로써 인간의 능동적인 실천 행위와 주체적인 사고 행위를 강조하고, 노자의 도덕경을 적극적으로 해석하였다. 이러한 그의 사상은 조선후기의 폐쇄적이고 배타적인 성리학적 흐름에 대하여 포용성과 개방성을 강조하였다는 점에서 그 역사적 의미를 찾을 수 있다.

(2002년판 312쪽) 양명학

양명학은 인간의 마음이 곧 이(理)라는 심즉리(心卽理)를 바탕으로, 인간이 상하 존비의 차별 없이 본래 타고난 천리(天理)로서의 양지를 실현하여 사물을 바로잡을 수 있다는 치양지설(致良知設), 그리고 앎과 행함이 분리되거나 선후가 있는 것이 아니라 앎은 행함을 통해서 성립한다는 지행합

일설(知行合一說)등을 근간으로 하고 있다.

6) 참고로 2002년판 교과서의 서술을 제시하면 다음과 같다.

1. 성리학의 변화

1) 성리학의 교조화 경향

인조 반정 이후 정국의 주도권을 잡은 서인은 의리 명분론을 강화하며 주자 중심의 성리학을 절대화함으로써 자신들의 학문적 기반을 공고히 하려고 하였는데, 이는 송시열의 저술 등으로 뒷받침되었다. 그는 주자의 본뜻에 충실함으로써 당시 조선 사회의 모순을 해결할 수 있다고 생각한 것이다.

반면 주자 중심의 성리학을 상대화하고 6경과 제자백가 등에서 모순 해결의 사상적 기반을 찾으려는 경향도 17세기 후반부터 본격화되었는데, 윤휴와 박세당 등이 대표적인 인물이다.

서경덕의 영향을 받은 윤휴는 유교 경전에 대하여 독자적인 해석을 하였으며. 박세당 역시 양명학과 노장 사상의 영향을 받아 주자의 학설을 비판하였다. 이들은 주자의 학문 체계와는 다른 모습을 보였기 때문에 당시 권력을 장악하고 있던 서인(노론)의 공격을 받아 사문난적으로 몰려 죽었다.

한편, 이황 학파의 영남 남인과 이이의 학문을 조선 성리학의 정통으로 만들려는 이이 학파의 노론 사이에 성리학의 이기론(理氣論)을 둘러싼 논쟁이 치열하게 전개되었다.

이러한 과정을 겪으면서 조선 사상계는 다시 심성론에 대하여 관심을 가지기 시작하였다. 그리하여 인간과 사물의 본성이 같은가 다른가 등의 문제를 둘러싸고 노론을 중심으로 호락논쟁이 벌어졌다.

한편, 이이의 사상을 계승하고 주자 중심의 성리학을 절대시한 노론과는 달리 소론은 절충적인 성격을 지닌 성혼의 사상을 계승하고 양명학과 노장 사상 등을 수용하는 등 성리학 이해에 탄력성을 보였다.

2) 양명학의 수용

성리학의 교조화와 형식화를 비판하며 실천성을 강조한 양명학은 이미 중종 때에 조선에 전래되었던 새로운 유학 사상이다. 이후 명과의 교류가 활발해지면서 주로 서경덕 학파와 종친들 사이에서 점차 확산되어 갔다. 그러나 이황이 비판한 것을 계기로 하여 몇몇 학자들만이 관심을 기울였으나, 17세기 후반 소론 학자들에 의하여 본격적으로 수용되었다.

그 뒤 정제두가 학문적 체계를 갖추면서 양명학은 사상계의 한 부분을 차지하였다. 그는 일반민을 도덕 실천의 주체로 상정하였으며 이를 바탕으로 양반 신분제의 폐지를 주장하기도 하였다.

18세기 초 정제두가 강화도로 옮겨 살면서 양명학 연구와 제자 양성에 힘써 강화 학파라 불리는 하나의 학파를 이루었다. 그러나 제자들이 정권에서 소외된 소론이었기 때문에 그의 학문은 집안의 후손들과 인척을 중심으로 가학의 형태를 띠며 계승되었다.

강화 학파는 양명학을 바탕으로 역사학, 국어학, 서화, 문학 등에서 새로운 경지를 개척해 갔으며 실학자들과도 서로 영향을 주고받았다.

7) 정호훈, 2005「『국사』 서술 체계 속의 조선시기 사상계-제7차 교육과정의 고등학교 국사교과서의 내용 분석-」『동방학지』 58 참조.

8) 예컨대 소론 학자들의 학통과 학풍 계승 상황도(이 책 45쪽)는 정제두 이래 이 계열 학자들이 지속적으로 벼슬을 하며 학자로서 이름을 떨치던 상황을 보여준다.

9) 2006년판에서는 삭제되었지만 2002년판 교과서 313쪽에서는 '현실 문제를 해결' 하지 못한 성리학과 극단적으로 대립시켜 실학을 '현실 생활과 직결되는 문제를 탐구하는 움직임'으로 다음과 같이 비교하여 설명하였다.

조선후기에는 양반 사회의 모순이 심각해졌음에도 불구하고 당시의 지배이념이었던 성리학은 현실 문제를 해결할 수 있는 기능을 수행하지 못하였다. 이에 성리학의 한계성을 자각하고 이를 비판하면서 현실 생활과 직결되는 문제를 탐구하려는 움직임이 나타나게 되었다.

10) 이우성, 1963 「18세기 서울의 도시적 양상」 『향토서울』 17(서울특별시사편찬위원회).

11) 이 책 제1부 제1장 참조.

12) 예컨대, 근래 다음과 같은 관련 연구 업적들이 제출되어 있다.
유봉학, 1996 『꿈의 문화유산, 화성』(신구문화사).
염정섭, 1996 「정조 후반 수리시설 축조와 둔전 경영」 『한국학보』 82.
최홍규, 2001 『정조의 화성 건설』(일지사).

13) 유봉학, 1991 「18, 9세기 경향학계의 분기와 경화사족」 『국사관논총』 22(국사편찬위원회); 1998 『조선후기 학계와 지식인』(신구문화사) 제1부 제4장에 재수록.

14) 박지원은 김창협-어유봉-이보천으로 이어지는 낙론의 학통을 계승하였고, 홍대용 역시 김창협-이재-김원행으로 계승된 낙론 정통주자학의 학통을 계승하였다(이 책 21쪽 〈노론 학자의 학통 계승〉 참조).
유봉학, 1995 『연암일파 북학사상 연구』(일지사) 제2장 북학사상의 형성 참조.

15) 주지하듯이 박규수는 연암 박지원의 손자로서 서유구 등 북학파 학자들로부터 사상적 영향을 받아 박영효, 김옥균 등 많은 개화파 지식인들을 문하에서 배출하였다. 박제가에게 수학하였던 추사 김정희 역시 문하에서 홍선대원군 이하응과 오경석을 위시한 많은 개명적 지식인들을 길러내어 후대까지 큰 영향을 미치게 된다. 최한기 역시 북학파 지식인들의 저작으로부터 큰 영향을 받아 학문의 범위를 서학으로까지 확장하는 사상적 전회를 이루어낸 학자였다. 유봉학, 1995 앞의 책과 1998 『조선후기 학계와 지식인』(신구문화시) 참조.

16) 최완수 외, 1998 『우리 문화의 황금기, 진경시대』 1-2(돌베개).

17) 일찍이 천관우 선생은 실학을 준비기, 맹아기, 전성기로 나누어 준비기의 인물

로 이수광, 한백겸, 김육과 함께 권문해를 거론한 바 있었다.(천관우, 1952 「반계 유형원 연구」 상-하 『역사학보』 2-3) 그러나 정통성리학자인 권문해에 대하여 연구가 부진한 반면, 이후의 실학 연구에서는 이수광과 한백겸이 점차 부각되어 교과서의 실학 서술에 반영되게 되었다.

18) 오주석, 1998 『檀園 金弘道』(열화당).

19) 주 12)의 연구 업적 참조.

20) 이 책 제2부 제2장의 서술 참조.

21) 이 글은 역사문화연구소에서 2009년에 간행한 『역사문화논총』 제5호에 실린 졸고, 「정조시대 정치사 연구와 사료」를 일부 수정하여 실은 것이다. 2011년 푸른역사(출판사)에서 간행한 『정조의 비밀 어찰』에도 「정조시대 정치사 연구와 사료- '정조독살설'의 오류 비판-」이란 제목으로 수록되었다.

22) 이 자료를 입수하여 공개한 성균관대학교 동아시아학술원은 그 영인본과 脫草 번역문을 『正祖御札帖』(2009년 5월 20일, 성균관대학교 출판부)이란 제목의 책자로 출간해 내어 학계의 연구에 도움을 주었다. 다만 책자 말미에 부친 『정조어찰첩』 해제는 역사학계의 최근 연구 성과를 제대로 살피지 못한 채 정조의 죽음과 茶山 丁若鏞의 생각에 대해 구태의연한 잘못된 설명을 반복함으로써 옥의 티가 되고 있다.

23) 이런 문제의식에서 안대회, 2009 「어찰의 정치학-정조와 심환지」(『역사비평』 87호)와 같은 논문이 나왔고 조선시대사학회가 2009년 9월 22일 '정조대의 정국동향과 정조 어찰' 이란 학술대회를 열기도 했다.

24) 이하에 요약한 국사학계의 정조시대 정치사 연구 성과는 졸저, 2009 『개혁과 갈등의 시대-정조와 19세기』(신구문화사)에 정리되어 있다.

25) 최성환, 2009 『정조대 탕평정국의 군신의리 연구』 서울대 대학원 국사학과 박사학위논문 참조.

26) 유봉학, 1996 『꿈의 문화유산, 화성』(신구문화사)과 2001 『정조대왕의 꿈』(신구문화사) 참조.

27) 예컨대 이덕일의 『한국사, 그들이 숨긴 진실-이덕일의 한국사 4대 왜곡 바로잡기』(2009, 역사의아침)와 『조선왕 독살사건』(2005, 다산초당) 등이 근래 이런 경향을 보여주는 대표적 사례다.

28) 『正祖實錄』 권54, 正祖 24년 6월 28일(己卯).

"宗戚執事 進御床傍 屬纊 檢閱洪奭周 書上大漸三字 假注書呂東植 奉出示于外廷"

29) 이 부분은 현재 통용되는 『조선왕조실록』 국역본에서도 '위독하다' 로 틀리게 번역해 놓았다. 현재 통용되는 『조선왕조실록』 국역본에는 이런 류의 오역이 매우 많으므로, 국역본을 이용할 때는 원문과의 대조가 필수적이다. 전문가라면 당연히 이런 점에 유의하여 오역을 바로잡아가면서 사료를 이용해야 한다.

『純祖實錄』 권1, 純祖 즉위년 7월 4일(甲申).

"先是 大行大王大漸時 大王大妃 以諺書下教 擢前承旨尹行恁 爲承政院都承旨 仍宣口諭 使之入參殯斂 行恁 卽大行朝眷遇之臣 而守制未及禫也 又以大臣沈煥之言 下諺教 遞御營大將申大謙 擢前參議朴準源 授之 仍令扈衛 準源 嘉順宮父也 … 翌日 又以諺書下教曰 如此大喪 三公不備 國朝初有 領議政李秉模 付領府事 左相右相 爲領左相 禮曹判書徐龍輔爲右相 秉模方以奏請正使赴燕也 又命摠戎使李得濟許遞 左副承旨金祖淳 摠戎使除授 前承旨李光益 副摠管除授"

30) 정조 서거 당시에 영의정 이병모는 사신으로 청나라에 가 있었다. 정조의 서거가 확인되자 좌의정 심환지와 우의정 이시수, 그리고 예조판서 서용보를 영의정과 좌의정, 우의정으로 임명하여 국장을 총괄하도록 한 것은 관례에 따른 당연한 수순이었고 정순왕후 역시 이 점을 언급하면서 심환지를 영의정으로 임명하였다. 이런 내용은 다음의 실록 기사에 명백히 나와 있다. 그럼에도 정조독살설을 주장하는 대중역사서 작가는 정순왕후와 심환지를 독살의 주범으로 몰기 위해 자료를 의도적으로 왜곡하였다.(앞의 주 29에 인용한 『純祖實錄』 권1, 純祖 즉위년 7월 4일 기사 원문과 다음의 해당 기사 번역문 참조. '다음날 또 언서(諺書)로 하교하기를, "이런 대상(大喪)에 삼공(三公)이 갖추어지지 않은 것은 국조(國朝)에 처음 있는 일이다. 영의정 이병모(李秉模)에게 영부사(領府事)를 맡기

고 좌상과 우상을 각각 영상과 좌상으로 삼으라. 그리고 예조 판서 서용보(徐龍輔)를 우상으로 삼으라" 하였는데, 이병모가 바야흐로 주청정사(奏請正使)로 연경(燕京)에 가 있었기 때문이었다')

31)『純祖實錄』권8, 純祖 6년 3월 3일(辛亥).

"正言朴英載 疏略曰 凶如達淳 逆如達淳 尙靳一僉 未正典刑 天下豈有是理 伏願亟降處分 達淳之爲達淳 其根柢窩窟 卽沈煥之是已 庚申以前之耽權稔惡 姑置勿論 試以庚申以後言之 薦進逆鎭 其罪一也 傳寶傳教之不卽頒布 其罪二也 登極陳賀 何等大禮 而不擧山呼 其罪三也 壯勇營創設 出自先大王深遠之聖籌 而敢以三年亦改之說 肆然陳達 指揮其血黨 矯誣先王之遺旨者 其罪四也 垂簾儀註 殿下東向侍之說 何等變怪 而幸賴我大行大妃傳教 竟至釐正 則其罪五也 至若 裕賊之凶疏 卽一天地間所無之變怪 而乃以老臣忠愛等說 筵奏於君父之前 其罪六也 撮其大者 已有此六罪 則尙未一番聲討 官爵自如者 實是王章之有乖 而輿情之久鬱者也… 批曰 達淳事 不允 故相事 其筵奏與罷營事 誠有之 其外事 皆不當 而至於傳寶傳教云云 尤不近理 告君論人 何等嚴愼 而不實無難如此乎 其餘諸人事 亦多欠商 出一裕賊 已是國家世道之大變怪 豈有人人皆爲 裕黨之理乎 以此以彼 爾疏之輕率駭妄 極矣 爾則削職"

32) 丁若鏞,『與猶堂全書』第一集 詩文集 第十七卷「紀古今島張氏女子事」"古今島者 古之皐夷島也 張氏女子者 亡命人張玄慶支屬也 玄慶 本仁同人 旅軒張先生奉祀之孫也 嘉慶庚申夏 我正宗大王薨 仁同府使李甲會 於公除前數日 爲其父晬日設杯酌 召妓女 請玄慶父子共歡 玄慶之父答之曰 公除未過 不可宴飮 出謂首吏曰 國恤之初 爲此宴飮 亦瞻時象而爲之也 先是 玄慶父 與府使之父 爲異姓親屬 數入府相見 言傳聞之說 云時相 以逆醫沈鎭薦之 使進毒藥 吾不能手除此賊 爲之忼慷流涕 及聞吏言 謂欲聲罪以陷之 疾馳赴監營 告玄慶譸張無根之言 欲除君側之惡有反狀 觀察使申耆 令歸而圍捕之 甲會乃夜調軍校吏卒二百餘人 各持炬圍玄慶家 火光燭天 玄慶 猝駭惶不知何變 踰牆而走 其弟墜厓而死 唯父見執 雜治無所執 株連數百人 逮捕四出 閭里騷然 皆蹙首不敢出 方秋棉花如雪 無攟拾者 皆隨風蓬轉朝廷遣按覈使李書九 治之 所捉文書 唯箋紙一張 占辭有乾馬西奔之語 不知誰所作 亦不知何意 平反多所釋 嶺人頌之 玄慶遂亡命 乃徙其妻子男女 謫配康津縣薪智島 至己巳秋 其女子 長者二十二歲 少者十四歲 男纔十餘歲 一日 鎭卒某甲醉歸 從籬穴窺女子長者 以媟語調之 自玆連數日不已 誶之曰汝雖拒 終爲我妻 女子悲憤不能生 潛出港 望潮投碧海 其母疾追之弗及 又投碧海 卽七月卄八日也 女子少者 欲從而湌 母曰汝宜歸告官報仇 又以育汝弟 乃止不從 歸而告堡將 堡將申于縣 縣監李健植檢屍 報察司 既數日 海南水軍使權逵狀啓 請薪智島守將及地方官康津縣監 竝罷黜 據故例也 健植不虞遭罷黜 卽與吏議 以錢千兩賂遺裨將 於是察使還檢案于縣 還黜狀于水營 官得無事 厥卒亦不問 明年庚午七月卄八日 大風從南方起 飛沙走石 吹海立如銀山雪嶽 飛沫從空 飛作鹽雨 至于山頂 沿邊禾黍草木 皆淹鹵立枯死 歲事大歉 余在茶山 作鹽雨賦以記之 又明年是日 風爲災如去年 海氓謂之處女風 其後 暗行御史洪大浩聞之 亦默而去"

33) 위 인용문 중간의 '朝廷遣按覈使李書九治之 所捉文書 唯箋紙一張 占辭有乾馬西奔之語 不知誰所作 亦不知何意 平反多所釋 嶺人頌之' 부분 참조.

34) 이러한 분석은 유봉학, 2001『정조대왕의 꿈』(신구문화사) '제1장 정조대왕의 죽음과 꿈의 좌절' 부분에 자세하다.

35) 이인화,『영원한 제국』(1993, 세계사).

36) 유봉학, 2009『개혁과 갈등의 시대』제2부 새로운 사상과 개혁론 참조.

37) 이덕일, 2005『조선왕 독살사건』(다산초당)과 2008『정조와 철인정치의 시대』(고즈윈).

38) 이덕일, 2008 위의 책 322쪽 이후의 서술.

39) 상동

40) 유봉학, 2001『정조대왕의 꿈』48~52쪽의 서술 참조.

41) 이 글은 2005년『中國文學』제44집에 실린 졸고,「한국사학에서 바라본 중화주의」를 일부 수정하여 전재하였다.

42)『孟子集註』卷2 梁惠王 下 "以大事小者 樂天者也 以小事大者 畏天者也 樂天者

保天下 畏天者 保其國"

43) 예컨대 燕巖一派 지식인이었던 成大中(1732~1812)은 "明雖亡 賴我而猶不亡也 … 吾東實天下之宗也"(『青城集』 권7 「明隱記」)라 하면서 "夫吾東 固文明之鄕也 今則天下之文物 獨在我矣"(『青城集』 권5 「送徐侍郎浩修以副价之燕序」)라고 하였다.

44) 『江漢集』 권7 「送鄭副使亨復入燕序」

45) 유봉학, 1995 『燕巖一派 北學思想 硏究』 제2부 3장 「華夷論의 수정과 北學論의 제기」 참조.

46) 상동.

찾아보기

ㄱ

ㄴ

ㅅ

ㅇ

ㅈ

ㅊ

ㅍ

ㅎ

역사문화연구총서 15

실학과 진경문화

초판 1쇄 발행 2013년 3월 15일

지은이 유봉학
펴낸이 김정일
펴낸곳 신구문화사
디자인 은디자인

등록 1968. 6. 10. 제1-205호
주소 경기도 성남시 중원구 금광2동 2661번지
전화 031-741-3055~6
팩스 031-741-3054
이메일 shingupub@naver.com
홈페이지 www.shingubook.com

ISBN 978-89-7668-195-9 93910
값 20,000원